Hans-Henning Scharsach

Haider^s Kampf

WILHELM HEYNE VERLAG
MÜNCHEN

HEYNE SACHBUCH
Nr. 19/265

Taschenbuchausgabe im Wilhelm Heyne Verlag GmbH & Co. KG, München
Copyright © 1992
by Verlag Orac im Verlag Kremayr & Scheriau, Wien
Printed in Germany 1993
Umschlagfoto: profil/Henisch
Umschlaggestaltung: Atelier Adolf Bachmann, Reischach
Satz: Zehetner Ges. m.b.H., A-2105 Oberrohrbach
Druck und Verarbeitung: Ebner Ulm

ISBN 3-453-06528-X

Inhaltsverzeichnis

Anmerkungen zum Erscheinen des Taschenbuchs

Die erwarteten gerichtlichen Auseinandersetzungen sind ausgeblieben: FPÖ-Chef Jörg Haider hat nicht geklagt.

Sein Anwalt hat ihn gut beraten. Für Feststellungen wie „Haider ist Rechtsextremist" oder „Haider macht sich der Wiederbetätigung verdächtig" hätte sich der Wahrheitsbeweis jederzeit erbringen lassen.

Österreichs klagefreudigster Politiker wählt von zwei Übeln das kleinere. Indem er die Aussagen dieses Buches unwidersprochen ließ, verhinderte er ihre Wiederholung in einem Gerichtsurteil.

Vor einer anderen Form des gerichtlichen Nachspiels wurde Haider durch die Passivität österreichischer Staatsanwälte bewahrt. Die Frage, ob der FPÖ-Obmann gegen das Verbot nationalsozialistischer Wiederbetätigung verstößt, bleibt damit vorerst ungeklärt.

Im Staatsvertrag hat Österreich sich dazu verpflichtet, „alle Spuren des Nationalsozialismus" zu tilgen. Das Verbotsgesetz bedroht jeden mit Strafe, der „irgendwie" für nationalsozialistische Ziele wirbt. Schon die „Verharmlosung" ist strafbar.

Was Jörg Haider tut, scheint über solche Tatbestände deutlich hinauszugehen. Bei ihm muß man nicht erst nach „Spuren" suchen: Er bekennt sich insgesamt zur „Sozialen Volksgemeinschaft", dem Gesellschaftssystem der Nationalsozialisten, das in der wissenschaftlichen Literatur zu den „Wesenselementen der faschistischen Staatstheorie" gezählt wird.

Mit „irgendwie" hat der Gesetzgeber ausdrücklich alles eingeschlossen, was die menschenverachtende Politik von einst ausmacht. Strafbar ist damit schon die Verharmlosung nationalsozialistischer Organisationen, ihrer Politik und Verbrechen, die Verharmlosung des nationalsozialistischen Angriffs- und Eroberungskrieges sowie die Verharmlosung von Kriegsverbrechen und Kriegsverbrechern.

Jörg Haider tut mehr als das. Er verharmlost nicht, er verherrlicht. Vor Vertretern ehemaliger SS-Verbände verfälscht er Hitlers verbrecherischen Angriffskrieg zum „Kampf für die Freiheit Europas" und knüpft damit nahtlos an die Selbstdarstellung der Nationalsozialisten an.

Er bescheinigt den internationalen Freiwilligenverbänden der Waffen-SS, „Vorkämpfer für das vereinte Europa" gewesen zu sein. Das Konzept der kriegerischen Unterwerfung Europas unter die national-sozialistische Verbrechensherrschaft, das Konzept des Völkermordes und der Ausrottung, wird so zur Vorstufe der Europäischen Gemeinschaft.

Haider verbindet die Rehabilitierung der Soldatengeneration ausgerechnet mit den Runezeichen der SS, die für die grauenvollsten und unfaßbarsten Verbrechen der Menschheitsgeschichte stehen. Er macht Kriegsverbrecher zu „historisch verdienten Persönlichkeiten" oder behauptet, ihr Schicksal hätte „jeden unserer Väter" ereilen können.

Der FPÖ-Chef duldet offene Hitlerverehrung in den Parteimedien. Er nimmt an Traditionsveranstaltungen der Waffen-SS teil, aber nicht an den Feierlichkeiten des Bedenkjahres. In der Aufarbeitung der Geschichte steht er nicht an der Seite der Opfer. Er stellt sich an die Seite der Täter.

Daß Haider die Beschäftigungspolitik im Dritten Reich, die vom Tag der Machtübernahme den Erfordernissen von Aufrüstung und Kriegsvorbereitung untergeordnet war, als „ordentlich" klassifiziert, ist nicht einmaliger Ausrutscher, sondern letztes Glied einer langen Kette ähnlicher Entgleisungen. Wie Hitler in der Zeit seines Aufstiegs bekämpft er das „System" der demokratischen „Altparteien" und denunziert die Demokratie, indem er ihren Repräsentanten undifferenziert „Parteibuchterror", „Bonzentum" und „Privilegienwirtschaft" unterstellt oder gegen die „Herrschaftsrechte der Systemparteien" wettert. In der Diktion der Neonazis bezeichnet er Österreich als „autoritäre Entwicklungsdemokratie unter der Vorherrschaft von Lizenzparteien" und stellt damit die Legitimität der Zweiten Republik insgesamt in Frage.

Haider übernimmt nicht nur tausendjährige Argumente, er bedient sich auch der sprachlichen Mittel, mit denen Hitler und Goebbels ihre Zuhörer einst in kollektiven Rausch versetzten. Nominalverbindungen, Tiermetapher, Stigmatisierung des Namens: prominente Sprachforscher haben inzwischen nachgewiesen, aus welcher Tradition Haiders Wortbilder stammen.

Obwohl der FPÖ-Obmann sich über den antifaschistischen Grundkonsens der Zweiten Republik öffentlich hinwegsetzt, die Verfassung in ihrer antifaschistischen Substanz aushöhlt und zumindest den Freiraum für rechtsextreme Wiederbetätigung erweitert, scheint er von Österreichs Justiz nichts befürchten zu müssen. Die Dokumentation dieses Buches hat nicht gereicht, ein Ermittlungsverfahren wegen nationalsozialistischer Wiederbetätigung in Gang zu setzen.

Dafür kann es eigentlich nur zwei Erklärungen geben. Die harmlosere: Österreichs Staatsanwälte lesen keine Bücher. Die wahrscheinlichere: sie haben resigniert. Von den seit 1984 erstatteten Anzeigen nach dem Verbotsgesetz führt nur jede hundertste zur Verurteilung. Die österreichische Rechtsprechung scheint nicht in der Lage oder nicht willens zu sein, dem antifaschistischen Verfassungsauftrag Geltung zu verschaffen.

Schutz und Hilfe fand Haider auch bei den Medien. Die populistisch agierenden Boulevardzeitungen, die mit ähnlichen Argumenten wie er Politikverdrossenheit schüren, ließen die weltanschauliche Bestandsaufnahme in „Haiders Kampf" – erwartungsgemäß – unerwähnt.

Ausführliche Fernsehberichte gab es nur in ausländischen Programmen. Im österreichischen Fernsehen dagegen blieb das erfolgreichste Sachbuch seit Jahren, das viele Monate hindurch alle Bestsellerlisten anführt, unerwähnt.

Hand in Hand mit dem Boykott des Buches ging der Boykott des wichtigsten Themas der österreichischen Innenpolitik. Ist Haider Rechtsextremist? Kann einer, der das faschistische Führermodell der „sozialen Volksgemeinschaft" vertritt, Demokrat sein? Fragen wie diese durften weder im „Club 2" noch am „runden Tisch" erörtert werden.

Politische Bücher verlieren meist schnell an Aktualität. „Haiders Kampf" ist die Ausnahme. Seit seinem Erscheinen wird es durch jede Aktion des freiheitlichen Parteiobmannes aktueller, wird es Tag für Tag bestätigt und in seiner Bedeutung aufgewertet.

Haiders EG-Schwenk, seine Argumentation im Grazer Wahlkampf, seine Reaktionen auf die Schändung des jüdischen Friedhofs in Eisenstadt, sein Ausländer-Volksbegehren und all die damit verbundenen verbalen Rundumschläge wurden in diesem Buch beschrieben, lange bevor sie passiert sind. Das gesellschaftspolitische Grundmuster seines Handelns macht Haider berechenbar.

„Haiders Kampf" hat nicht nur einen politischen Zustand beschrieben, sondern auch Politik gemacht: Die Polarisierung zwischen Nationalen und Liberalen innerhalb der FPÖ, die Abspaltung des „Liberalen Forums", die Ausgrenzung des Volksgemeinschafts-Ideologen aus der österreichischen Innenpolitik, die in den Ausschluß mündende Isolierung der FPÖ innerhalb der „Liberalen Internationale", der parteiübergreifende Widerstand gegen Haiders diskriminierende Ausländer-Politik und sein rassistisches Volksbegehren, zu all dem hat „Haiders Kampf" einen Beitrag geleistet.

Dieses Buch ist ein Stück Zeitgeschichte. So lange es Haider gibt, wird es aktuell bleiben. Wehrhafte Demokratie beginnt bei der Information.

Guntramsdorf, im April 1993   Hans-Henning Scharsach

Vorwort

In diesem Buch werden historische Parallelen nachgezeichnet, die leicht mißdeutet werden könnten. Darum vorab einige Klarstellungen.

1. Adolf Hitler begann seinen Aufstieg als nationaler Populist. Vergleiche zwischen Haider und Hitler beziehen sich auf diese Zeit vor der Machtergreifung. Geistige Nähe zur nationalsozialistischen Schreckensherrschaft und ihren Verbrechen wird dem FPÖ-Obmann nicht unterstellt.

2. „Rechtsextremistisch" und „rechtsextrem" werden ausschließlich als wissenschaftliche Begriffsbestimmungen verwendet. Die Bezeichnungen orientieren sich an der Definition von Willibald Holzer und an jenen Merkmalen, die in der wissenschaftlichen Literatur genannt werden.

3. Die Auseinandersetzung mit Jörg Haiders Positionen darf nicht als politische Zuordnung jener Protestwähler mißverstanden werden, die ihn (auch) gewählt haben. Die politische Situation in Österreich macht Protesthaltungen verständlich, oft sogar notwendig. Viele der Unzufriedenen identifizieren sich mit Haiders extremen Aussagen, ohne deren weltanschaulichen Zusammenhang zu erkennen. Dieses Informationsdefizit soll durch den Versuch einer mit Quellennachweisen belegten, wissenschaftlich abgesicherten Zusammenstellung geschlossen werden.

4. Die FPÖ wird keineswegs pauschal als rechtsextrem eingeordnet. Im Gegenteil: Dieses Buch soll jenen Liberalen, die, von der rechten Mehrheit an die Wand gedrängt, um ihr politisches Überleben kämpfen, argumentative Hilfestellung gegen die Entwicklung zur deutschnational-autoritären Führerpartei leisten.

5. Aus der politischen Zielsetzung ergibt sich die inhaltliche Beschränkung. Ob Haider durch die Erbschaft eines im Dritten Reich „entjudeten" Gutes zum Multimillionär wurde, ob er für den 150-Millionen-Besitz nur 14 Schilling Steuer zahlt, ob er sich mit Udo

Proksch getroffen, ob er Candussi „Schweigegeld" oder „Ruhegeld" geboten hat, ob seine Partei schwarze Zahlungen an Mitarbeiter leistete oder Wahlwerbung steuerschonend über Liechtenstein fakturieren ließ, all das ist für den Zustand unserer Demokratie unerheblich und daher nicht Thema dieses Buches.

Dank für Rat und Hilfe

Herzlichen Dank möchte ich an dieser Stelle jenen sagen, die mir mit Rat und Hilfe beigestanden sind, die mir Unterlagen zur Verfügung gestellt und ihre Archive geöffnet haben, die mir Zeit opferten, um diese Arbeit kritisch zu begleiten, zu lesen und zu kommentieren: Klaus Amann, Brigitte Bailer-Galanda, Peter Gstettner, Willibald Holzer, Franz Januschek, Volker Kier, Gabriel Lansky, Rainer Münz, Wolfgang Neugebauer, Anton Pelinka, Ernst Reitermaier, Valentin Sima, Gustav Spann, Gudmund Tributsch, Josef Wallner, Simon Wiesenthal, Ruth Wodak und Alfred Worm.
Mein besonderer Dank gilt Rudolf Gelbard, ohne dessen engagierte Zuarbeit diese Aufgabe nicht zu bewältigen gewesen wäre.

1. KAPITEL

Die Taktik des neuen Rechtsextremismus

Rechte Wende: alte Führer in neuem Kleid

Die Führer sind wieder da. Rechtsextremisten und nationale Populisten feiern Wahltriumphe, von Oslo, Stockholm und Kopenhagen bis Mailand, Nizza und Klagenfurt.

Die verräterische Garderobe der alten Ehemaligen haben sie abgelegt. Modisch gestylt werben sie nach amerikanischem Muster um Stimmen und Zustimmung. Mit polternden Angriffen auf das „morsche System" und pointiertem Spott für die politischen Gegner machen sie Stimmung in Bierzelten und Gasthaussälen.

Aus der Düsternis muffiger Hinterzimmer sind sie hinausgetreten in das Scheinwerferlicht vor die Fernsehkameras. Wahlkampf ist überall. Bei Sektpartys in noblen Vorstadtvillen sind sie ebenso zu Hause wie in neonglänzenden Discos.

Auch ihr altes Gedankengut ist neu gewandet. Die ideologische Abstammung verschwimmt hinter modernisierten Fassaden. Sie geben sich fortschrittlich (in Skandinavien nennen sie sich auch so), jung und dynamisch, verleugnen die Vergangenheit, fordern in plakativer Vereinfachung die Zukunft heraus.

Viele der radikalen Vorfeldorganisationen und heimlichen Verbündeten am extremistischen Rand haben SS-Stiefel, Braunhemden und Hakenkreuze eingemottet. Bis zur Unkenntlichkeit getarnt folgen sie diszipliniert dem Rat jener Vordenker, die vor Jahren schon erkannt haben: Die Rückkehr zur Macht verlangt Kompromisse.

Teile der extremen Rechten haben auf Verbote und Niederlagen, Ächtung und Ausgrenzung mit einer Strategie reagiert, deren Erfolg sich unmittelbar in Wählerstimmen niederschlägt. Dem Zeitgeist angepaßt, verzichten sie formal auf totalitäre Ansprüche.

Die neuen Verführer geben vor, nicht mehr gegen die Demokratie, sondern für deren Befreiung aus Filz und Bürokratie zu kämpfen. Sie wenden sich nicht gegen das demokratische Parteiensystem, sondern gegen Privilegienwirtschaft, Bonzenwillkür und den Machtmißbrauch der „Altparteien".

Sie reden von Ökologie statt von Blut und Boden. Sie distanzieren sich formal von Faschismus, Nationalsozialismus und Antisemitismus, ohne die alten Politikinhalte wirklich preisgegeben zu haben.[1]*

Das faschistische Staatsmodell der „sozialen Volksgemeinschaft" wird nach außen hin reduziert auf die kulturelle und sprachliche Volksgemeinschaft. Das „gesunde Volksempfinden" ist abgelöst durch den unverfänglichen „gesunden Menschenverstand".

Ausländerfeindlichkeit statt Antisemitismus

Die Fremdenfeindlichkeit, die den Antisemitismus als Triebfeder nationaler Emotionen ersetzt, wird alibihaft als Sorge um die kulturelle und sprachliche Identität getarnt. Statt sich mit plumpen Ausländer-raus-Parolen zu isolieren, wird „Solidarität" mit anderen Völkern geheuchelt.[2]

Auf einem Flugblatt fordert die Nationaldemokratische Partei Deutschlands (NPD): „Ausländer – wehrt euch . . . gegen den Versuch mancher Politiker, euch eure Identität, Sprache und Kultur zu nehmen. Wehrt euch gegen jene, die Rassismus in Form von Integration betreiben!" Das fettgedruckte Motto am Ende des Textes: „Nationalismus – aus Liebe zu Völkern und Kulturen!" Selbst die Nachfolgeorganisation der verbotenen militanten „Aktionsfront Nationaler Sozialisten" ist auf einen gewaltlosen, legalistischen Weg eingeschwenkt. Auf einem ihrer Flugblätter heißt es: „Deutscher, sei stolz, ein Deutscher zu sein! Türke, sei stolz, ein Türke zu sein! Deshalb gemeinsam gegen Kommunismus und Rassenmischung!"[3]

Auch die Forderung nach Abschottung und Rückführung, mit der die neuen Führer Wahl um Wahl gewinnen, wird moralisch verbrämt: Solange man „Wirtschaftsflüchtlingen" weder Wohnungen noch

---

* Quellenangaben am Ende des Buches

Arbeitsplätze bieten könne, sei es unverantwortlich, sie ins Land zu lassen.

Angst und Vorurteile sind die schärfsten Waffen der Wahlkämpfe. Der Schein aber wird gewahrt. Man muß nicht Worte des Hasses verwenden, um Haß zu schüren.

Einfache Fragen genügen. Sie werden überall in Europa gestellt, wo national-populistische oder rechtsextreme Kandidaten um Stimmen kämpfen.

Wer nimmt den Einheimischen die Arbeitsplätze weg? Wer belegt den billigen Wohnraum? Wer läßt die steuerzahlenden Bürger um Hab und Gut zittern? Warum beteiligen sich die Geflohenen und Zugewanderten nicht am Aufbau ihrer Heimat, sondern lassen sich hier als „Sozialschmarotzer" von den Steuerzahlern aushalten?

Der Hilfe für notwendige Reformen im Osten wollen sich die nationalen Rechtspopulisten nicht entziehen. Ruhe und Ordnung in Europa sind Voraussetzung ihrer völkischen Visionen. Chaos und Hungerrevolten, die riesige Flüchtlingsströme auslösen könnten, passen nicht in dieses Konzept.

Also knüpfen sie die Hilfsbereitschaft an Bedingungen: Hilfe nur in den Herkunftsländern, vor allem nur dann, wenn sichergestellt ist, daß die Ausländer bleiben, wo sie hingehören.

Vom Europa der Nationen zur Nation Europa

Dem Trend der Zeit entsprechend bekennen sich die politischen Aufsteiger am rechten Rand formal zur Integration. Die Verheißungen vom vereinten Europa meinen jedoch zumeist ein Europa der weißen „Rasse", sorgfältig sortiert nach Völkern, Sprachen und Kulturen.

Eine rechtsintellektuelle Elite denkt seit Jahren schon weiter. Sie liest aus Europas Geschichte vor allem die Überlegenheit der weißen Rasse heraus.[4]

Angesichts der drohenden Gefahren gelte es, diesen „Schicksalsraum des weißen Mannes" neu zu gestalten, vor allem aber zu verteidigen: gegen die Emanzipation der dritten Welt, gegen das Hereinfluten fremdrassiger Gastarbeiter- und Flüchtlingsströme, gegen kulturelle Desorientierung durch Fremdeinflüsse, gegen drohenden Geburtenrückgang.[5]

Die aus Freiwilligen ganz Europas gebildete „internationale" nationalsozialistische Waffen-SS wird von Teilen der Neuen Rechten als Vorreiterin des neuen Ordnungsprinzips verstanden: der Schicksalsgemeinschaft Europa, die endlich „Wille zur (Welt-)Macht" zeigen müsse.[6]

Wissenschaft als Rassistenalibi

Der neue Rassismus argumentiert nicht ideologisch. Er versteckt sich hinter wissenschaftlicher Scheinseriosität und beruft sich (manchmal auch mißbräuchlich) auf Darwins Evolutionstheorie der natürlichen Auslese oder die Verhaltensforschung eines Konrad Lorenz, Irenäus Eibl-Eibesfeldt oder Hans Jürgen Eysenck: In der Natur setzt sich das Starke (bzw. das besser Angepaßte) durch.

Im natürlichen Überlebenskampf verlieren ethische Normen ihre Berechtigung, weil sie nicht von den „konkreten biologischen Gegebenheiten" ausgehen. Menschen werden am Verhalten der Tiere gemessen.

Mit dem „Territorialtrieb" wird Abgrenzung und Eroberung neuer Territorien erklärt, mit dem „Dominanztrieb" die „natürliche Rangordnung" in der Gesellschaft legitimiert. Der „Sozialtrieb" wird als Ursprung der Verbindung von Menschen gleicher Herkunft zu Völkern und Nationen definiert.

Der „Reflex der Ausschließung" ist nach diesem Weltbild naturgegeben. Ausländerfeindlichkeit wird zu „natürlichem Instinktverhalten".[7]

Fortsetzung des kulturellen Ausleseprozesses im Inneren ist für die neurechten Theoretiker der Überlebenskampf der verschiedenen Kulturen untereinander. An dessen Ende bleibe naturgewollt die stärkere, besser entwickelte oder besser angepaßte Form übrig.

Entwicklungs-, Hunger- oder Katastrophenhilfe werden als „unnatürliche Eingriffe" abgelehnt. Sie verhinderten die „völkische Selbstauslese im Überlebenskampf".

Auch der Biologe Arthur Jensen zählt zu jenen, die mit Arbeiten zweifelhafter wissenschaftlicher Aussagekraft das nationale Lager munitionieren. Er will nachgewiesen haben, daß Intelligenz rassenspezifisch sei und es daher beispielsweise keinen Zweck habe, schwarze Kinder zu fördern.[8]

Wie damals wird heute versucht, die Legitimität von Eliten, Hierarchien und Führerprinzip aus der naturgegebenen Ungleichheit abzuleiten.[9] Egoismus und Intoleranz „Artfremden" gegenüber sind nicht nur natürlich, sondern im Überlebenskampf notwendig. Das „Recht auf Ungleichheit" verschafft Ansprüchen der Herrenrasse wissenschaftliche Scheinlegitimität.

Ökologie: Artenschutz für Menschen?

Auch die Ökologiebewegung wird zum Transport neurechter Ideologieinhalte genützt. Gruppen des neuen Nationalismus hatten sich schon lange vor der Linken mit lebensschützlerischen Theorien beschäftigt und versucht, nationale und ökologische Fragen zu verknüpfen.

Als die Grünen in ganz Europa zu politischen Stichwortgebern aufstiegen, knüpften die Rechtsparteien an vorhandene Traditionen an. Geschickt instrumentalisierten sie die Ökologie für ihre politischen Zwecke.

Umweltschutz und Naturverbundenheit erfordern nach ihrer Überzeugung den „starken Staat", der sich zugunsten der Volks- und Gemeinschaftsinteressen über Einzelinteressen hinwegsetzt.[10] Das faschistische Staatsmodell der Volksgemeinschaft mit antidemokratischer Ordnung wird so zur Grundlage des Ökologiekonzepts.

Auch zum Beweis dafür, daß die „biologische Substanz der Völker" besonderen Schutzes bedürfe, wird die Ökologie mißbraucht. Wie bei Pflanzen gelte es auch bei Menschen, eine natürliche Artenvielfalt zu erhalten. Dabei seien die „Unterarten des Menschen . . . ebenso wie die von Pflanzen und Tieren einem Ökosystem eingeordnet".[11]

Rechtsextreme Sudelblätter vereinfachen das zur Agitationsparole,

Gastarbeiter ist gleich Umweltschädling. In neurechten Intellektuellenzirkeln formuliert man es eleganter. Der Inhalt bleibt der gleiche: das Bekenntnis zum Schutz der unverwechselbaren Eigenart der Völker, wie sie aus ihrem Boden und Lebensraum erwachsen ist.

Präzisiert werden derartige Neuauflagen der Blut-und-Boden-Theorie durch Rassepropagandisten wie Rolf Kosiek (NPD). Er erklärte schon 1980 in einem Vortrag vor der rechtsextremistischen Gesellschaft für freie Publizistik den Kampf gegen die „Landnahme durch Millionen Ausländer" zur „zentralen ökologischen Aufgabe".[12]

Bei der gleichen Veranstaltung warnte der Tübinger Professor Helmut Schröcke vor der Taktik der Türken, die Deutschen aus Deutschland „hinauszugebären".* „Durchrassung", „Vermischung" und „Umvolkung" gehören zum alltäglichen Bedrohungsvokabular rechtsextremer Publizisten.

Geschichtsrevision: die Unschuld der Väter

Auch gegen das „Monopol linker Geschichtsschreibung" wird die Wissenschaft bemüht. Unter Berufung auf „Historiker" von mehr eindeutigem als zweifelhaftem Ruf, meist ohne wissenschaftliche Qualifikation und akademischen Abschluß, wird in Österreich und Deutschland versucht, die Generation der Väter und Großväter, die „nur ihre Pflicht getan hat", aus Schuld und Verantwortung zu entlassen.

Geschichtsschreibung braucht Zeit. Unmittelbar nach Ende eines Krieges wird sie natürliche Unschärfen aufweisen. Diese Tatsache nützen Rechtsextremisten dazu, die historische Aufarbeitung insge-

---

* Als das Referat in einer Broschüre des rechtsextremen Verlags „Nation Europa" veröffentlicht wurde, forderte der Vorstand der deutschen Metallarbeitergewerkschaft IG-Metall das bayerische Kultusministerium auf, Professor Schröcke die Lehrerlaubnis zu entziehen. Schröcke selbst sieht sich nicht als „Rassist". Die wahren Rassisten ortet er dort, wo man die Unterschiede der Völker nicht anerkenne. Die Aufnahme von Asylanten und Gastarbeitern ist für ihn eine „humanere Art von Völkermord" (Margret Feit 1987: Die „Neue Rechte" in der Bundesrepublik, Oganisation – Ideologie – Strategie).

samt in Frage zu stellen. Mit der Verunglimpfung der Vergangenheitsbewältigung als „Umerziehung" wird suggeriert, Geschichtsschreibung sei das Ergebnis bewußter Manipulation.

Die nationalsozialistischen Verbrechen werden nicht geleugnet, aber relativiert, mit anderen Kriegsverbrechen verglichen, aufgerechnet. Selektiv wird die Gegenwart mit Bruchstücken historischer Vergangenheit versorgt.[13]

Durch die Hintertür erhält der Faschismus wieder Zutritt: Judenvernichtung und Krieg waren falsch. Über alles andere aber „wird man doch noch reden dürfen". Über Ordnung und Autobahnen beispielsweise, aber auch über die „Beschäftigungspolitik im Dritten Reich".

Rechtsextremismus ohne Hitler

Die nationalen Populisten haben erkannt, daß Geschichtsrevision nicht unbedingt bedeuten muß, Hitler von seinen Verbrechen zu befreien. Nur im Primitivbereich agierende Kleinsekten halten an dieser Taktik fest.

Die gefährlichen Sammelbewegungen der Unzufriedenen aber bauen darauf, daß der umgekehrte Weg zum Ziel führt: den neuen Rechtsextremismus von Hitler zu befreien.[14]

Im Zeitalter der „Wert- und Ideenverwirrung" soll ein „völlig anderer Kulturentwurf, eine andere Menschen- und Lebensauffassung"[15] angeboten werden. Nicht ewiggestrig, sondern progressiv, prinzipiell neu. Nicht mehr rechts oder links, sondern vorne.

Die Distanzierung von Hitler bereitet keine Probleme. Nichts am Nazifaschismus war neu. Für alles gab es historische Vorbilder. Als schreckliches Unikat ist er in die Geschichte durch die unerbittliche Konsequenz seiner Verbrechen, durch die planmäßig-industrielle Form der Massenvernichtung und die Zahl seiner Opfer eingegangen.

Rechtsextremistisches Gedankengut läßt sich aus historischer Tradition auch ohne Berufung auf den Nationalsozialismus ableiten. Man muß nur auf jene Vorlagen zurückgreifen, aus denen Hitler „Mein Kampf" zusammenstoppelte.

Die taktische Kehrtwendung hat die äußerlich zu Populisten mutierten Politiker der extremen Rechten aus ihrem Ghetto befreit. Seitdem die völkischen, rassistischen, nationalistischen und antidemokratischen Politikrezepte mit dem Anspruch der Wissenschaftlichkeit vertreten werden, finden sie Anhänger weit über den engen Kreis der unverbesserlichen Ehemaligen hinaus.

Die alten Nazis sterben aus. Die Neuformierung am rechten Rand aber sorgt dafür, daß sie Junge bekommen, die viel gefährlicher sind. Unbefangen die „Gnade der späten Geburt" in Anspruch nehmend, können sie jede Verbindung zum Hitlerfaschismus zurückweisen. Sie sind damit schwerer zu erkennen und anzugreifen. Wer sich nur oberflächlich mit den Inhalten ihrer Politik auseinandersetzt, hat wenig Chancen, sie zu entlarven.

Die engagierten Antifaschisten in allen Parteien, die bisher unangefochten recht haben durften, müssen umlernen. Ihre historisch abgeleitete Position von Gesetz und Moral ist zu schwach, um in der Auseinandersetzung bestehen zu können.

Der Kampf gegen die vom Staub der Geschichte befreiten Formen des neuen Faschismus verlangt gute Beobachtung, Kleinarbeit und analytische Einordnung auch unscheinbarer Hinweise. Vor allem jedoch erfordert er eine Abkehr von der defensiven Methode, nur aus gegebenen Anlässen zu reagieren, statt offensiv in die politische Kultur- und Bildungsarbeit einzuwirken.

Rechtsextremisten und nationale Populisten sind ihren Gegnern plötzlich um einen Schritt voraus. Um ihre Politik aus dem Schatten Hitlers zu führen, haben sie sich am Möglichen und Durchsetzbaren orientiert. Auf Schleichwegen und in kleinen Dosen schmuggeln sie ihre gesellschaftlichen Zielvorstellungen in das Bewußtsein der Wähler.

Aggressiver als bisher versuchen sie, jeden Verdacht brauner Anfälligkeit zurückzuweisen. Wer sie bei Rückfällen ertappt, wird in Umkehrung der Wirklichkeit als „ewiggestriger Nazijäger" denunziert, der Medienhetze und Menschenjagd beschuldigt.

Werbung nach beiden Seiten

Weil aus eigener Kraft Mehrheiten kaum zu bekommen sind, müssen sich die nationalen Rechtsaußen um Seriosität und Koalitionsfähigkeit bemühen. Eine Doppelstrategie soll ihren Aufstieg zur Macht ermöglichen.

Auf der einen Seite werben sie als moderne Protestparteien erfolgreich um die immer größer werdende Zahl der Unzufriedenen. Auf der anderen biedern sie sich bürgerlichen Parteien und der Wirtschaft als verläßliche Verbündete an.

Kategorische Absagen an jede Zusammenarbeit mit „Links", die Betonung einer oft manchesterliberal anmutenden Leistungsideologie (Leistung statt Gleichmacherei), ein gefühlsbeladener, nationaler Konservativismus und die wissenschaftliche Unterlegung ideologischer Ansprüche sind fixe Bestandteile dieser Strategie.

Den konservativen Parteien fällt es immer schwerer, dem offenen Liebeswerben zu widerstehen. Schon gibt es erste Fälle von Zusammenarbeit in kommunalen Parlamenten. Seit die extreme Rechte ihre Ziele tarnt und ihre einstigen Vorbilder verleugnet, bröckelt die Front von Abwehr und Ausgrenzung.

Die politische Zusammenarbeit suchen Faschisten und neurechte Populisten nur rechts. Um Wähler aber werben sie auch links. In einer Zeitschrift des ehemaligen persönlichen Adjutanten und Pressereferenten von Josef Goebbels, Wilfried van Oven, finden sich genaue Anweisungen für die Ansprache linken Publikums: Die Argumentation „Ausländer raus" sei dieser Zielgruppe gegenüber kontraproduktiv. „Aber welcher Linke würde nicht zustimmen, wenn man fordert: Dem Großkapital muß verboten werden, nur um des Profits willen ganze Völkerscharen in Europa zu verschieben. Der Mensch soll nicht zur Arbeit, sondern die Arbeit zum Menschen gebracht werden."

Der Sinn bleibt der gleiche: Gastarbeiter raus, Grenzen zu. „Die Reaktionen der Zuhörer aber werden grundverschieden sein."[16]

2. KAPITEL

Das gesellschaftliche Umfeld

Österreichs patriotische Verdrängungskoalition

In Österreich beteiligte sich eine Verdrängungskoalition über Partei- und Landesgrenzen hinweg an der Lebenslüge der Zweiten Republik: Aus Tätern wurden Opfer, aus Besiegten Befreite.

Den Großmächten ging es darum, Österreich von Deutschland, das mit allen Mitteln geschwächt werden sollte, dauerhaft zu isolieren. Sie machten in der Moskauer Deklaration vom 1. November 1943 die Ostmark zum Opfer. Die provisorische Staatsregierung nützte das, um sich mit der „Proklamation über die Selbständigkeit Österreichs" vom 27. April 1945 aus der Verantwortung für Krieg und Naziverbrechen zu stehlen.[17]

Die österreichischen Politiker griffen entschlossen nach dieser Chance, das Land aus der Konkursmasse des Dritten Reiches zu retten. Unverhofft bot sich ihnen die Gelegenheit, Reparationsansprüche in Grenzen zu halten, Deutschland als Bürge und Zahler in Anspruch zu nehmen, den Wiederaufbau ohne Verzögerung in Angriff zu nehmen und den Abzug der Besatzungsmächte zu beschleunigen.[18]

Aus übergeordnetem Staatsinteresse entstand ein patriotischer Verdrängungskonsens, der Täter, Mitläufer und Pflichterfüller, aber auch die Nutznießer von „Arisierung" und „Entjudung", unter moralischen Druck setzte, keine Reue zu zeigen. Wer die historische Wahrheit verteidigte, wurde als Nestbeschmutzer denunziert.

Über Parteigrenzen hinweg versuchten Politiker, den Schein zu wahren. Der Wiener Bürgermeister Theodor Körner schrieb im Februar 1947 in der „Wiener Zeitung" unter dem Titel „Das Märchen vom Antisemitismus in Wien": „... denn der Wiener ist Weltbürger und daher von vornherein kein Antisemit. Antisemitische Tendenzen sind ihm auch jetzt vollkommen fremd. Erzählungen darüber sind bewußte Lügen oder gedankenloses Geschwätz."

Bevor die Aufarbeitung der Geschichte noch eingesetzt hatte, erscholl schon der Ruf, mit ihr endlich Schluß zu machen. Nicht einmal die Aufdeckung der industriellen Massenvernichtung reichte aus, die braune Vergangenheit aus Herzen und Köpfen zu tilgen.*

Bei mehreren Meinungsumfragen im Jahr 1947 meinten 30 bis 51 Prozent der Wiener, im März 1948 fast 58 Prozent der Salzburger, der Nationalsozialismus sei eine „gute Idee", die nur „schlecht durchgeführt" worden sei.

Karl Renners Bekenntnis zur Entnazifizierung hielt der Wirklichkeit nicht stand. „Jene, welche aus Verachtung der Demokratie ein Regime der Gewalttätigkeit, des Spitzeltums, der Verfolgung und Unterdrückung aufgerichtet haben, sollen auf keine Milde rechnen können", hatte es im April 1945 in der ersten Erklärung seiner provisorischen Regierung geheißen.

Die österreichische Wirklichkeit sah anders aus. Während der kalte Krieg die österreichischen Kommunisten Schritt für Schritt ins Ghetto drängte, wurden die alten Ehemaligen schnell wieder in das politische System integriert. Das von der Staatsdruckerei 1946 herausgegebene „Rot-Weiß-Rot-Buch" versuchte „mit amtlichen Quellen" den eigenen Beitrag Österreichs an seiner Befreiung zu dokumentieren: Nur eine Minderheit des „gepeinigten und preisgegebenen" österreichischen Volkes sei der nationalsozialistischen Idee gefolgt, während der „Geist des Widerstandes" stetig gewachsen sei.

Unter der Überschrift „Die Opfer" wird nur über die „österreichischen Patrioten in den Kerkern und Gefängnissen der Gestapo"

---

* Vgl. Robert Knight: Britische Entnazifizierungspolitik 1945 – 1949, in: Zeitgeschichte 11/1984. Robert Knight berichtet, daß „kein merklicher Umschwung in der öffentlichen Meinung stattfand, als das Ausmaß der Massenermordungen bekanntgeworden war". Ein britischer Bericht vom Juni 1946, der in Klagenfurt nach der Vorführung einer Filmdokumentation über die Greuel in Konzentrationslagern verfaßt wurde, stellt lakonisch fest: „Generally the audiences regard this film as pure propaganda" (zitiert nach John Bunzl 1986: Österreichische Identität und Antisemitismus).

berichtet. Die Ermordung von Juden, Zigeunern, unheilbar Kranken und Homosexuellen bleibt unerwähnt.[19]

Bei den Wahlen von 1949 buhlten beide Großparteien erfolgreich um Stimmen jener fast 700.000 ehemaligen NSDAP-Mitglieder, die erstmals wieder wahlberechtigt waren. Für jene, die sich nicht integrieren lassen wollten, bot der im gleichen Jahr zugelassene Verband der Unabhängigen (VdU), der 1955/56 in der FPÖ aufging, ein Auffangbecken.

Das Verharren dieser Partei in deutschnationalem Gedankengut verhinderte Erfolge noch extremerer Gruppierungen. Die radikale Absplitterung NDP um den ehemaligen Führer des Ringes Freiheitlicher Studenten (RFS), Norbert Burger, fand bei weitem nicht den Anklang ihrer deutschen Schwesterpartei.

Der Wahlerfolg Burgers bei den Bundespräsidentenwahlen 1980 (3,2 Prozent) war nur durch die besondere Konstellation dieser Wahl möglich: Die ÖVP hatte auf einen eigenen Kandidaten verzichtet. FPÖ-Kandidat Wilfried Gredler war in den Augen nationaler Wähler von rechtsaußen durch seine Widerstandsvergangenheit „belastet".

Alte Parolen verlieren ihren Glanz

Nach dem Ende des Zweiten Weltkrieges hatte es den Anschein, als sei mit der bedingungslosen deutschen Kapitulation auch der Faschismus untergegangen. Der industrielle Massenmord in Vernichtungslagern und 50 Millionen Kriegstote schienen ihn für immer diskreditiert zu haben.

Im Nachkriegseuropa herrschte, über alle politischen und ideologischen Grenzen hinweg, ein antifaschistischer Grundkonsens. Obwohl mit juristischen Mitteln die Nationalsozialisten nicht zu Demokraten gemacht werden konnten, erfüllten die Dämme gegen das alte Gedankengut, wenn auch mehr schlecht als recht, ihren Zweck.

Verbotsgesetze ließen den ewig Unverbesserlichen nur beschränkten Spielraum für neues Bekennertum. Neonazistischen Parteien wurde die Rechtspersönlichkeit abgesprochen, antisemitische Äußerungen wurden, zumindest in eklatanten Fällen, strafrechtlich geahndet.

Die gesellschaftliche Entwicklung stabilisierte das demokratische System. Der Militarismus der Nazizeit schlug Schritt für Schritt in Antimilitarismus um. Das aus dem Ost-West-Konflikt geborene Gleichgewicht des Schreckens mündete in die Gewißheit: Eine Chance auf den Endsieg hätte im Kriegsfall nur der Tod.

Durch den verlorenen Krieg und die Besatzungstruppen in Deutschland und Österreich ist das gesellschaftliche Prestige von Militärs in Uniform auf Dauer beschädigt. Für Soldatenmythos bleibt in der aufgeklärten Gesellschaft wenig Platz.[20]

Statt zu Gehorsam und Disziplin wird die Jugend zu Kreativität und Eigenständigkeit erzogen. Ihre Politisierung Ende der sechziger Jahre dreht den politischen Wind nach links.

Von der Frauen-, Friedens- und Ökologiebewegung ausgehend, wächst das emanzipatorische Bewußtsein. Es wird zu einem natürlichen Bollwerk gegen autoritär-hierarchische Systeme. Wiederaufbau, Wachstum und Wohlstand lassen kaum Zweifel am eingeschlagenen Weg aufkommen.

Durch das Ende des Kommunismus, die Auflösung des Warschauer Paktes, den Zerfall des sowjetischen Imperiums und die Demokratisierung Osteuropas sind die Feinde von einst zu Nachbarn geworden. Niemand kann mehr in Versuchung kommen, für ein „Volk ohne Raum" gewaltsam Platz zu schaffen. Mit dem Ende der militärischen und ideologischen Bedrohung von außen verlieren Antikommunismus und Appelle an das „einig Volk" als politische Mobilisierungsinstrumente an Wirkung.

Geschäft mit Angst und Krisen

Nach Jahren des Abstiegs und der Ausgrenzung richtet sich die extreme Rechte heute an politischen Entwicklungen auf, die ihr neue Agitationsmöglichkeiten bieten. Die in der Zeit des Wirtschaftsaufschwungs geholten Gastarbeiter und die steigende Zahl von Flüchtlingen machen das Ausländerthema in ganz Europa zum Selbstläufer. Skandale, Parteienfilz und Korruption münden in Frustration, Politikverdrossenheit und Demokratiemüdigkeit. Das Monopol für die politische Ausbeutung der allgemeinen Unzufriedenheit fällt jenen in den Schoß, die von Ämter-, Macht- und Pfründeverteilung ausgeschlossen sind.

Anonymität und Bindungslosigkeit der modernen Industriegesellschaft kommen den populistischen Verführern zugute. Mit dem Ende des offenen Klassenkampfes verschwimmen die Konturen der Gewerkschaften als streitbare Vertreter von Arbeitnehmerinteressen. Die Sozialdemokratie ist kaum mehr als Klassenpartei erkennbar.

Auf der anderen Seite des politischen Meinungsspektrums können sich die Solidarität der christlichen Soziallehre und Sorgen um die Umwelt nur ungenügend gegen Kapitalinteressen durchsetzen. In der praktischen Politik bleiben die bürgerlichen Honoratiorenparteien glanzlose Interessenverwalter politischer und wirtschaftlicher Macht.[21]

Der Zerfall konservativer Lebensformen auf dem Land beschleunigt ihren Verlust an Einfluß. Die schwindende Bindewirkung der Kirchen trägt zur Isolierung der Menschen bei.

Die Sozialpartnerschaft verwischt die letzten Interessengegensätze. Demokratie bietet kaum mehr die Wahl zwischen weltanschaulich unterschiedlichen Positionen. Sie wird reduziert auf eine Entscheidung zwischen einander immer ähnlicher werdenden Volksparteien. Solidarität, Zugehörigkeit und Heimatgefühl sind links wie rechts verlorengegangen.

Der technische Fortschritt führt zur Entfremdung der Generationen. Im Computerzeitalter verliert die Erfahrung der Väter an Wert. Die Älteren werden von den Jungen nicht mehr gebraucht.

Auch arbeitslose Jugendliche fühlen sich isoliert. Ihre Antwort besteht vielfach in radikalen Parolen, Hakenkreuzen und Gewalt. Dabei ist ihr Protest gegen das System, von dem sie sich ausgeschlossen fühlen, weitgehend unpolitisch. Sie wollen nur provozieren.

Solange ein „Heil Hitler" ihre Gegner härter trifft als ein Götz-Zitat, werden sie sich mit Requisiten aus der braunen Mottenkiste kostümieren. Solange die eingeschlagenen Fensterscheiben eines Asylantenheimes mehr mediale Aufmerksamkeit erwecken als gewaltsame Auseinandersetzungen untereinander oder gewöhnliche Straßenkriminalität, werden sie ihre Aggression in politischer Verpackung zur Schau stellen.

26

Die radikalen Populisten müssen ihre Wähler nicht aus funktionierenden Gesinnungs-, Interessen- und Sozialgemeinschaften abwerben. Sie brauchen nur jene einzusammeln, die durch politische Enttäuschung und gesellschaftliche Isolierung auf der Strecke geblieben sind.[22]

Mit jedem Skandal werden es mehr. Das Gefühl der Machtlosigkeit weckt zunehmend Bereitschaft, die Artikulation des Protests an Führer zu delegieren, die ihm Gehör verschaffen.

Die Parteien der extremen Rechten haben die Marktlücke erkannt. Während die Entscheidungsprozesse in Politik und Wirtschaft immer komplizierter werden und den Wählern kaum mehr zu vermitteln sind, werben sie mit plakativen Patentrezepten, nennen in polemischer Vereinfachung Schuldige und Sündenböcke.

Das Geschäft mit der Krise erweist sich als Wachstumsbranche. Angst vor Atomkraft und Arbeitslosigkeit, Kriminalität und Umweltzerstörung, aber auch Sorgen um den erworbenen Wohlstand treiben Wähler den Verführern am rechten Rand in die Arme.

Die Schwäche des einzelnen wird zur Stärke des organisierten Protestes, zur neuen Chance für jene, die den autoritären Staat anstreben. Jede Krise, jeder Skandal, jeder wirtschaftliche Rückschlag verstärkt die Versuchung, ein Mehr an Sicherheit gegen ein Weniger an Freiheit einzutauschen.

Nirgends in Europa sind die Regierenden in der Lage, der populistischen Herausforderung wirkungsvoll zu begegnen. Die Grünen werden dadurch zu den „eigentlichen Gegenspielern".

Der Protest gegen die reaktionären Protestparteien bringt ihnen Profil und Stimmen. Wo Populisten erstarken, werden alternative Gruppierungen zumindest stärker. Die Großparteien verlieren damit Stimmen nach beiden Seiten.[23]

Auch Hitler begann als Populist

Noch wird die Gefahr unterschätzt, obwohl sie sich vielfach belegen läßt. Kaum die Hälfte der Deutschen sieht im Nationalsozialismus „hauptsächlich schlechte Seiten". In Frankreich bekennen sich fast dreimal so viele Bürger zu den ausländerfeindlichen Thesen Le Pens, als ihn wählen. In ganz Europa münden die Erfolge rechtsextremistischer Parteien in die Verschärfung von Asyl- und Ausländerrecht. Die Saat von Egoismus und Intoleranz ist aufgegangen.

Völlig verdrängt werden die Parallelen des rechtspopulistischen Aufstiegs in Gegenwart und Vergangenheit. Vom Nationalsozialismus scheint nur die Zeit des offenen Terrors, des Krieges und der Massenmorde in Erinnerung geblieben zu sein.

Angefangen aber hat es anders. Deutschlands Nationalsozialisten und Italiens Faschisten tarnten sich zu Beginn ihres Aufstiegs als jugendliche Protestparteien an der Spitze des Fortschritts.[24]

Der Definitionsstreit über die Begriffe Rechtsextremismus und Rechtspopulismus erübrigt sich. In den historischen Wurzeln gibt es kaum Unterschiede.

Hitler und Mussolini begannen als Populisten. Wie die Nachahmer der neunziger Jahre boten sie ihren Anhängern ein unterhaltsames Kontrastprogramm zum mausgrauen politischen Alltag. Vor allem vermittelten sie Zugehörigkeitsgefühl und Gemeinschaftserlebnis.

Vergleiche heutiger Politiker und Parteien mit Hitler und den Nationalsozialisten sind immer problematisch. Sie tragen den Keim von Ungerechtigkeit und Polemik in sich, auch wenn beides nicht beabsichtigt ist.

Natürlich darf man keinen der heutigen Populisten mit jenem Hitler vergleichen, dessen Rassenwahn in den Völkermord führte, dessen menschenverachtende Kriegspolitik den Tod von mehr als 50 Millionen Menschen verschuldet und halb Europa in Trümmer gelegt hat.

Gleichzeitig aber ist es unmöglich, die Parallelen zum Aufstieg des jungen Hitler zu übersehen, der Wirtschaftskrise und Politikverdrossenheit nützte, um das Volk gegen die demokratischen „Systemparteien" aufzuhetzen. Diesen Vergleich müssen sich die heutigen Populisten schon deshalb gefallen lassen, weil sie sich der gleichen Methoden bedienen.

Demokratische Politik besteht im Aushandeln von Kompromissen zwischen den verschiedensten Interessengruppen. Dabei bietet sich der Öffentlichkeit ein ums andere Mal das gleiche Schauspiel: Zu

Beginn der Verhandlungen werden die eigenen Positionen für „unverzichtbar" erklärt. Am Ende haben sich alle von ihnen getrennt, um eine Einigung in der Mitte zu ermöglichen.

Die an der Macht Beteiligten bezahlen ihre Bereitschaft zum Kompromiß mit einem Verlust an Glaubwürdigkeit. Das ist es, was Populisten ausbeuten. Ihre Politik besteht darin, die Preisgabe der Ausgangsposition, wie sie sich bei der Suche nach einem Interessenausgleich gar nicht vermeiden läßt, als „Verrat" zu verunglimpfen und sie als unmoralische Geschäftemacherei hinzustellen, mit der nur die Teilnahme an der Macht gesichert wird.[25]

Populisten spielen „alles oder nichts", lehnen Kompromisse kategorisch ab, auch wenn sie sich dadurch vorübergehend aus der Politik ausschließen. Durch die Preisgabe realpolitischen Einflusses gewinnen sie an Glaubwürdigkeit.

Jörg Haider hat mehrmals schon erklärt, als Vizekanzler nicht in eine Regierung gehen zu wollen. Er will die ÖVP überflügeln und Kanzler werden, um „seine Politik" kompromißlos durchsetzen zu können.

Auch Adolf Hitler hat als Populist auf „alles oder nichts" gesetzt. Und gewonnen. Das Angebot, Vizekanzler zu werden, schlug er 1932 aus und wartete, bis kein Weg daran vorbeiführte, ihn zum Reichskanzler zu ernennen.[26] Er ging erst in die Regierung, als er sicher sein konnte, die Politik bestimmen zu können.

Die Nationalsozialisten begannen als demokratische Gruppierung. Über den Zeitpunkt der Wende zur autoritären Führerpartei, die sich die Abschaffung der Demokratie zum Ziel setzte, gehen die Meinungen auseinander.* Auf alle Fälle kann man davon ausgehen, daß die NSDAP der frühen zwanziger Jahre noch dem demokratischen Spektrum zugezählt werden muß.

Erst danach entfernte sie sich von der Demokratie. So wie die Populisten von heute die vorhandenen Vorbehalte gegen einen zu hohen Ausländeranteil ausbeuten, indem sie sich zu Wortführern der Fremdenfeindlichkeit machen, so instrumentalisierten die National-

---

* Gerhard Jagschitz nennt 1926, Gerhard Botz nimmt eine frühfaschistische Welle 1922 bis 1925 an.

sozialisten damals den vorhandenen Antisemitismus als politisches Kampfinstrument.

Sie schürten den Rassenhaß, indem sie vorrechneten: 500.000 Arbeitslose, 400.000 Juden.[27] 1987 begann Haider vorzurechnen: 140.000 Arbeitslose, 180.000 Gastarbeiter.

Heute wie damals ließ sich mit populistischer Propaganda nur ein Teil der Wähler beeinflussen. Auch das ist typisch für Populisten. Sie reden nicht nur dem Volk nach dem Mund, wie manche annehmen. Im Gegenteil: Gerade dadurch, daß sie auf Zustimmung und Stimmen relevanter Gruppen verzichten und das auch betonen, gewinnen sie Glaubwürdigkeit unter ihren Anhängern.[28]

Die Populisten von heute wettern mit den Worten von gestern gegen den „Parteibuchterror" der „Systemparteien". Sie kämpfen wie ihre Vorgänger in den zwanziger Jahren gegen „Bonzentum" und „Privilegienwirtschaft", geben sich fortschrittlich und verspotten ihre Gegner als „alte Parteien", spielen die Saubermänner und denunzieren das „System" als „morsch" und „korrupt".

Heute wie damals bedeutet Populismus einen Spagat zwischen dem Bekenntnis zur Demokratie und der Bekämpfung jener Interessengruppen, die sie repräsentieren.[29] Heute wie damals versprechen Populisten eine „andere Politik" ohne Klassenkampf und berufsständische Auseinandersetzungen. Heute wie damals versuchen sie, von gesellschaftlichen und wirtschaftlichen Fehlentwicklungen zu profitieren.

Natürlich sind die Krisen nicht vergleichbar: Als Hitler zur Macht strebte, herrschten Massenarbeitslosigkeit und Existenznot. Verbittert ließ sich das Volk gegen Politiker mobilisieren, die es für den Bankrott des Staates und das Elend der Menschen verantwortlich machte. „Während das Volk hungert, schieben sich die Bonzen fette Posten zu", hieß es damals mit monotoner Eindringlichkeit.[30]

Ohne Korruptionsskandale, Parteienfilz und großkoalitionäre Pfründeteilung von heute kleinreden oder krisenhafte Erscheinungen in wichtigen Wirtschaftsbranchen bagatellisieren zu wollen: es sind doch verschiedene Größenordnungen. Die Parallelität zeigt sich nicht in Art und Umfang der Krisen, sondern in der Taktik, in der heute wie damals Politikverdrossenheit geschürt wird, um sie auszubeuten.

Die Populisten von heute betreiben, wie einst Hitler, das Geschäft mit der Angst, preisen sich als Retter in der Gefahr. Auch sie geben vor, die Schuldigen zu kennen. Auch sie nennen und ernennen Sündenböcke.

Jörg Haider ist nur einer von jenen, die in ganz Europa am rechten Rand Karriere machen. Aber er ist der erfolgreichste. Auslandsmedien haben den Begriff „Haiderismus" kreiert.[31] Der FPÖ-Chef ist nicht mehr einer von vielen. Er ist der, an dem die Populisten Europas gemessen werden.

3. Kapitel

Von der „alten FPÖ" zur Protestpartei

Das „dritte Lager" und seine Wurzeln

Die Renaissance neurechter Ideologien in Europa wird von jungen, populistisch auftretenden Gruppierungen getragen. Sie haben das Kunststück zuwege gebracht, die zersplitterten Lager der alten Ehemaligen zu sammeln und ihre Organisationen aufzusaugen, ohne sich Ballast und Bürde der Vergangenheit aufzuladen.

Seit langem etabliert sind nur die italienische MSI als Partei faschistischer Staatstradition und die Freiheitliche Partei Österreichs. Unter den Aufsteigern von rechtsaußen, die als nationale Protestparteien von Erfolg zu Erfolg eilen, ist die FPÖ die einzige, die in das demokratische System bereits voll integriert war und sogar Regierungsverantwortung getragen hat.

Jörg Haiders Freiheitliche verstehen sich als Repräsentanten des „dritten Lagers",[32] das in der Monarchie von den Alldeutschen und Deutschnationalen, in der Ersten Republik von der Großdeutschen Volkspartei und vom Landbund verkörpert wurde.[33]

Friedhelm Frischenschlager, der ehemalige Verteidigungsminister, formulierte 1988 bei einem Seminar des Freiheitlichen Bildungswerkes mit unkomplizierter Offenheit: „Die Verbindung zwischen drittem Lager und dem Nationalsozialismus ist Tatsache. Weder der frühere VdU noch die heutige FPÖ sind Parteien, die vom Himmel gefallen sind." Haider bestreitet das: „Die FPÖ ist keine Nachfolgeorganisation der NSDAP, denn wäre sie es, hätte sie die absolute Mehrheit", erklärt er bei einer Pressekonferenz.[34]

In einem Interview verlegt er die Wurzeln weiter in die Vergangenheit: „Die geistigen Vorfahren der Freiheitlichen Partei sind nicht dort angesiedelt, wo Sie glauben. Unsere Vorfahren sind die Großdeutsche Partei, der Landbund . . ."[35]

Der historischen Belastung des Dritten Reiches weicht er damit aus. Ideologisch aber sind die Unterschiede gering.

Im Programm von 1920 der Großdeutschen Volkspartei wird der Begriff der Volksgemeinschaft unter anderem mit folgenden Worten erklärt: „In ihm liegt das Gebot der Abwehr volksfremder, schädlicher Einflüsse und das Bedürfnis nach Schutz gegen Fremdkörper, die dem Volksorganismus gefährlich sind. Ein solcher Fremdkörper ist das Judentum."[36]

Das Bekenntnis zur deutschen Volks- und Kulturgemeinschaft findet sich bis heute im Parteiprogramm der FPÖ. Unter Norbert Steger scheiterte der Versuch, diesen historisch belasteten Begriff zu streichen, der zu den Grundlagen faschistischer Staatsauffassung zählt.

Die antiliberalen Nationalfreiheitlichen der Ersten Republik gingen schon Mitte der dreißiger Jahre ohne Widerstand im Nationalsozialismus auf. Nach dem Zweiten Weltkrieg knüpft der Verband der Unabhängigen (VdU) an ihre Tradition an.

Die Gründer Herbert Kraus und Viktor Reimann sehen in der neuen Gruppierung vor allem ein „liberales Gegengewicht zum Proporz der Großparteien". In der Praxis fungiert der VdU, anfangs durchaus erfolgreich, als Sammelbecken für ehemalige Nazis.

Dem harten Kern des nationalen Lagers ist der eingeschlagene Kurs zu liberal. Die Gründung der FPÖ 1955/56, in die der VdU eingeht, beschreiben Kraus und Reimann übereinstimmend als „Machtübernahme" durch einen kleinen Kreis von „Rechtsextremisten und ehemaligen Naziführern". Die offizielle Absage an den Extremismus entspringe dem „Bedürfnis nach einer sehr notwendig gewordenen Tarnung".[37]

Aus der Isolation in die Regierung – und zurück

Die Geschichte der Freiheitlichen Partei zerfällt in vier deutlich voneinander abgehobene Abschnitte.[38] Im ersten genügt eine vage Berufung auf Grundsätze wie Deutschnationalismus, Antikommunismus und Opposition gegen den Proporz, um den Anhängern die

Bindung an die Vergangenheit zu verdeutlichen. Die FPÖ ist isoliert, als Partei der alten Ehemaligen abgestempelt.

In der zweiten Phase leitet Friedrich Peter die Befreiung aus der politischen Isolierung ein. Er bemüht sich um eine Verbreiterung des Programms und sucht den Kontakt zu den Großparteien.

In den Jahren 1970/71 unterstützt er die Minderheitsregierung Kreisky, erhält als Gegenleistung eine Kleinparteien-freundliche Wahlrechtsreform und ist damit am Ziel: Die FPÖ hat erstmals von Politik nicht nur geredet, sondern Politik gemacht.

Ende der siebziger Jahre beginnen die Großparteien, die FPÖ auf Bundesebene als politik- und koalitionsfähigen Partner zu akzeptieren. Alexander Götz (1978/79) sucht die Annäherung an die ÖVP. Norbert Steger (1980–1986) gelingt der größte politische Erfolg: Er führt die Freiheitlichen in eine Regierungskoalition mit der SPÖ.

Mit einer kleinen Gruppe intellektueller Freigeister an seiner Seite zwingt Steger der Partei, gegen den Willen der nationalen Basis, ein liberales Programm und einen liberalen Kurs auf. Als die Wahlerfolge ausbleiben, putscht die nationale Mehrheit beinahe programmgemäß.

Hans-Jörg Tengg, ehemaliger Vorstandsdirektor der Donaukraftwerke und derzeit Chef einer Immobilienaktiengesellschaft, diagnostiziert verbittert: „Es ist, wie wenn ich einem Bauerntölpel einen liberalen Kopf aufsetzte. Trotz hoher Medikamentierung sind die Abstoßreaktionen zu stark."[39]

Volker Kier, einer der liberalen Vordenker, die sich nach dem Rechtsruck von der FPÖ abgewandt haben, erinnert sich selbstkritisch: „Wir haben den nationalen Druck der Basis unterschätzt. Wir waren so mit der Partei beschäftigt, daß wir auf ihre Mitglieder vergessen haben."*

---

* Volker Kier, ehemaliger Kabinettschef von Vizekanzler Steger, gehört zu jenen, die nach Haiders Wahl die Partei verließen. Rechtzeitig sorgten er und seine liberalen Mitstreiter dafür, daß die einst freiheitliche Denkfabrik „Atterseekreis" von der FPÖ abgetrennt wurde und nun ein Eigenleben als politisch-wissenschaftliche Arbeitsgemeinschaft führen kann.

Haiders Aufstieg verändert die FPÖ

Die vierte Phase beginnt mit Stegers Sturz auf dem Innsbrucker Parteitag im September 1986. Ein vom nationalen Flügel gut vorbereiteter Putsch bringt Jörg Haider an die Spitze.

Der sensationelle Erfolg der Freiheitlichen bei den Nationalratswahlen Ende 1986 bestätigt den populistischen Kurs seines Wahlkampfes. Der Sieg wird zum Auftakt eines weiteren Rechtsrucks der Partei.

Zuerst scheint es nur eine Wende rückwärts. Die FPÖ kehrt wieder die aggressiv-deutschnationalen und teilweise liberalismusfeindlichen Positionen der Vergangenheit hervor.

Geblendet und irritiert durch diesen vermeintlichen „Rückfall" übersehen politische Öffentlichkeit, Gegner und wahrscheinlich auch große Teile der eigenen Partei, daß Haiders Politik eine völlig neue Dimension enthält, die weit über die Reproduktion gestriger Ideen hinausreicht. Von Woche zu Woche, von Wahlkampf zu Wahlkampf, verschiebt sich der politische Standort der FPÖ.

Die Parteiführung unter Steger hatte den Liberalismus als „politische Mitte" verstanden. Haider definiert sich selbst als Rechtsaußen der österreichischen Politik. In einem Interview mit dem „Standard"[40] bekennt er offenherzig, daß es rechts von der FPÖ „keine demokratische Alternative geben darf".

Die weltanschauliche Ausrichtung der Partei beginnt sich zu wandeln. Offiziell hat zwar das unter Steger beschlossene „Salzburger Programm" weiterhin Gültigkeit. In Wirklichkeit aber werden die Inhalte der Politik nur noch von Haider vorgegeben. Das Parteiprogramm ist durch die „Lorenzener Erklärung" ausgehöhlt und überholt.

Der Lorenzener Kreis ist eine ideologische Kaderschmiede nationaler Politik.[41] Die Gruppe um den Bezirksobmann von Linz-Land, der führende FPÖ-Funktionäre angehören (unter anderem Andreas Mölzer, bis zu ihrem Ausscheiden auch Norbert Gugerbauer und Kriemhild Trattnig), hatte auch den Sturz Stegers „generalstabsmäßig vorbereitet".[42]

„Initiiert vom Linzer FP-Bezirksobmann Raimund Wimmer trafen sich damals Freiheitliche aus ganz Österreich im obersteirischen Ennstal, um die national-liberale Gesinnungsgemeinschaft vom opportunistischen Steger-Kurs wieder auf den richtigen Weg zu bringen", schrieb das nationale Theorieblättchen „Aula". „Seitdem fühlt sich dieser Lorenzener Kreis, dessen Initiator Raimund Wimmer ausdrücklich vom Bundesparteiobmann Jörg Haider beim Villacher Parteitag für sein diesbezügliches Wirken gewürdigt wurde, als eine Art Gewissen der Partei."[43]

Die von diesem Kreis erarbeitete Erklärung weicht in entscheidenden Fragen weit vom Parteiprogramm ab. Sie soll das Salzburger Programm jedoch nicht ersetzen, sondern „auslegen" und „ergänzen", wie es in der Einführung heißt.

Das offizielle Parteiprogramm leitet aus der Verschiedenartigkeit der Menschen ausdrücklich „keine unterschiedliche Bewertung der Würde" ab und bekennt sich zu einem „großzügigen Minderheitenschutz auf Grundlage des geltenden Volksgruppenrechts".

In der Lorenzener Erklärung liest man es anders. Dort bilden „die vorgegebenen Unterschiede an Begabung, Fähigkeiten, Neigungen, ja auch an menschlicher Würde", die zur „völkischen Existenz" notwendige Vielfalt. Diese Vielfalt ist abgestuft. Der Pluralismus finde seine Grenzen in der „Natur des Menschen". Dieser sei unterschiedlich „würdig" und „fähig", am „gesunden Lebensraum" und „heilen Wertesystem" teilzunehmen.

Führerpartei: politische Leichen und Karrieristen

Nach Stegers Sturz wird die FPÖ unter ihrem neuen Vorsitzenden zur Führerpartei. Das Parteiprogramm tritt in den Hintergrund. Die Politik beschränkt sich auf jene Themen, die Haider vorgibt.

Auch das Organisationsstatut steht nur noch auf dem Papier. In Wirklichkeit schaltet und waltet der FPÖ-Chef in unbeschränkter Machtfülle.

Sein Weg nach oben ist gesäumt von politischen Leichen: Konkurrenten wie Ferrari-Brunnenfeld, Steger oder Krünes, Gegner wie Grabher-Meyer, Rader, Lohrmann, Strohmayer oder Tengg, liberale

Vordenker wie Allesch oder Kier, Ausgemusterte wie Schiessler, Thaler oder Winkler, Unfolgsame wie Candussi oder Kroupa, Kritische wie Mautner-Markhof, Freunde und Mitkämpfer wie Gugerbauer oder Kriemhild Trattnig.

Strenggenommen muß man zu seinen Opfern auch jene zählen, die aus Karriereüberlegungen oder mißlungener Überlebensstrategie ihr liberales Rückgrat gekrümmt haben: Heide Schmidt, Helene Partik-Pablé oder Holger Bauer.

Die FPÖ, die sich unter Steger Richtung Liberalismus zu bewegen schien, ist zur autoritären Führerpartei geworden. Wer nicht pariert, fliegt.

Andere dienen und dienern sich nach oben. Ausgerechnet Haider, der gegen Parteibuch- und Protektionswirtschaft anzukämpfen vorgibt, versorgt Kofferträger, Leibwächter und nationale Einflüsterer mit politischen Ämtern.

Die Partei ist auf Haider angewiesen. Die Karrieristen, die den Parteiobmann umgeben, auch. Sie können sich Widerstand nicht leisten, wenn der Führer befiehlt.

Hoffnungsträger des Rechtsextremismus

Schritt für Schritt führt Haider die personell erneuerte Partei von allem weg, was die „alte Steger-FPÖ" ausmachte. Immer deutlicher reiht er sich in die Front der nationalen Populisten ein, die den Rechtsextremismus europaweit zur Wachstumsideologie machen.

Altes Gedankengut tarnt er im Kleid des Fortschritts. In Wahlkämpfen nach amerikanischem Muster präsentiert er die FPÖ als Partei der Zukunft. Geschickt nützt er vorhandene Ressentiments gegen Ausländer, ohne sich plumpe rassistische Entgleisungen zu erlauben. Die Strategie rechtsextremer Vordenker wird von ihm nicht nur übernommen, sondern übertroffen und perfektioniert. Er verleugnet Hitler, um ihn gleichzeitig auszustechen: „Der Hitler war kein nationaler Mensch. Einer, der national ist, schenkt doch nicht Südtirol her!"[44]

Anfangs hat es noch den Anschein, als imitiere er Vorbilder wie Le

Pen oder Schönhuber. Dann aber wird von Erfolg zu Erfolg deutlicher: Er übertrifft sie.

Haider ist keine Kopie. Er ist echter als die Originale.

Das in Hamburg erscheinende, renommierte liberale Wochenblatt „Die Zeit" kommentiert anläßlich des Comebacks der Rechtsextremisten bei den Landtagswahlen in Baden-Württemberg und Schleswig-Holstein im April 1992: „Der ‚Haiderismus', die nach dem österreichischen FPÖ-Chef benannte, modernisierte Variante des Rechtsradikalismus, ist ein Stück europäischer Normalität."[45]

Nicht nur liberale Kommentatoren sehen Haider als Führungsfigur des europäischen Rechtsextremismus. Obwohl der FPÖ-Chef diszipliniert den demokratischen Schein zu wahren versucht, ist er Held und Vorbild des nationalradikalen Lagers.

Gerd Honsik, aus dem „Ring Freiheitlicher Jugend" (RFJ) hervorgegangener, mehrfach vorbestrafter Neonazi und Führer der illegalen „Nationalen Front" mit Verbindung zur Gewaltszene, meint über den FPÖ-Chef: „Es gibt überhaupt keine inhaltlichen Differenzen."[46]

Honsik ist Autor des Buches „Freispruch für Hitler?", das von der Staatsanwaltschaft beschlagnahmt wurde, weil in ihm die Vernichtung von Juden in Gaskammern geleugnet wird. Sein in der Zeitschrift „Halt" veröffentlichtes „Mauthausen-Gaskammer-Rätsel-Poster" bildet den zynisch-geschmacklosen Höhepunkt unverblümter Nazipropaganda in Österreich.

Zum Wiener Wahlsieg gratulierte „Halt" beinahe überschwenglich: „Grundlage des Erfolges war der von Haider klar geforderte Einwanderungsstopp, wobei er Wortwahl und Zielsetzung von unserer rechtswidrig verbotenen ‚Liste Nein zur Ausländerflut' fast wortgetreu übernahm. Die gute Sache hat endlich starke Bataillone gefunden."

„Kommentare zum Zeitgeschehen" der rechtsradikalen, vorübergehend verbotenen „Aktionsgemeinschaft für Politik", jubelte über den Haider-Putsch gegen Steger: „Nun sind die liberalen Prostituierten abgewählt . . . Wir haben die liberalen Parasiten immer bekämpft, wir werden auch in Zukunft helfen, wo wir können."[47]

NDP-Obmann Norbert Burger, ehemaliger Bundesvorsitzender des Ringes Freiheitlicher Studenten (RFS) und Südtirolreferent der FPÖ,

legte sich schon 1984 auf Haider fest: „Dieser liberale Hosenschei-
ßer Frischenschlager muß endlich weg und mit ihm sein Oberspezi
Steger. Haider hat die Zustimmung aller Nationalen."[48]

Drei Jahre später ist Burgers Verhältnis zu Haider, der mittlerweile
Parteiobmann geworden ist, immer noch ungetrübt. Zwischen seiner
NDP mit ihren „hundertfachen Kontakten" zu FPÖ-Funktionären
und Jörg Haider gebe es „keine Differenzen".[49] Die NPD-Zeitschrift
„Klartext" freut sich nach Stegers Sturz darüber, daß der „Verrats-
politik am nationalen Gedankengut" ein Ende gemacht wurde.[50]

Mit Ausnahme einer einzigen Splittergruppe, des militanten Kreises
rund um die „Nationale Front", ruft das gesamte rechtsextreme Lager
zur Unterstützung Haiders bei den Nationalratswahlen im November
1986 auf.[51]

Die NDP gibt ihren Anhängern detaillierte Hinweise für die Wahl.
Das nationale Lager solle überall FPÖ wählen, nur nicht in Wien.
Dort würde nur Steger gestärkt. Nur durch eine klare und saubere
Trennung von den „liberalen Opportunisten" bestünde die Hoffnung,
daß die FPÖ wieder zu dem werde, was ihre Gründerväter in ihr
gesehen hätten: eine nationale Partei, „deren oberste Aufgabe die
Wahrung der Lebensinteressen des deutschen Volkes ist".[52]

Haiders Erfolg bei den Nationalratswahlen 1986 wird von der wegen
neonazistischer Schreibweise verurteilten Zeitschrift „Sieg" zum
„nationalen Lostag" ausgerufen: „Jetzt gilt es, jenen Männern und
Frauen Schützenhilfe zu geben, die sich uneingeschränkt zu Österreich als dem dritten deutschen Teilstaat bekennen."

Dieselbe Ausgabe enthält einen für die Bundesrepublik bestimmten
Aufruf: „Diesmal NPD wählen!"[53]

Extremisten der Gewaltszene und jugendliche Krakeeler berufen
sich auf den FPÖ-Führer. Auf dem Wiener Rapidplatz provozieren
Jugendliche mit Hitlergruß und „Heil Haider"-Rufen. Im Grazer
Schwurgerichtssaal halten wegen eines Brandanschlags angeklagte
Nazisympathisanten glühende Lobreden auf ihr jugendliches
Führeridol mit dem blauen Schal.[54]

Auch im Ausland gibt es Applaus von rechtsaußen. Schönhuber hält
Haider „von allen ausländischen Politikern" für den, der „uns am
nächsten steht". Seine FPÖ sei den Republikanern ähnlicher als der

„sogenannten Schwesterpartei FDP". In einem Interview erklärt er: „Haiders Art erinnert mich an meine Jugend."[55]

Im Herbst 1988 lädt die FPÖ die Republikaner zu ihrem Villacher Bundesparteitag ein. Boris Rupp, der nach einem herzlichen Grußwort an die „Gesinnungsfreunde" auch mit Jörg Haider zusammentrifft, faßt in der Novemberausgabe des Parteiorgans „Der Republikaner" seine Eindrücke so zusammen: „Freiheitliche und Republikaner haben in nahezu allen Grundfragen übereinstimmende Ansichten."

Die FPÖ-Zeitung „Kärntner Nachrichten" sieht das ähnlich. „Die erstmals in Berlin kandidierende ‚Republikanische Partei' hat anscheinend die Strömungen im Volk besser erkannt als die anderen inklusive der FDP und auf Anhieb elf Mandate eingefahren", kommentiert sie im Februar 1989 anerkennend.[56]

Dann streicht sie eine weitere Gemeinsamkeit hervor: „Die natürliche Folge ist eine Verleumdungsstrategie quer durch die Medien und die Diffamierung der Schönhuber-Wähler als ‚Faschisten' und ‚Nazi' . . . Wenn sich die alten Parteien keine Gedanken machen über die Stimmung im Volk, so soll man sich nicht wundern, wenn das andere tun. Mit Erfolg."

Le Pen, Führer und Idol der französischen Rechtsextremisten, spricht von „gleichen Zielen". Die FPÖ sei dem „Front national" auf das „engste verbunden".[57]

Sein Sprachrohr „National-Hebdo" wertete Haiders Sieg in Kärnten und seine Koalition mit der ÖVP „nicht bloß als Provinzereignis in einem kleinen Land", sondern als politisches „Großereignis mit europäischer Resonanz".

Haider revanchiert sich artig, indem er Le Pen für das „dritte Lager" reklamiert. Der Franzose sei „ein Staubsauger für Unzufriedene" erklärt er, „kein Rechtsextremist".[58]

Der Aufstieg des FPÖ-Chefs zum Kärntner Landeshauptmann wird von den Rechtsextremisten Europas mit Applaus begleitet. Die wegen Verstoßes gegen das NS-Gesetz mehrmals beschlagnahmte „Deutsche National-Zeitung" feiert ihn als „Triumph".

Die nationale Meinungspresse steht geschlossen im Lager Haiders. Ihre begeisterten Kommentare lassen erkennen: Europas Rechtsextremismus hat einen neuen Hoffnungsträger.

Tarnung und Enttarnung

Rechtsextremisten verbergen ihre Einstellung. Je besser sie sich tarnen, desto einfacher ist es für sie, die Freiheiten des demokratischen Systems zu nützen, um ihre weltanschaulichen Vorstellungen durchzusetzen.

Der Nachweis ist also oft schwer zu erbringen. Schon die Definition stößt auf Probleme. Rechtsextremismus ist kein schlüssiges Gedankengebäude, sondern ein Bündel von Einzelaussagen.[59]

Wie andere Nationalpopulisten ist Haider darauf bedacht, entlarvende Formulierungen zu vermeiden. Aber auch er ist nur ein Mensch, der in Wut geraten kann.

Die präpotente Frage eines Journalisten, ein polemischer Zwischenruf im Parlament – schon ist es gesagt, nicht mehr zurückzunehmen. Das spontane Wort, ohne den Filter der Vorbereitung: Wahrheit pur.

Wer wie Haider mit Emotionen Politik macht, hat es schwer, Worte auf die Goldwaage zu legen. Er muß seinen Anhängern etwas bieten. Er weiß, was sie hören wollen.

Politikerworte haben ein langes Leben. Sie werden auf Tonband und Video aufgezeichnet, mitgeschrieben, gedruckt. Man kann Haider also festnageln an dem, was er gesagt hat. Und an dem, was er nicht gesagt hat.

Als Obmann einer Partei trägt er Verantwortung über das eigene Wort hinaus. Er setzt den Maßstab für das, was Parteifunktionäre sagen, Parteipublikationen schreiben dürfen.

Auch seine Personalentscheidungen sind verräterisch. Natürlich hat Haider recht, wenn er betont, in allen Parteien gebe es ehemalige Nazis. Aber es ist ein Unterschied, ob einer etwas werden darf, obwohl er früher einmal so dachte, oder ob er etwas wird, weil er heute noch so denkt.

Die Frage, ob Haider als Rechtsextremist in wissenschaftlichem Sinn eingestuft werden muß, kann erst beantwortet werden, wenn alle Hinweise belegt und ausgewertet sind: am Ende dieses Buches.

Rechtsextremismus: eine Definition

In der wissenschaftlichen Literatur gibt es viele Versuche, Rechtsextremismus zu beschreiben. Am konkretesten ist die Definition des Klagenfurter Universitätsdozenten Willibald Holzer, der Anfang der achtziger Jahre einen Katalog der wichtigsten Elemente zusammengestellt hat.*

Als hervorstechendste Merkmale von Rechtsextremismus werden in der wissenschaftlichen Literatur genannt:

Biologisch-rassistischer Nationalismus

In Österreich äußert sich dieser als Deutschnationalismus (Verleugnung der österreichischen Nation). Aus ihm entspringen Antisemitismus und Ausländerfeindlichkeit. Fremde werden als latente Gefahr für die Reinhaltung völkischer Erbsubstanz angesehen.

Feindbilder und Sündenböcke

Die Ausländer als Sündenböcke (verursachen Arbeitslosigkeit, Wohnungsmangel, beuten das Sozialsystem aus) stehen im Mittelpunkt aller Wahlkämpfe rechtsextremer Parteien. Minderheiten und Außenseiter werden diffamiert, durch planmäßig geschürten Gruppenhaß ausgegrenzt (Juden, Künstler, Arbeitslose, Intellektuelle, Journalisten, aber auch Wissenschaftler, die sich der objektiven Aufarbeitung der Zeitgeschichte widmen).

Nationales Geschichtsbild

Subjektive Darstellung und Umdeutung historischer Zusammenhänge (oft durch Verschweigen wichtiger Teile) bis hin zur offenen Geschichtsfälschung, um die Identifikation mit der deutschen Vergangenheit zu ermöglichen. Kriegsverbrechen werden verharmlost, verglichen und aufgerechnet, Täter entschuldigt, rehabilitiert oder sogar geehrt, Opfer verschwiegen, Widerstandskämpfer diffamiert.

---

* Willibald Holzer 1981, in: Rechtsextremismus in Österreich nach 1945. An dieser Definition orientieren sich auch Wolfgang Neugebauer bei seiner Einstufung der FPÖ und Brigitte Bailer-Galanda in ihrer Beschreibung Haiders.

Volksgemeinschaft statt Demokratie

Die soziale Volksgemeinschaft ist ein faschistisches Staatsmodell mit patriarchalischer Ordnung, ohne Opposition, ohne Arbeitnehmerorganisationen und berufsständische Vereinigungen, daher auch ohne Klassenkampf. Die heutigen Rechtsextremisten bekennen sich, offen oder indirekt, zu diesem Modell, das im Endeffekt die Auflösung der Demokratie bedeutet. Sie bekämpfen Gewerkschaften und Interessenverbände, stellen ihre Funktionäre als Parasiten dar.

Starker Staat

Die Idee der Volksgemeinschaft ohne Klassenkampf und berufsständische Auseinandersetzungen mündet in den starken, absoluten Staat. Dieser übernimmt den Interessenausgleich und greift hart gegen Randgruppen und Außenseiter durch (Homosexuelle, Drogenabhängige, arbeitslose „Sozialschmarotzer"). Daraus resultiert eine „natürliche" Frontstellung gegen Kommunisten, Sozialisten, Gewerkschafter und Liberale.

Demokratie- und Systemkritik

Das bestehende System wird als „scheindemokratisch" bezeichnet, als morsch oder korrupt diffamiert. Von der „wahren" Demokratie wird nur gesprochen, ohne zu präzisieren, worin sie besteht.
Das parlamentarische Prinzip wird von den heutigen Rechtsextremisten nicht mehr in Frage gestellt. Innerhalb dieses Systems und mit seinen Mitteln wird versucht, weitere Schritte Richtung Demokratisierung, Mitsprache, gesellschaftliche Liberalisierung und Emanzipation zu verhindern.

Natürlich läßt sich rechtsextremistische Gesinnung auch aus anderen Hinweisen ableiten:
● die regelmäßige Verwendung von Ausdrücken und Redewendungen, die durch den Nationalsozialismus belastet sind und daher Signalwirkung haben;
● den ähnlichen Einsatz sprachlicher Mittel zur Weckung von Ressentiments;

- die Verwendung von belasteten Symbolen;
- die Mitarbeit in Nazipublikationen oder eindeutig rechtsextremistischen Medien und nicht zuletzt
- Kontakte mit anderen Rechtsextremisten, die Teilnahme an rechtsextremistischen Veranstaltungen, insbesondere als Mitveranstalter oder Referent.

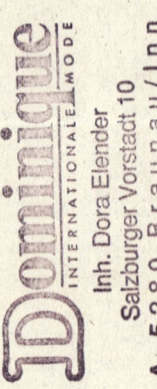

Dominique

INTERNATIONALE MODE

Inh. Dora Elender

Salzburger Vorstadt 10

A - 5 2 8 0 B r a u n a u / I n n

Tel. 07722 / 4668

Anz.	Datum	19	Preis	S	g
	20.1. 9			319,	—

Volksgemeinschaft statt Demokratie

Die soziale Volksgemeinschaft ist ein faschistisches Staatsmodell mit patriarchalischer Ordnung, ohne Opposition, ohne Arbeitnehmerorganisationen und berufsständische Vereinigungen, daher auch ohne Klassenkampf. Die heutigen Rechtsextremisten bekennen sich, offen oder indirekt, zu diesem Modell, das im Endeffekt die Auflösung der Demokratie bedeutet. Sie bekämpfen Gewerkschaften und Interessenverbände, stellen ihre Funktionäre als Parasiten dar.

Starker Staat

Die Idee der Volksgemeinschaft ohne Klassenkampf und berufsständische Auseinandersetzungen mündet in den starken, absoluten Staat. Dieser übernimmt den Interessenausgleich und greift hart gegen Randgruppen und Außenseiter durch (Homosexuelle, Drogenabhängige, arbeitslose „Sozialschmarotzer"). Daraus resultiert eine „natürliche" Frontstellung gegen Kommunisten, Sozialisten, Gewerkschafter und Liberale.

Demokratie- und Systemkritik

Das bestehende System wird als „scheindemokratisch" bezeichnet, als morsch oder korrupt diffamiert. Von der „wahren" Demokratie wird nur gesprochen, ohne zu präzisieren, worin sie besteht.
Das parlamentarische Prinzip wird von den heutigen Rechtsextremisten nicht mehr in Frage gestellt. Innerhalb dieses Systems und mit seinen Mitteln wird versucht, weitere Schritte Richtung Demokratisierung, Mitsprache, gesellschaftliche Liberalisierung und Emanzipation zu verhindern.

Natürlich läßt sich rechtsextremistische Gesinnung auch aus anderen Hinweisen ableiten:

- die regelmäßige Verwendung von Ausdrücken und Redewendungen, die durch den Nationalsozialismus belastet sind und daher Signalwirkung haben;
- den ähnlichen Einsatz sprachlicher Mittel zur Weckung von Ressentiments;

- die Verwendung von belasteten Symbolen;
- die Mitarbeit in Nazipublikationen oder eindeutig rechtsextremistischen Medien und nicht zuletzt
- Kontakte mit anderen Rechtsextremisten, die Teilnahme an rechtsextremistischen Veranstaltungen, insbesondere als Mitveranstalter oder Referent.

4. KAPITEL

Der alte Rassismus: Juden als Feindbild

Der verdrängte Antisemitismus

Die Lebenslüge der Nachkriegszeit, Österreich sei 1938 das erste Opfer der Nationalsozialisten gewesen, setzte dem Antisemitismus natürliche Grenzen. Die wiedererstandene Republik versuchte eine neue Identität aus der Abgrenzung zum Dritten Reich und seinen Verbrechen zu finden.

Alle Parteien waren darum bemüht, politischen Streit, der die Vergangenheit mit einbezogen hätte, zu vermeiden. Führende Politiker überboten einander in demonstrativer Distanz zu allem Deutschen.[60] Der christlich-soziale Antisemitismus wurde ebenso verdrängt wie der sozialdemokratische Deutschnationalismus.[61] Gemeinsam wendete man sich den ideologiefreien Themen des Wiederaufbaues zu.

Waldheim-Wahlkampf: Haider als Sieger

Im Waldheim-Wahlkampf 1986 zerbrach die künstliche Idylle. Der Präsidentschaftskandidat der ÖVP hatte einen Teil seiner Biographie unterschlagen.

Seine Gegner überführten ihn einer Lüge, die nicht (nur) die seine war. Es war die Lüge vieler Österreicher, die Lüge der Republik, die sieben Jahre ihrer Vorgeschichte verdrängt hatte.

Der Jüdische Weltkongreß und die ausländischen Medien, die sich des Themas annahmen, trafen mit ihrem Nachweis der historischen Selektion nicht einen einzelnen Politiker. Sie trafen ein ganzes Land. Österreich fühlte sich angegriffen. Österreich setzte sich zur Wehr. Die Konfrontation mit der Vergangenheit erfolgte im psychologisch ungünstigsten Augenblick. Das von Kreisky zum ewigen Verlierer degradierte bürgerliche Lager sah erstmals nach vielen Jahren die Chance auf einen Wahlsieg.

Vielleicht liegt hier ein Grund für die emotionale Überreaktion mancher Leitartikler. Erst als Waldheim gewählt und die Aufgeregtheit abgeklungen war, wurde in der historischen Aufarbeitung deutlich, daß die Medien ihren Verteidigungskampf mit zweifelhaften Mitteln geführt hatten. Die Sprachwissenschaftlerin Ruth Wodak hat dieses Kapitel österreichischer Zeitgeschichte gemeinsam mit einem Forschungsteam, in dem Linguisten, Historiker und Psychologen zusammenarbeiteten, minuziös nachgezeichnet und die in den Medien entstandenen Verzerrungen belegt.[62]

Um Solidarisierung in der Gefahr zu erreichen, mußte der Feind mächtig sein. Der Jüdische Weltkongreß wurde zum Riesen.

Um den Feind ohne schlechtes Gewissen bekämpfen zu dürfen, mußte er im Unrecht, womöglich böse sein. Also wurden die gegen Waldheim erhobenen Vorwürfe so lange übertrieben, bis sie leicht zu widerlegen waren.

Waldheim und seine Verteidiger setzten sich gegen Behauptungen zur Wehr, die es nie gegeben hatte. Weder der Jüdische Weltkongreß noch die New York Times hatten dem einstigen Offizier je „Kriegsverbrechen" vorgeworfen. Nur die österreichischen Zeitungen behaupteten das. Und widerlegten es.

In den meisten Fällen aus ehrlicher Überzeugung. Das Zusammenspiel von Politik und Medien folgt eigenen Gesetzen. Was aus „verläßlicher Quelle" stammt, wird nur in Ausnahmefällen noch einmal überprüft. Trägt eine Fehlinformation erst einmal das Gütesiegel anerkannter Seriosität, etwa durch Zitierung in einem über jeden Verdacht erhabenen Medium, ist sie kaum mehr aus der Welt zu schaffen.

Ein Politiker antwortet dem anderen, zitiert aus Medien, wird in Medien zitiert; ein Journalist schreibt vom anderen ab oder dort weiter, wo andere aufgehört haben.

Mit jeder Veröffentlichung wächst die Überzeugung von der Seriosität der Ausgangsinformation. Selbst publizistische Aushängeschilder sind nicht davor gefeit, dem kollektiven Überzeugungsdruck zum Opfer zu fallen.

Unglückliche Äußerungen von Israel Singer und Elan Steinberg vom Jüdischen Weltkongreß in einem „profil"-Interview[63] werden als pauschale Drohung „des Judentums" gegen Österreich aufgefaßt. „Die Österreicher müssen die Konsequenzen tragen ... die nächsten sechs Jahre mit Waldheim werden keine einfachen sein", hatte Singer unter anderem erklärt.

In Österreich reagiert man mit Empörung. Das gesamte bürgerliche Lager, bis hinein in konservative SPÖ-Wählerschichten, rückt in Verteidigungsstellung zusammen.

Plötzlich sind sie wieder da, die unheilvollen Klischees aus der Vergangenheit. Die „Verschwörung des Judentums", die „Kampagne der jüdisch dominierten amerikanischen Presse". Natürlich auch die „geschäftstüchtigen Juden", die mit Waldheim-Dokumenten „Handel treiben",[64] oder die „Handvoll Ewiggestriger"[65], die eine düstere Vergangenheit kommerziell ausbeutet.

Auch der christliche Antisemitismus wird wieder lebendig. Österreichs Leitartikler argumentieren mit Bibelzitaten und kommen zu dem Ergebnis: Wenn die Kirche die Juden von der Kreuzigung Christi freigesprochen hat, müssen jetzt auch die Juden verzeihen. „Es gibt keine Rache bis ins dritte Glied."[66]

Die Bundespräsidentenwahl hat das politische Klima Österreichs schlagartig verändert. Waldheims Sieg wird zum heimlichen Triumph des Jörg Haider.

Meinungsforscher hatten schon bald nach der Wahl die Motive der Wähler durchleuchtet. Nicht in erster Linie der Antisemitismus war ausschlaggebend für das überwältigende Ergebnis, sondern der Trotz, die patriotische Empörung.

„Wir Österreicher wählen, wen wir wollen!" Viele Wähler aus anderen Lagern entschieden sich für Waldheim, nicht weil sie ihn wollten, sondern weil Amerikaner, Juden und andere Ausländer ihn nicht wollten.[67] Emotionen, die Rechtspopulisten in ganz Europa durch aufwendige Kampagnen zu wecken versuchen, findet Haider als Ausgangsbasis seines Aufstieges vor.

Die Le Pens, Schönhubers und wie sie alle heißen, starten auf glitschigem Terrain der rechten Außenbahn, immer in Gefahr, auszurutschen oder sich durch einen falschen Schritt zu disqualifizieren.

Haider kann nach der Waldheim-Wahl aus den sicheren Startlöchern verfestigter Vorurteile ins Rennen gehen.

Die verheerenden Auswirkungen eines zum verbalen Bürgerkrieg ausgearteten Wahlkampfes machen ihn unverwundbar. Ob er seiner Ausländerfeindlichkeit in offener Schmähung des polnischen Präsidenten Lech Walesa Luft macht („mehr breit als hoch") oder die Beschäftigungspolitik im Dritten Reich verherrlicht, ob er Hitlers SS zum Vorbild für die Jugend erhebt oder das Wort von der „Mißgeburt" für die österreichische Nation aus Hitlers „Mein Kampf" übernimmt:* Die Vorurteile der Mehrheit triumphieren jeweils über die Empörung Weniger.

Aus der kritischen Resonanz, die der Fall Waldheim in ganz Europa findet, leiten Haiders Anhänger ein moralisches Alibi ab: Wenn die Ausländer alle gegen Österreich sind, kann man als Österreicher guten Gewissens gegen die Ausländer sein.

Die Täter-Opfer-Umkehr der heimischen Wahlkampf-Berichterstattung ist Wasser auf die Mühlen Haiderschen Geschichtsverständnisses: Nicht daß Waldheim einen Teil seiner Biographie verschwiegen hat, ist der Skandal, sondern die Aufdeckung dieses Mangels an Wahrhaftigkeit.

Nicht die Österreicher müssen sich für ihren Antisemitismus schämen. Das Weltjudentum muß sich schämen, ihn zu schüren. Nicht die Nazis sind „ewiggestrig", sondern jene Juden, die Erinnerungen wachhalten.[68]

Mit ihrer Polarisierung im Waldheim-Wahlkampf wurden Österreichs Medien zum Wegbereiter des populistischen Aufsteigers. Auf der einen Seite „die Juden", „die Amerikaner", „die Ausländer". Auf der anderen Seite „wir Österreicher". Das ist der Stoff, aus dem Haider-Siege gemacht sind.

Die ÖVP könnte sich in diesem Wahlkampf um ihre Zukunft geredet haben. Ohne Sensibilität in der Sache und maßlos in der Wortwahl beschwor sie die Solidarität der Bürgerlichen.

---

* Haider im August 1988 in einem Fernsehgespräch: „Das wissen Sie so gut wie ich, daß die österreichische Nation eine Mißgeburt gewesen ist, eine ideologische Mißgeburt."

Als die Emotionen nach der Wahl ein wenig abgeklungen waren, legte die Israelitische Kultusgemeinde eine Dokumentation jener Formulierungen vor, zu der sich ÖVP-Politiker hatten hinreißen lassen:[69] „Unseriöse und unehrenhafte Methoden; ehrlose Gesellen des Jüdischen Weltkongresses; Lüge, Täuschung, Wortbruch; von Haß und Geltungsbedürfnis motiviertes Geschrei der Handlanger des Jüdischen Weltkongresses; Rufmörder; Mafia der Verleumder; Gipfel der Niedertracht; bestochene Zeugen; mafiose Methoden; erschreckend dumm; schäbige Profilierungskampagne; gewohnheitsmäßige Verleumder . . .“

In „Zeit im Bild“ erklärte der damalige ÖVP-Generalsekretär Michael Graff dazu: „Ich stehe zu jedem dieser Ausdrücke!“ Als er vom Moderator auf die Folgewirkungen in der Öffentlichkeit angesprochen wurde, erklärte er: „Ja aber, lieber Herr, es ist hier politisch um Leben und Tod gegangen.“

Jetzt kommen die für Waldheim mobilisierten Emotionen Haider zugute. Wenn christliche Politiker so reden, was soll dann falsch sein am Sudeljargon der Nazis, wie er in Teilen der FPÖ immer wieder durchklingt?

Österreich nimmt in diesem Wahljahr unter den westlichen Nationen einen beschämenden Spitzenplatz ein: Nirgends gibt es so viele Menschen, die sich bei Umfragen zum Antisemitismus bekennen. Rund 60 Prozent der Österreicher stehen der Aussage, alle Juden sollten nach Israel gehen, positiv oder neutral gegenüber, 44 sind es in Deutschland, 35 in Frankreich, 13 in den USA. Bei antisemitischen Äußerungen eines „hohen Politikers“ würden in Österreich 56 Prozent den Rücktritt fordern, in Deutschland und Amerika 71 Prozent, in Frankreich 77 Prozent.[70]

Das Bedenkjahr 1988 mildert zumindest die Bekenntnisfreudigkeit. 1991 aber ist der Antisemitismus wieder nach außen gekehrt. Die Feststellung, „die österreichischen Juden sind genauso Österreicher wie wir alle“, bejahen nur 67 Prozent. Ein Jahr zuvor waren es 91 Prozent. Der Ausländerhaß macht Juden zu Fremden im eigenen Land.[71]

„Für Nichtjuden ist es oft schwer, wenn er einem Juden die Hand gibt, einen körperlichen Widerwillen zu unterdrücken.“ Bei dieser

„absolut unappetitlichen Totschläger-Frage"[72] entscheiden sich 37 Prozent für „weder/noch". Nur 39 Prozent lehnen sie völlig ab. 1986/87 waren es noch 74 Prozent.

Noch erschütternder ist das Ergebnis einer am Wiener Institut für Publizistik und Kommunikationswissenschaft erschienenen Studie:[73] Die in Wien lebenden Juden registrieren eine Verschärfung antisemitischer Tendenzen und einen „Anstieg des Aggressionspotentials". Sie leben wieder in Angst.

Zwei Drittel von ihnen vermeidet die Benützung öffentlicher Verkehrsmittel aus Angst vor antisemitischen Ausfällen. Eine Stellungnahme: „Wenn einer nur jüdisch ausschaut – ein bißchen –, sollten Sie mal die Bemerkungen hören."

Zwei Drittel der Wiener Juden gaben an, im Falle einer weiteren Zunahme antisemitischer Ausschreitungen Österreich „ohne jedes Zögern" verlassen zu wollen.

Als Quelle ihrer Angstgefühle nannten die Befragten das durch Antisemitismus in der Politik und Entgleisungen einzelner Journalisten ausgelöste „manipulative Meinungsklima". Nahezu 100 Prozent der Wiener Juden bewerteten die „Kronen Zeitung" als „hetzerisch".

Maximilian Gottschlich, Professor am Institut für Publizistik, kommentierte das Ergebnis mit der resignierenden Feststellung, die Informationslawine des Jahres 1988 sei „an den Österreichern vorbeigerollt".

Der Fall Müller: . . . in Jörgls Pfeife

Peter Müller ist kein „hoher Politiker", sondern ein kleiner FPÖ-Ortsparteiobmann, der es in Bad St. Leonhard zum Bürgermeister bringen möchte. Der Ziehharmonikafabrikant, ein „uriger Mensch", erzählt gerne Witze.

Gleichgesinnte Stammtischfreunde schätzen seinen Humor. Darum mag es für ihn enttäuschend gewesen sein, daß ein Redakteur des „trend", der sich für das Harmonika-Unternehmen interessierte, über einen seiner Witze nicht gelacht hat.

„Dem Simon Wiesenthal hab' ich gesagt: Wir bauen schon wieder Öfen. Aber nicht für Sie, Herr Wiesenthal. Sie haben im Jörgl seiner Pfeife Platz!"

Der Journalist war humorlos genug, das unglaubliche Zitat abzudrucken. Wiesenthal, dessen Mutter 1942 im Vernichtungslager Belzec durch Vergasung ermordet und verbrannt wurde, reagierte mit Klage: „Mit dem Tod von Millionen macht man keine Witze."

Das Landesgericht Klagenfurt verurteilte Müller wegen Verhetzung zu 70.000 Schilling Geldstrafe. Ganz Österreich reagierte auf den menschenverachtenden Ausspruch mit Empörung.

Fast ganz Österreich. Für Jörg Haider war es „künstliche Aufregung", „Medienhatz" und eine „diffamierende Menschenjagd" (natürlich auf Müller, nicht etwa auf Wiesenthal oder die Juden, denen der Bau neuer Öfen in Aussicht gestellt worden war).

Ursprünglich hatte der FPÖ-Obmann all das „nicht einmal ignorieren" wollen. Als der politische und mediale Druck keine andere Wahl mehr ließ, wurde Müller zuletzt doch „freiwillig zurückgetreten".

Seine Pressekontakte zum „trend" empfahlen ihn für eine neue Position. Er übernahm das Amt des Referenten für Öffentlichkeitsarbeit.[74]

Der Fall Wimmer: Bejkelesjuden

Raimund Wimmer ist nicht irgendein kleiner Dorffunktionär der FPÖ. Als Obmann der Bezirksorganisation Linz-Land und Mitglied des Bundesparteivorstandes berief er jenes Treffen des „Lorenzener Kreises" ein, das Stegers Sturz vorbereitete.

Andreas Mölzer, Grundsatzreferent der FPÖ, beschrieb Wimmer in der „Aula"[75], einem Blättchen des Freiheitlichen Akademikerverbandes, als das „Gewissen der Partei", die er wieder „auf den richtigen Weg" gebracht habe.[76]

Jörg Haider, der ohne Wimmers Initiative nicht so schnell an die Spitze gekommen wäre, ehrte seinen Mentor beim Villacher Parteitag überschwenglich als „Vater der politischen Erneuerung".[77]

In welche Richtung Wimmer die Partei erneuert hat, konnten Österreichs Fernseher aus seinem eigenen Mund hören. Im „Inlandsreport"[78] warnte er vor weiterer Zuwanderung, sonst wären womöglich „die Neger" bald in der Überzahl.

Sorgen machen ihm auch Einwanderer aus dem Osten: „. . . und wenn wir jetzt die Polaken hereinlassen, Polen sagt man, und alles andere . . ."

Zur Warnung vor jüdischen Ostimmigranten steuerte er vor laufender Fernsehkamera auch eigene Erfahrungen bei: „Ich kenn' die Juden . . . Ich hab' sie in Galizien kennengelernt, ich hab' sie in Rußland kennengelernt. Die würden sich wundern, wenn die Bejkelesjuden würden herumrennen in Wien!"

Haider mußte sich in der sonntäglichen TV-Pressestunde wohl oder übel distanzieren. Gleichzeitig jedoch warb er „um Verständnis für die Situation der älteren Generation".

Innerparteiliche Konsequenzen hatte die Entgleisung für Wimmer nicht. Vom Ergebnis eines Parteischiedsgerichts schien er sich derart ermutigt zu fühlen, daß er unmittelbar danach seine antisemitische Einstellung bekräftigte.

„Die Ostjuden sind ja völlig anders", wurde er im „profil"[79] zitiert. „Das ist für uns Mitteleuropäer etwas Unergründbares. Allein das mit dem koscheren Fleisch: Die tierliebenden Wiener würden sich wundern . . ."

Der Fall Schwetz: Friedhof als Fallgrube

Von Teilen der FPÖ wird Antisemitismus als ungeschriebener Bestandteil des Parteiprogrammes verstanden. Die Bezirksrätin und Klubobfrau der Freiheitlichen in Wien-Floridsdorf, Erika Schwetz, bekam das zu spüren.

Die Liberale, die in die FPÖ gekommen war, um sich für Leistungsgesinnung und Privilegienabbau zu engagieren, wollte ihrem Bezirk ein Stück Kultur erhalten. Im Bedenkjahr 1988 machte sie sich daran, gemeinsam mit Schülern den jüdischen Friedhof in der Ruthnergasse vor dem Verfall zu retten.

Daraufhin erlebte sie, was manche Freiheitliche unter Liberalität verstehen: anzügliche Bemerkungen bis hin zum offenen Spott für die „Retterin des Judenfriedhofs", offen gezeigte Feindschaft, massive Versuche, sie aus ihren Ämtern zu drängen.

Parteifreund Johann Kirchner gibt ihr am Telefon zu verstehen: „Wenn du kandidierst, reiß' ich dir den Kopf ab!" In einer Sitzung der Bezirkspartei bekommt sie zu hören, „den Dreck hinter den Nägeln" nicht wert zu sein und „das Rückgrat einer Qualle" zu haben.[80]

Telefonterror zählt plötzlich zum Alltag, ihr Auto wird mehrfach beschädigt. Mit der Post kommen anonyme Briefe ins Haus. Unter anderem ein Kondolenzschreiben zum eigenen Begräbnis.

„Hinsichtlich Ihres idiotischen Rates", läßt ein Herr Magister schriftlich wissen, „gehören Sie als Bezirksrätin sofort fristlos entlassen, aus der Partei geschmissen, Sie präpotente, widerliche Person und politische Nestbeschmutzerin."[81]

Ein anonymer „Deutsch-Österreicher, dem Ehre und Treue noch etwas bedeuten", bietet seine Hilfe an, um „mit einer großen Straßenwalze den Boden von dieser Rasse gleichzuebnen". Die Juden „waren seit Jahrhunderten der Abschaum der Welt". Leute wie Frau Schwetz seien „ein Kultur-Skandal . . . und gar in der FPÖ".

Dann vertritt der Briefschreiber eine historische These, die in ähnlicher Form auch im FPÖ-Organ „Kärntner Nachrichten" Fürsprecher fand:[82] „Alle Juden leben noch, die angeblich vergast wurden."

Als sich in der Parteiführung niemand findet, der dem zu offenem Terror ausartenden, antisemitischen Spuk ein Ende macht, verläßt Erika Schwetz die FPÖ. Der Wiener Parteiobmann Hirnschall reagiert auf die Verlesung ihres Austrittsschreibens bei der Bezirkskonferenz der Floridsdorfer FPÖ durch Ehemann Werner Schwetz, ebenfalls engagiertes Parteimitglied, mit Verständnislosigkeit: „Was ist denn Ihrer Frau eingefallen?" Journalisten gegenüber stellt er sich ahnungslos: „Ich warte auf eine Erläuterung ihres Austritts."

Jörg Haider reagiert, wie er auf antisemitische Ausfälle schon vorher reagiert hat, nämlich gar nicht. In der Floridsdorfer FPÖ weiß man jetzt, daß man recht gehabt hat, „die Friedhofs-Schwetz" hinauszuekeln.

Der Fall Trattnig: Antisemitismus ohne Juden

In den Kellern der freiheitlichen Parteihierarchie, wo rassistische Rüpelszenen zum Lokalkolorit gehören, zeigt sich Antisemitismus ungeschminkt. In den oberen Etagen bemüht man sich, den Schein zu wahren.

Politiker und Parteijournalisten wissen, wie man Botschaften an den Mann bringt, ohne sich Blößen und dem politischen Gegner Angriffsflächen zu geben. Die „Kärntner Nachrichten" und das „Grenzland-Jahrbuch" zeigen, wie es gemacht wird.

Die beiden FPÖ-Publikationen, deren rassistische und antisemitische Schreibweise mehrfach wissenschaftlich dokumentiert ist,* lassen einschlägige Autoren zu Wort kommen oder zitieren aus deren Veröffentlichungen.

Werden solche Manöver durchschaut, schlagen die FPÖ-Schreiber aus der Deckung gut gehüteter Pseudonyme zurück: Auch „eine noch so zahme und liberale FPÖ" werde ins braune Eck geschubst, „wenn es politisierenden Juden gefällt".[83]

Antisemitismus läßt sich auch schüren, ohne „die Juden" ausdrücklich nennen zu müssen. Die ehemalige Zweite Präsidentin des Kärntner Landtages und Klubobfrau der FPÖ, Kriemhild Trattnig, lieferte in einem Beitrag für das „Grenzland-Jahrbuch" ein Lehrbeispiel dieser Methode.

Unverkennbar schildert sie Hitlers Theorie von der Weltverschwörung des Judentums, nennt jedoch weder das Kind noch dessen geistigen Vater beim Namen. Die alten Ehemaligen wissen auch so, wie es und wer da gemeint ist, wenn sie schreibt:

---

* Siehe Brigitte Bailer-Galanda 1987: Ein teutsches Land, und die Studie derselben Autorin: Die Kärntner Nachrichten und das Gedenkjahr 1988. Neun Wissenschaftler untersuchen 1989 das von der FPÖ herausgegebene „Kärntner Grenzland-Jahrbuch": Klaus Amann (Germanist, Universität Klagenfurt), Gerhard Botz (Historiker, Salzburg), Wolfgang Dressler (Sprachwissenschaftler, Wien), Gero Fischer (Slawist, Wien), Kurt Fischer und Herta Nagl (Philosophen, Wien), Anton Pelinka (Politologe, Innsbruck), Karl Stuhlpfarrer (Historiker, Wien), Ruth Wodak (Sprachwissenschaftlerin, Wien). Sie stufen es als „rassistisch und antisemitisch" ein und kommen zu dem Ergebnis, daß in ihm „alle relevanten Konzepte und manipulativen Techniken rechtsextremer Ideologie" vertreten sind.

„Jene Bürger, welche . . . ein wenig hinter die Kulissen der politischen Weltbühne schauen, werden unschwer feststellen, daß es auf der ganzen Welt eine Reihe von Organisationen, Institutionen, Interessenvertretungen, Stiftungen, Fonds und dergleichen . . . anonymer Einrichtungen gibt, welche mit ihrem Kapital . . . ganz maßgeblichen Einfluß auf die Regierungen und Politik der einzelnen Staaten und Völker nehmen."

In der folgenden Zitierung des Buches „Die Insider" eines obskuren amerikanischen „Geschichtswissenschaftlers" wird das Trapsen der Nachtigall laut genug, um auch den Unaufmerksamsten aufschrekken zu lassen:

„Dieses Werk enthüllt das geheime Zusammenspiel der westlichen Hochfinanz mit den Kommunisten. Es ist geradezu atemberaubend, aus diesem Buch, Seite für Seite, mit Daten und Fakten belegt, zu erfahren, wie besonders ab der Jahrhundertwende eine Handvoll Geldleute . . . die Geschicke in der ganzen Welt bestimmten und leider heute noch bestimmen."

Natürlich wird es auch Menschen geben, die bei solchen Wahnideen der Verschwörung von Kartellkapitalisten, Monopolisten und Bankiers mit Kommunisten, skrupellosen Wissenschaftlern und anonymen Organisationen weder an Hitlers Verschwörungstheorie noch an die nationalsozialistische Judenhatz denken. Die Bezieher des „Grenzland-Jahrbuches" aber sind in ihrer Mehrheit informiert genug, um auf die Parallelen nicht erst hingewiesen werden zu müssen. In Hitlers politischem Testament vom 29. April 1945 heißt es unter anderem: „Ich habe auch keinen Zweifel darüber gelassen, daß, wenn die Völker Europas wieder nur als Aktienpakete dieser internationalen Geld- und Finanzverschwörer angesehen werden, dann auch jenes Volk mit zur Verantwortung gezogen werden wird, das der eigentlich Schuldige an diesem mörderischen Ringen ist: das Judentum!"

Nicht alle beherrschen die Kunst, Antisemitismus gesellschaftsfähig zu verpacken, so gut wie Frau Trattnig. Karlheinz Klement beispielsweise, langjähriger Obmann des Kärntner Ringes Freiheitlicher Jugend und eifriger Schreiber einschlägiger Leserbriefe, kritisiert als unverdrossener Mahner zu deutscher Sparsamkeit: „. . . um aber den

Bau eines jüdischen Museums in Holland zu unterstützen, ist allemal genug Geld da."

Haiders Beitrag durch Geschichtsfälschung

Jörg Haider ist gegen die rassistische und antisemitische Schreibweise von FPÖ-Publikationen nie wirkungsvoll eingeschritten, obwohl er sogar von Parteifreunden darauf aufmerksam gemacht und um Distanzierung gebeten worden war.*

Der FPÖ-Chef macht es wie Le Pen: Er spricht die Dinge an, aber nicht aus. Vor allem nicht zu Ende. Den letzten Schritt müssen die Zuhörer tun. Der Antisemitismus gehört zu jenen Bereichen, in denen er besonders bemüht ist, sich keine Blöße zu geben.

Nur indirekt signalisiert er seinen Anhängern, wo er steht. In einem ausführlichen Leserbrief an die „Wochenpresse" legte der FPÖ-Chef im März 1992 ein Bekenntnis zum freiheitlichen Rechtsstaat im Sinne des deutschen Rechtsphilosophen Ernst Forsthoff ab. Der „Kurier" entlarvte die Denk- und Schreibweise des Haider-Vorbilds daraufhin mit Zitaten aus seinen Arbeiten.[84]

Wie etwa diesem: „Darum wurde der Jude, ohne Rücksicht auf guten oder schlechten Glauben und wohlmeinende oder böswillige Gesinnung, zum Feind und mußte als solcher unschädlich gemacht werden."

Anläßlich der „Säuberung" der deutschen Hochschulen schrieb Forsthoff 1933, diese habe dazu gedient, „in Vollziehung der Unterscheidung von Freund und Feind diejenigen auszumerzen, die als Artfremde und Feinde nicht länger geduldet werden konnten".

1938 formuliert er in „Deutsche Geschichte seit 1918 in Dokumenten": „Der Nationalsozialismus . . . hat zum ersten Mal gesehen, daß

---

* Im November 1986 sandte Volker Kier, ehemaliger Kabinettschef von Vizekanzler Steger und liberaler Vordenker freiheitlicher Politik, dem neuen Parteiobmann eine Sammlung „weltanschaulich eindeutig positionierter Texte" aus den „Kärntner Nachrichten" mit dem Hinweis: „So lange keine eindeutige Distanzierung durch Dich vorliegt, wirst Du davon ausgehen müssen, daß es jedermann freisteht, Dich mit Inhalt, Tendenz und Absicht der fraglichen Zitate zu identifizieren."

das Judentum nicht nur eine Religionsgemeinschaft, sondern ein vom deutschen Volk grundverschiedener rassischer Fremdkörper ist."

Das Judenpogrom der Reichskristallnacht schilderte Forsthoff als „eine von der ausländischen jüdischen Greuelhetze provozierte Boykottaktion gegen jüdische Geschäfte".

Wer sich auf solche Vorbilder beruft, signalisiert seinen Anhängern aus der braunen Ecke, daß sie sich auf ihn verlassen können. Die Rassisten in der FPÖ machen von dem Angebot Gebrauch.

Nicht einmal die Ankündigung eines Funktionärs, man baue für die Juden schon wieder Öfen, fand Haider einer Entschuldigung wert. Dafür entschuldigt er antisemitische Parteifreunde, nimmt sie als Opfer von „Medienhatz" und „Menschenjagd" in Schutz.

Seinen eigenen Beitrag zum Antisemitismus leistet Haider durch eine Geschichtsauslegung nach dem Vorbild neonazistischer Verdrängungstaktiken:

Es ist fester Bestandteil des Nachkriegsantisemitismus, die Einmaligkeit des Holocaust nicht zur Kenntnis zu nehmen.* Die Zahl der Opfer wird durch Aufrechnung mit anderen Verbrechen der Weltgeschichte relativiert. Die völlige Leugnung kommt nur noch in wenigen, fanatischen Kleinsekten vor, die selbst in der rechtsextremistischen Szene isoliert sind – und gelegentlich in den „Kärntner Nachrichten", der Parteizeitung der FPÖ.[85]

Die Täter werden nicht nur entschuldigt, sondern oft auch glorifiziert. Dagegen ignoriert man die jüdischen Opfer samt ihren hinterbliebenen Angehörigen und versucht, sie aus der deutschen Geschichte auszuschließen.

---

* Hermann Graml 1988: Reichskristallnacht; Antisemitismus und Judenverfolgung im Dritten Reich. Der Autor nennt zum Beleg für die Einzigartigkeit der Judenvernichtung nicht nur die Zahl, sondern führt darüber hinaus an: Ein sogenannter Kulturstaat hatte den Massenmord befohlen, ohne Provokation, ohne politische oder ökonomische Interessen; durchgeführt wurde die Vernichtung ohne Prüfung des Einzelfalles, ohne Rücksicht auf Alter, Geschlecht, Religionszugehörigkeit, soziale Stellung, persönliches Verhalten. In Lea Rosh, Eberhard Jäckel: Der Tod ist ein Meister aus Deutschland, wird für die Einzigartigkeit darüber hinaus die Ausdehnung der Vernichtungsaktion auf alle Länder des deutschen Herrschafts- und Einflußbereichs genannt.

Für den industriell organisierten Völkermord werden verharmlosende Vokabeln verwendet. Durch Vergleiche mit belanglosen Alltagsgeschehnissen wird suggeriert, die nationalsozialistischen Verbrechen an Juden seien vergleichbar mit dem, was auch Deutschen angetan wurde.

Jörg Haiders politisches Auftreten entspricht Punkt für Punkt diesem Schema. In der Debatte um die Novellierung des Verbotsgesetzes trat er im Februar 1992 für dessen Ausdehnung auf andere historische Verbrechen ein. Die Judenvernichtung im Dritten Reich sollte nicht als „einmaliges Verbrechen" gesetzlich festgeschrieben werden.

Also plädierte der FPÖ-Chef dafür, auch die Leugnung anderer Massenmorde (was ohnedies niemand versucht) – von Lenin und Stalin bis Pol Pot – unter Strafe zu stellen. Das Verbotsgesetz, das aus den österreichischen Erfahrungen mit dem Nationalsozialismus entstanden ist und seiner Bekämpfung dienen soll, wäre damit umgewidmet und in seiner politischen Bedeutung unkenntlich gemacht worden.

Mit der Verherrlichung der Waffen-SS, die an der Ausrottung von Millionen Juden in ganz Europa beteiligt war, als „Elite" und „Vorbild für die Jugend" stellt sich der FPÖ-Chef in eine Reihe mit den Geschichtsfälschern der Neonaziszene.

Nach antisemitischen Entgleisungen in seiner Partei findet Haider kein Wort der Entschuldigung. Während er regelmäßig der Kriegsgeneration und ihrer Opfer gedenkt, übergeht er die Opfer von Massenvernichtung und Völkermord.

Auch das Totschweigen der Opfer zählt zu den antisemitischen Ausdrucksformen, vor allem bei jenen, die ihre gesellschaftliche Reputation nicht durch zu rückhaltloses Bekennertum aufs Spiel setzen wollen. Meist ist es gepaart mit Aufforderungen, die Vergangenheit doch „endlich ruhen zu lassen".

Jörg Haider ergänzt die gängigen Verhaltensmuster um neue Varianten. „Darüber denke ich nicht nach", erklärt er, als das „profil" ihn auf NS-Verbrechen anspricht. „Ich habe noch nie eine Schrift gelesen, die aus dem Dritten Reich stammt."[86]

In einem Interview bezeichnet der FPÖ-Chef die Vergasung von unschuldigen Männern, Frauen und Kindern jeden Alters als „Vorgänge".[87] Seine Unterschrift setzte er unter einen von der rechtsextremistischen „Deutschen Volksunion" initiierten und in der „Deutschen National-Zeitung" veröffentlichten Aufruf, in dem eine Amnestie für „behauptetes oder tatsächliches Unrecht im Zusammenhang mit dem Zweiten Weltkrieg" gefordert wird.[88]

Auch bei anderen Gelegenheiten übernimmt Haider das Verharmlosungsvokabular von Antisemiten, Rassisten und Neonazis. Die nach 1945 Hingerichteten hätten „für die Zeit vorher" gebüßt, erklärt er bei einem Neujahrstreffen der FPÖ.[89] Woraus unverbesserliche Ehemalige ableiten könnten: nicht für begangene Verbrechen.

Als Verharmloser tritt er auch auf, wenn er von der „Endlösung der Bauernfrage" spricht.[90] Neonazistische Geschichtsfälscher haben immer wieder versucht, die von Hitlers zweitem Mann, Hermann Göring, 1941 erstmals verwendete Formulierung von der „Endlösung der Judenfrage" als Ankündigung von „Umsiedlungen" umzudeuten. In Wirklichkeit bezeichnete sie den entsetzlichsten Teil der braunen Terrorherrschaft: den geplanten und industriell organisierten Massenmord an den Juden mit dem Ziel der völligen Ausrottung. Womöglich noch geschmackloser ist Haiders Behauptung, in Wien würden FPÖ-Politiker behandelt, „wie man früher die Juden behandelt hat".[91] Die unangebrachte Opferpose, in der sich die FPÖ wegen ihrer „Ausgrenzung" durch die „Altparteien" darstellt, wird zur zynischen Verhöhnung der NS-Opfer und ihre Nachkommen.

„Juden wurde ihr Besitz genommen, sie durften nicht erben oder vererben, sie durften nicht auf Parkbänken sitzen oder einen Kanarienvogel halten, keine öffentlichen Verkehrsmittel benutzen, keine Restaurants, keine Konzerte, Theater oder Kinos besuchen, ihnen wurden sämtliche staatsbürgerlichen Rechte entzogen, bis sie in Konzentrationslager deportiert wurden und in den Gaskammern starben." So faßt Robert Kempner das jüdische Schicksal in der Einführung des Buches „Das Sonderrecht für die Juden im NS-Staat"[92] zusammen.

Als Haider auf den Unterschied angesprochen wird, der zwischen dem distanzierten Verhältnis der anderen Parteien zur FPÖ und der tödlichen Verfolgung der Juden besteht, antwortet er ungerührt: „Die sind nicht nur ermordet, sondern auch ausgegrenzt worden."[93]

5. KAPITEL

Der neue Rassismus: Ausländer als Feindbild

Das alte Kampfinstrument in neuem Kleid

Nach Ende des Zweiten Weltkrieges probten Europas diskreditierte Faschisten in zahlreichen Anläufen die Flucht aus der Isolierung. Offener Antisemitismus paßte nicht in das Konzept politischer und gesellschaftlicher Integration.

Allen Versuchen, die Vergangenheit zu verleugnen und völlig neue Wege zu gehen, blieb der Erfolg versagt. Die neurechten Intellektuellenzirkel produzierten am Bedarf der Basis vorbei. Ihre komplexen Gesellschaftsentwürfe vermittelten nichts von dem, was die faschistischen Erfolge von einst ausgemacht hatte: organisierte Gruppenerlebnisse von hohem Unterhaltungswert, die Konzentration auf wenige Inhalte in der plakativen Verpackung vereinfachender Parolen.

Nachdem mehrere visionäre Höhenflüge mit Bruchlandungen geendet hatten, gaben sich die elitären Vordenker geschlagen. Zögernd ließen sie sich herbei, dem Rat der Praktiker zu folgen, die immer schon gewußt hatten: Die Zukunft des Faschismus liegt in seiner Vergangenheit.

Seither wiederholt sich der Aufstieg nach altem Muster, wenn auch in modernisierter Form: Krisenängste wecken, Patentrezepte anbieten, Sündenböcke nennen, Gemeinschaftserlebnisse vermitteln.

Der Rassismus ist als politische Waffe wiederentdeckt. Diesmal wird nicht gegen Juden mobilisiert, sondern in erster Linie gegen Gastarbeiter und Asylanten.

Die Wirksamkeit des Kampfinstruments hat dadurch nicht gelitten.

Das Grundschema der nationalsozialistischen Propaganda blieb unverändert. Um Sündenböcke bloßzustellen, wird die Wahrheit verfälscht.

Neu ist nur die Taktik. In rechtsextremen Theorieblättern wird sie ausführlich beschrieben.*

Haiders manipulative Sprache

Die elitären Vordenker haben dem alten Rassismus ein modernes Kostüm verpaßt, maßgeschneidert für eine aufgeklärte Zeit, in der offene Verhetzung nur Ablehnung provoziert. Entsprechend diesem Rat vermeiden die neurechten Populisten den Holzhammer einfältiger Ausländer-raus-Parolen.

Ihre Kampagnen sind subtiler. Sie machen sich die Erkenntnisse moderner Psychologie zunutze: manipulative Wortwahl, Verschweigen eines Teils der Wahrheit, Verknüpfung von Tatbeständen, die nichts miteinander zu tun haben.

Jörg Haider ist Meister dieser Strategie. Gekonnt verbindet er das Ausländerthema mit anderen (Krisen-)Themen der Politik. Virtuos verwendet er suggestive Begriffsverbindungen: Asylantenstrom und Ausländerflut; Völkerwanderung und Überschwemmung durch Fremde.

Die Begriffe sind sorgfältig gewählt. Gemeinsam ist ihnen, daß sie Angst auslösen. Flut, Strom, Völkerwanderung, Überschwemmung: Den Menschen wird das Gefühl vermittelt, Entsetzliches komme auf sie zu.

Angst hatten die Menschen zu allen Zeiten. Anfang der achtziger Jahre vor Krebs, Krieg und Kommunismus, danach vor Waldsterben und Pershings, zuletzt vor Aids.

Durch den politischen Umbruch im europäischen Osten entstand das

---

* Zu jenen rechtsextremistischen Publikationen, die praktische Handreichungen und Material für Anti-Ausländer-Kampagnen liefern, zählt unter anderem „Nation Europa", ein von hochrangigen Exnazis gegründetes Theorieblatt, in dem neben NPD-Funktionären und führenden Rassisten auch Andreas Mölzer, Haiders Grundsatzreferent, publiziert.

Angstthema der neunziger Jahre. Die Grenzen sind offen. Droht eine Invasion der Wohlstandsflüchtlinge?

Nicht durch Zufall hat die neue Angst über Nacht irrationale Ausmaße angenommen. Auf beiden Seiten wird sie geschürt.

Die Reformländer des Ostens verwenden sie als Druckmittel gegen den Westen. Mit Umfragen, die glauben machen sollen, halb Osteuropa warte mit gepackten Koffern auf die Möglichkeit der Auswanderung, pokern sie um Art und Ausmaß zusätzlicher Wirtschaftshilfen.

Im Westen erhalten die Warner vor „Durchrassung" und „Umvolkung", die als Krisengewinnler abzukassieren versuchen, Schützenhilfe von den Medien. Rechtsextremisten ganz Europas verwenden jenes Bedrohungsvokabular, das Herrn und Frau Österreicher aus dem Mund Jörg Haiders und den Zeitungskommentaren seines nationalen Chefpropagandisten Andreas Mölzer bekannt geworden ist. Wie die rechtsextremistischen Parteien in anderen europäischen Ländern vertreten auch die programmatischen Vordenker der FPÖ die These vom Konkurrenzkampf der Rassen, Völker und Individuen um Überleben und Vorherrschaft.[94] Unter Berufung auf Eibl-Eibesfeldt wird die Ablehnung von Fremden als „natürlich" betrachtet.[95] Das eigene Volk und darüber hinaus die gesamte weiße Rasse sei von „Umvolkung" bedroht.

„Innerhalb der nächsten 100 Jahre könnte sich die heute 5,3 Milliarden zählende Menschheit auf 15 Milliarden verdreifacht haben. Einer leicht gesunkenen Anzahl von Weißen stünden dann Abermilliarden von Schwarzen, Gelben und Braunen gegenüber. Das ‚Raumschiff Erde' müßte dann wohl wegen totaler Überbesetzung führerlos dem Untergang entgegentaumeln", beschreibt Mölzer jene Urängste, aus denen er seine rassistischen Theorien ableitet.

Die weiße Führerschaft glaubt er durch mangelnde Gebärfreudigkeit bedroht: „Zwischen San Franzisko und Wladiwostok sieht es eher so aus, als habe es die weiße Rasse vorgezogen, sich aus der Weltgeschichte zurückzuziehen und sich nicht mehr in entsprechendem Maße zu vermehren."[96]

In ähnlicher Gefahr befinde sich Österreich durch den Zuzug aus dem Osten. „Wer nun die Landnahme fremder Völker zu Lasten der einheimischen Bevölkerung favorisiert, tritt im Grunde dafür ein, daß wir uns als Volk aus der Evolution verabschieden . . . Wer die ‚Umvolkung' der Österreicher betreibt, nur um den deutschen Charakter des Landes zu tilgen, muß sich den Vorwurf des antigermanischen Rassismus gefallen lassen. Europa insgesamt aber täte gut daran, sich verstärkt gegenüber der übrigen Welt abzuschotten."[97]

Die Verwendung des aus der Nazizeit tragisch besetzten Begriffes „Umvolkung" ist kein Einzelfall. Mölzer hat ihn in seiner journalistischen Laufbahn immer wieder verwendet. Unter anderem im Mai 1990, als er davor warnte, Löcher im Pensionssystem durch vermehrte Einwanderung zu stopfen. „Damit würde aber die Umvolkung des Landes drohen."[98]

Wer sich „aus Motiven der Gesellschaftsveränderung und des nationalen Selbsthasses" oder aus „scheinheiliger, pseudochristlicher Moralität"[99] für die Aufnahme von Ausländern ausspricht, wird folglich zum Verräter am eigenen Volk und „versündigt sich an der historisch gewachsenen Vielfalt in Europa".[100]

Bewährte Begriffe wie „Volksgenossen" hat Andreas Mölzer in das Vokabular der FPÖ-Medien wiederaufgenommen.[101] Zu Ausdrücken wie „Rassenschande" legt er nur Gedankenverbindungen.

Auch die Drohung vor dem in der Zeit des NS-Regimes verbotenen „Umgang mit Fremden" läßt sich aus Kommentaren in der Parteizeitung „Kärntner Nachrichten" herauslesen: „Nur unsere Abgeordneten-Kapazunder von links bis schräg werden weiter einladen und von Humanität reden, bis eine Keule ihren Hirnfunktionen ein Ende setzt, wenn sie selbst woanders einmal dringend um Asyl ansuchen wollen."[102]

Im „Inlandsreport" des ORF[103] erklärt der burgenländische FPÖ-Abgeordnete Eduard Nicka, er wolle nicht haben, „daß die daherkommen, betteln gehen und daß man alle Kriminellen in diesem Sog mit hereinläßt . . . Schauen Sie, wir wollen keine Vermischung haben. Jedes Volk hat das Recht, seine Identität zu bewahren".

Das solle auch für die deutsche Mehrheit gelten. „Sobald alle hereingelassen werden, ohne daß man nicht selektiert . . . ist vielleicht eine Bedrohung da."

Mehrfach fordert Mölzer, wie auch sein Parteichef Haider, eine

„aktive Bevölkerungspolitik". Gleichzeitig hofft er auf zunehmenden Optimismus der Österreicher als Folge der deutschen Wiedervereinigung. „Historische Vergleiche beweisen, daß Völker mit optimistischer Aufbruchstimmung immer wieder dazu neigten, auch im Hinblick auf den eigenen Nachwuchs aktiver zu werden. In diesem Jahrhundert hat man ähnliche Entscheidungen bereits mehrfach festgestellt."

Als positives Beispiel fällt ihm – programmgemäß – vor allem das Jahr 1939 ein, als nach dem Anschluß „breite Bevölkerungskreise an eine wirtschaftlich glänzende Zukunft glaubten".[104]

Fremde sind in FPÖ-Medien meist Ausgangspunkt von Chaos und Gefahren: „Vorhut"[105] einer feindlichen Invasion, Teil einer „von außen gesteuerten Minderheit",[106] die Österreich „völlig destabilisieren" könnte. Auch mit Erlangung der Staatsbürgerschaft werden sie nicht zu Österreichern, sondern bleiben „eingebürgerte Ausländer".[107]

Die FPÖ-Medien lassen kaum etwas aus, was Ängste schüren und Panik auslösen könnte. Sogar die atomare Gefahr wird mit der Ausländerfrage verknüpft.

„Über kurz oder lang werden noch mehr Nationen, auch in Schwellen- und Entwicklungsländern, mit diesen (Atom-)Waffen spielen und ihre Bevölkerungsüberschüsse unter diesem ‚Feuerschutz' – sei er nun politisch, sei er militärisch – zu uns in Marsch setzen. Die Vorhuten sind ja dank einer perversen . . . Einwanderungspolitik jeweils schon da."[108]

Völker wandern nicht von selbst

Allen rassistischen Horrorszenarien zum Trotz ist die Gefahr einer neuen Völkerwanderung in Wirklichkeit gering. Rainer Münz, Leiter des Instituts für Demographie der Österreichischen Akademie der Wissenschaften, zählt zu jenen Experten, die das mehrfach belegt haben.

Nur wenige Menschen wandern von selbst, solange sie nicht vertrieben werden. Die meisten kommen, wenn man sie holt, wenn man ihnen hilft, wenn sie ermuntert werden, wenn sich ihnen ein Brükkenkopf in einer neuen Heimat anbietet.

Türken, die in Österreich tätig sind, ermuntern andere Türken, ihnen zu folgen. Juden zieht es nach Israel. Banater Schwaben und Siebenbürger Sachsen hoffen, in Deutschland ihre „eigentliche Heimat" zu finden.

Der Usbeke, der seine Koffer packt, um auf gut Glück Richtung goldener Westen aufzubrechen, wird wohl die seltene Ausnahme bleiben. Die Völkerwanderung wird es nicht geben: Niemand ist da, der sie organisiert, niemand, der sie bezahlt. Im Gegenteil: Viele wollen sie verhindern.

Die westlichen Wohlstandsbastionen lassen unerwünschten Eindringlingen wenig Chancen. Das italienische Heer samt Kriegs- und Handelsmarine, die schwedische Küstenwache, der deutsche Bundesgrenzschutz, das österreichische Bundesheer, sie alle verstärken ihre Bemühungen, illegale Einwanderer nicht ins Land zu lassen. In ganz Europa befassen sich unterschiedlich zusammengesetzte Gremien unter Ausschluß der Öffentlichkeit und ohne parlamentarische Kontrolle mit Fragen der Ausländerabwehr.[110]

Das Asylantenproblem wird dadurch in die „Mistkübelländer" (Fachjargon) an der Peripherie verlagert. Aus Furcht, in diese Rolle gedrängt zu werden, übernehmen die europäischen Randstaaten die Rolle der „Rausschmeißer". Das gemeinsame Haus Europa wird dadurch zu einer Festung, die sich nach außen mit konzentrischen Mauerringen und vorgelagerten Posten abschottet.[111]

Selbst wenn die Grenzen offen blieben, hielten sich die Wanderungsbewegungen wahrscheinlich in Grenzen. Die Erfahrungen in der Europäischen Gemeinschaft lehren, daß nur wenige wirklich bereit sind, des wirtschaftlichen Vorteils wegen ihre Heimat zu verlassen. Die berufliche Gleichstellung zwischen Inländern und EG-Ausländern hat, trotz starken Lohn- und Wohlstandsgefälles, zu keiner erhöhten Binnenwanderung geführt.

Zudem erlebte Österreich die großen europäischen Wanderungsbewegungen bisher in erster Linie als Durchzugsland. Von den 180.000 Ungarnflüchtlingen des Jahres 1956 blieben nur 25.000 im Land. Das Gros der zwei Millionen Emigranten, die seit 1950 aus kommunistischen Ländern kamen, zog in die USA, nach Kanada, Australien und Israel weiter.

Internationale Experten rechnen für die Zukunft mit einer Wanderbewegung von Ost- nach Westeuropa von 500.000 Menschen im Jahr. Das sind lächerliche 0,14 Prozent der Wohnbevölkerung Westeuropas. Gemessen am Prozentsatz hatte Österreich in Spitzenjahren schon mehr als das Zehnfache zu verkraften.

Ausländerkriminalität: Ausbeutung der Angst

Man kann mit ausgesuchten Zahlen, die aus ihrem statistischen Zusammenhang gerissen sind, die Wahrheit auf den Kopf stellen. Man kann durch geschickte Wortwahl Unschuldige zu Kriminellen machen. Haider tut das. Er manipuliert durch Sprache und durch die Selektion von Informationen.

Immer wieder appelliert er an die Regierung, gegen „Scheinasylanten und Kriminelle" vorzugehen. Die formelhaft wiederholte Gleichsetzung dieser beiden Begriffe hat Methode. Sie macht die Zuhörer glauben, von Asylanten und Kriminellen gehe ähnliches Risiko aus. Auch Rechtsextremisten anderer Länder bedienen sich dieser Methode: Das ursprünglich wertfreie Wort „Asylant" wird so lange negativ besetzt, bis es auch dann Angst und Abwehr auslöst, wenn es allein verwendet wird.[112]

Auch wenn die Freiheitlichen fordern, Einbürgerungen von einer „längeren Bewährungsfrist"[113] abhängig zu machen, provoziert das negative Gedankenverbindungen. „Auf Bewährung" werden Täter bedingt verurteilt oder aus dem Gefängnis entlassen.

Das Thema Ausländerkriminalität ist ein Lehrstück politischer Unredlichkeit. Die Wähler entnehmen Haiders Aussagen: Ausländer sind krimineller als Österreicher. Also dürfen wir, unserer Sicherheit zuliebe, keine zusätzlichen ins Land lassen.

Haider trommelt diese Botschaft in immer neuen Variationen: Medienwirksam verlangt er vom Innenminister einen Bericht über die Zunahme der Ausländerkriminalität[114] oder die „sofortige Wiedereinführung der Schnellrichter"[115].

Auf dem burgenländischen FPÖ-Landesparteitag 1989 wettert er gegen „unkontrollierte Einwanderungspolitik", die zum Sicherheitsrisiko geworden sei. Man dürfe „aus falschverstandener Humanität nicht den Import von Kleinkriminalität ermöglichen".

Vor seinen oberösterreichischen Parteifreunden ergänzt er, die aus wirtschaftlichen Gründen gekommenen Ausländer seien „nicht gerade die besten". Die Kriminalität sei „durch die Zuwanderung stark gestiegen".[116]

Sekretäre verstärken his masters voice. Karl Schnell, der von Haider in die große Politik gebrachte Arzt aus Saalbach-Hinterglemm, bringt die Ausgewanderten in Verbindung mit dem politischen Umsturz. Und damit ins politische Zwielicht: „Das sind hoffentlich nicht jene, die das System damals aufrechterhielten und sich jetzt vor demokratisch gesinnten Menschen fürchten müssen."[117]

In immer neuen Auftritten stellt Haider Einwanderung und Kriminalität als Begriffspaar dar. Eine Rüge Richtung Regierung, sie verfüge über kein Einwanderungskonzept, verbindet er mit der Forderung nach „strenger Kontrolle der Grenzen" und „schärferer Bestrafung der Kleinkriminalität".[118]

Die im Oktober 1989 verabschiedete „Resolution zur Ausländerfrage" der FPÖ Burgenland, die von der gesamten Partei mitgetragen wird, versucht Kriminalität und Ausländer generell in Verbindung zu bringen. Der Zustrom würde nicht nur „die Grundlagen unserer Identität und Kultur untergraben", sondern „insbesondere dem Rauschgiftimport und den Spionageringen ausländischer Geheimdienste" Tür und Tor öffnen.

Die systematische Kampagne hat ganz Österreich in die Irre geführt. Niemand hält die Wahrheit auch nur für möglich.

Die Wahrheit ist: Eingewanderte Gastarbeiter sind wesentlich weniger kriminell als Österreicher.

Als der Kriminalsoziologe Arno Pilgram bei einer Tagung des „Kuratoriums sicheres Österreich" im Oktober 1991 darauf verwies, daß die Gastarbeiterkriminalität um ein Drittel unter jener der Österreicher liege, erntete er selbst unter Journalisten ungläubiges Staunen. Besonders Mißtrauische besorgten sich die genauen statistischen Daten aus dem Innenministerium. Diese bestätigten Pilgrams Aussage: Von 100.000 Österreichern werden 3784 straffällig, von 100.000 Gastarbeitern nur 2629.

Die noch wichtigere Botschaft der Kriminalexperten aber ist: Einheimische müssen gerade vor Ausländern keine Angst haben. Zu sogenannten Aggressionsdelikten kommt es bei ihnen fast nur untereinander. Gewalt gegen Österreicher ist die seltene Ausnahme.

Diese Tatsachen stehen in krassem Gegensatz zu der von Haider geschürten Panik. Wovon redet der FPÖ-Chef überhaupt? Ist es möglich, daß ein Politiker derart unverschämt lügt, ohne daß ihm einer auf die Schliche kommt?

Tatsache ist: Haider lügt nicht. Er verbreitet die Unwahrheit, indem er wichtige Teile der Information verschweigt und Dinge verknüpft, die nichts miteinander zu tun haben. Er präzisiert nicht, von welchen Ausländern er spricht, und führt seine Zuhörer damit in die Irre.

Es gibt vier Ausländergruppen: Gastarbeiter, Flüchtlinge, Touristen und reisende Kriminelle. Nur die letzte Gruppe gefährdet die Sicherheit. Nur von dieser dürfte sprechen, wer vor steigender Ausländerkriminalität warnt.

Haider aber nützt die Delikte reisender Verbrecher, die sich auf ihren Beutezügen als Touristen tarnen, um gegen Unschuldige Stimmung zu machen: Gegen Gastarbeiter, deren Arbeit unseren Wohlstand mehren hilft, gegen Flüchtlinge, die bei uns Rettung vor Verfolgung und Folter suchen.

Weil Kriminelle von devisenbringenden Touristen nicht zu unterscheiden sind, ist ihnen an den Grenzen nicht beizukommen. Am allerwenigsten durch strengere Einwanderungsbestimmungen.

Haiders Verknüpfung von Einwanderungspolitik und Kriminalität ist sachlich nicht begründbar. Sie scheint nur der Stimmungsmache zu dienen. Der Kriminaltourismus ist und bleibt ein Polizeiproblem. Vieles spricht dafür, daß die von ihm ausgehende Gefahr überschätzt wird.

Verstärkte Polizeipräsenz in den Straßen besonders gefährdeter Viertel, zunehmendes Risikobewußtsein der ausländischen Gelegenheitskriminellen, bei denen sich herumzusprechen beginnt, daß die österreichischen Behörden nicht mit sich spaßen lassen, vor allem aber die Öffnung der östlichen Märkte für westliche Gebrauchsgüter haben bereits zu ersten Rückgängen der Kleinkriminalität geführt. Der Ausländeranteil an den Untersuchungshäftlingen ging im zweiten Halbjahr 1991 erstmals seit langem wieder zurück.

Auch die Möglichkeiten der Verbrechensbekämpfung sind noch lange nicht ausgeschöpft. Die Grenzen sind vorerst nur für die Kriminellen offen, nicht für die Polizei. Fortschritte bei der grenzüberschreitenden Zusammenarbeit der Ermittler könnten einer vorübergehend dramatisch scheinenden Entwicklung rasch die Spitze nehmen.

Die Häftlingszahlen, aus denen die steigende Ausländerkriminalität herausgelesen wird, sind zudem wenig aussagekräftig. Ausländer werden, wie Experten betonen, schneller angezeigt und verfolgt als Inländer. Vor allem aber landen sie rascher hinter Gittern[119] und bleiben dort auch länger als inländische Tatverdächtige.[120]

Zum Teil ist das berechtigt, weil bei Ausländern häufiger der Haftgrund Fluchtgefahr besteht. Manches aber ist Schikane. Ausländer, die wegen Diebstahls einer Zeitung eingesperrt werden,[121] wegen eines geringfügigen Ladendiebstahls wochenlang in Untersuchungshaft sitzen oder „obrigkeitlicher Präpotenz, gepaart mit üblem Rassismus"[122] zum Opfer fallen und ohne Grund sechs Wochen in Polizeihaft verbringen,[123] sind zwar nicht die Regel. Die Beispiele zeigen aber, wie sehr eine Statistik, die Häftlingszahlen von In- und Ausländern vergleicht, das Bild verfälschen kann. Wobei noch gar nicht berücksichtigt ist, daß die Vergleichszahlen Verdächtige ausweisen, nicht etwa rechtskräftig Verurteilte.

Aus den Forderungen der FPÖ zum Ausländerthema läßt sich ableiten, daß Haiders zur Schau gestellte Sorge um die Sicherheit der Österreicher nur vorgeschoben ist. Soziologen und Polizeiexperten sind sich einig: Je besser Ausländer sozial eingebettet sind, desto geringer ist ihre kriminelle Anfälligkeit.

Die Verweigerung des Familiennachzugs, das „Saisonniermodell", bei dem die Arbeitskraft ohne familiäre Begleitung einen zeitlich begrenzten Arbeitsvertrag erhält, die Schaffung schulischer Ghettos durch getrennten Unterricht oder Erschwernisse bei der Einbürgerung – alles Forderungen der FPÖ – würden Kriminalität und Gewaltbereitschaft eher fördern als senken.

Haider weiß das. Er kennt Untersuchungsergebnisse und Experten-
aussagen zu diesem Thema so gut wie andere Politiker. Seine
Ausländerkampagne basiert nicht auf Irrtum oder Schlamperei.
Sie entspricht genau jener Strategie der Aufwiegelung und Verhetzung, mit der Rechtsextremisten in ganz Europa ihre Geschäfte
machen.

Das Geschäft mit Arbeitslosigkeit und Wohnungsnot

Das Märchen von der Ausländerkriminalität ist nicht das einzige
Angstthema, das sich für rassistische Agitation eignet. Auch Arbeitslosigkeit und Wohnungsnot zählen dazu.
Die Nationalsozialisten rechneten einst Arbeitslose und Juden auf.
Haider macht dasselbe mit Arbeitslosen und Ausländern.
Beim Wiener Wahlkampfauftakt im September 1987 verkleidet er
die Ausländer-raus-Parole als schlichte Frage: „Ist es notwendig, daß
wir bei 140.000 Arbeitslosen 180.000 Gastarbeiter im Land haben?"[124]
Als die merkwürdige Rechenaufgabe über die Medien ein Millio-
nenpublikum erreicht, glauben Wirtschaftswissenschaftler, den „Irrtum" aufklären zu müssen: Es seien verschiedene Arten von Arbeits-
plätzen, die nicht einfach aufgerechnet werden können.
Was Arbeitsmarktexperten anhand komplizierter Statistiken zu erklären versuchen, ist so simpel, daß es jeder Fünfjährige verstehen
müßte. Einer durch Umstellung auf EDV arbeitslos gewordenen
Buchhalterin in St. Pölten ist nicht damit gedient, daß man einen
Türken, der im Innsbrucker Krankenhaus Toiletten säubert, nach
Hause schickt.
Nur in der Statistik ist Arbeitsplatz gleich Arbeitsplatz. Haider tut so,
als würde er das nicht verstehen. Immer und immer wieder geht er
auf Dummenfang mit seiner unseriösen Zahlenspielerei.
Sie ist heute noch so falsch wie 1987. Aber immer noch so wirkungs-
voll, wenn es darum geht, gegen Ausländer Stimmung zu machen.
Geändert haben sich im Lauf der Zeit nur die Zahlen. Der „Austria
Presse Agentur" gegenüber betont Haider Anfang September 1991,

man könne keine Einwanderer verkraften, so lange es 180.000 Arbeitslose und 200.000 Wohnungssuchende gebe.

In einem um die gleiche Zeit geführten Gespräch mit „Junge Freiheit – Deutsche Zeitung für Politik und Kultur" hat er ein Heimspiel. Da dürfen es, unter Gleichgesinnten, ein paar Tausend mehr sein: 200.000 Arbeitslose und 300.000 Wohnungssuchende.[125]

Geschickt provoziert der FPÖ-Chef den Trugschluß, man müsse nur die Gastarbeiter nach Hause schicken, um Vollbeschäftigung zu erzielen und das Wohnungsproblem zu lösen. Aber er spricht diese Unwahrheit nie wirklich aus.

Haider und seine Sprachverstärker hetzen zwar gegen Ausländer, wollen jedoch auf deren Arbeitskraft keineswegs verzichten. Die Auswahl habe allerdings „nach dem Bedarf unserer Wirtschaft zu erfolgen. Dabei ist vorwiegend nach dem Schweizer Modell des Saisonniers vorzugehen".[126]

Daß die FPÖ das Schweizer Saisonniermodell zum Vorbild nimmt, ist nicht verwunderlich. Die Eidgenossen tun sich seit Jahren als europäische Vorreiter der Ausländerfeindlichkeit und der Diskriminierung von ausländischen Arbeitnehmern hervor. Selbst in der Schweiz aber besitzt die Mehrzahl der Gastarbeiter eine unbefristete Niederlassungsbewilligung, und damit eine erheblich bessere Rechtsstellung als die meisten in Österreich tätigen Ausländer.

Die Übernahme des Saisonniermodells wäre die gewinnbringendste Variante der Ausbeutung: Österreich profitierte von der billigen Arbeitskraft, ohne durch soziale Kosten belastet zu werden.

Selbstverständlich müßten die Ausländer, wie alle anderen in Österreich beschäftigten Arbeitskräfte, Steuern und Sozialabgaben zahlen. Aber sie bekämen nichts dafür, da sie nach Ablauf ihrer befristeten Arbeitsgenehmigungen ohne sozialrechtliche Ansprüche in die Heimat zurückgeschickt würden. Weil sie ihre Familien nicht mitnehmen dürften, würde sich der Staat auch die anteiligen Kosten für Erziehung, Bildung und Infrastruktur ersparen.

Das Ergebnis dieser menschenverachtenden Politik wird in der Schweiz sichtbar: Illegal ins Land gebrachte Kinder werden, aus Angst vor Entdeckung, häufig nicht in die Schule geschickt.

Die Ausländerresolution der Freiheitlichen Partei des Burgenlandes fordert darüber hinaus eine automatische Arbeitsverpflichtung und -zuweisung für Asylanten. Ließe sich das durchsetzen, wäre ein Wunschtraum der Herrenrassennostalgiker in Erfüllung gegangen. Eine rechtlose, unter menschenunwürdigen Lebens- und Wohnbedingungen zum Arbeitsdienst eingeteilte Klasse von Diskriminierten, die keiner Gewerkschaft angehören und keine sozialen Leistungen in Anspruch nehmen könnten, stünde als wirtschaftliche Manövriermasse zur Verfügung.

Von diesem Zustand zum nationalsozialistischen Modell wäre es nur noch ein kleiner Schritt. Auch das Dritte Reich hatte Fremdarbeiter benötigt, um die Kriegswirtschaft aufrechterhalten zu können. Dabei entwickelte es ein System abgestufter Diskriminierung, bei dem die sowjetischen Deportierten auf der untersten Stufe standen.[127]

Das Märchen von den „bevorzugten Ausländern"

Auch wenn Haider und seine Sekretäre ihren Anhängern nach dem Mund und aus der Seele sprechen, nennen sie die Dinge selten beim Namen. Zwar wissen die Zuhörer, wie es gemeint ist. Den letzten Schritt aber müssen sie selbst tun.

Nur in wenigen Fällen stolperte der blaue Parteiobmann bisher über die Grenze zwischen geschickter Wortwahl und nachweisbarer Unwahrheit. Hin und wieder aber gab es doch kleine Pannen, die an der glatten Oberfläche einer auf Außenwirkung bedachten Fassade Kratzer hinterließen.

„Wir sollten uns an der Schweiz ein Beispiel nehmen", formulierte Haider bei Wahlkampfauftritten. „Dort werden bei der Arbeitsvergabe die Inländer bevorzugt. Bei uns nicht."[128]

Zumindest diese Formulierung enthält eine glatte Unwahrheit: Eine Beschäftigungsbewilligung erhalten Ausländer nämlich nur dann, wenn keine entsprechenden inländischen Arbeitskräfte zu bekommen sind.

Die Bewilligung wird noch dazu auf die Firma ausgestellt. Der Ausländer bleibt für die Dauer ihrer Gültigkeit an sie gekettet. Ein Wechsel des Arbeitsplatzes ist ihm verwehrt.

Frühestens nach einem Jahr darf er auf die „Arbeitserlaubnis" hoffen. Sie ermöglicht ihm die berufliche Veränderung wenigstens innerhalb desselben Bundeslandes. Im Verordnungsweg ist eine Einschränkung auch auf bestimmte Branchen möglich.

Erst mit dem sogenannten „Befreiungsschein" darf sich ein Ausländer auf dem Arbeitsmarkt wie ein Inländer den Arbeitgeber aussuchen. Mindestens fünf Jahre muß er dafür in Österreich tätig gewesen sein.

Gleichberechtigt ist er auch dann nicht. Der Befreiungsschein ist auf fünf Jahre befristet. Bei längerer Arbeitslosigkeit erlischt der Anspruch. Das Spiel beginnt von vorne, selbst wenn der Arbeitnehmer schon seit zwanzig Jahren in Österreich tätig ist: Beschäftigungsbewilligung, Arbeitserlaubnis, Befreiungsschein . . . Paragraph acht, Absatz zwei des Ausländerbeschäftigungsgesetzes schreibt zudem vor, daß Ausländer vor Inländern gekündigt werden müssen.

Auch in vielen anderen Bereichen bekommen Ausländer zu spüren, wer Herr im Hause Österreich ist. Nach dem Wohnbauförderungsgesetz stehen ihnen weder Zuschüsse noch Darlehen oder Beihilfen zu. Für schlechtere Wohnqualität zahlen sie, verglichen mit Österreichern, oft ein Vielfaches an Miete.

Haider beschreibt es umgekehrt. Die Regierung agiere „ausländerfreundlich, aber inländerfeindlich", behauptet er. Während sie für Ausländer Arbeitsplätze und Wohnungen schaffe, kümmere sie sich nicht um die Österreicher.[129]

Zuletzt stellt die mehrfach wiederholte Behauptung des FPÖ-Chefs, Ausländer beuteten das österreichische Sozialsystem aus, die Wahrheit auf den Kopf. Auch hier manipuliert Haider, indem er Teile der Gesamtinformation aus dem Zusammenhang reißt und wichtige Informationen verschweigt.

Korrekt nennt er die Summen, die „Österreichs Steuer- und Beitragszahler" an Sozialleistungen für die Ausländer aufbringen müssen. Nur vergißt er hinzuzufügen, daß dieses Geld von den Ausländern selbst eingezahlt wird, die ja auch „österreichische Steuer- und Beitragszahler" sind.

Nach allen Berechnungen der Arbeiterkammer zahlen Ausländer mehr in unser Sozialsystem ein, als sie herausbekommen, weil sie von einzelnen Sozialleistungen ausgeschlossen und bei der Arbeitslosenversicherung benachteiligt sind.[130]

Deutsche sind keine Ausländer

Im Oktober 1989 verabschiedet die FPÖ des Burgenlandes eine Resolution zur Ausländerfrage, die von der gesamten Partei mitgetragen wird. Diese teilt Ausländer in drei Gruppen.

Aus der „massenhaften Einbürgerung von Tschechen, Polen, Ungarn und Rumänen" leiten die freiheitlichen Panikstrategen eine Gefahr für den Bestand Österreichs durch den „Zerfall nach dem Muster der Österreichisch-Ungarischen Monarchie" ab. Durch die Einwanderung könnte „ein Anspruch von Nachbarstaaten auf große Teile Ostösterreichs konstruiert werden".

Im Text der Resolution heißt es zwar „Aufbruch" statt „Anspruch". Dieser Ausdruck ergibt jedoch keinen Sinn. Erst eine Rückfrage im Parteisekretariat macht zur Gewißheit, daß der ungeheuerliche Satz tatsächlich so gemeint ist, wie er – trotz des „Druckfehlers" – verstanden werden muß.

Die zweite Gruppe von Ausländern kommt noch schlechter weg. Die Aufenthaltsbestimmungen für Personen aus der dritten Welt müßten neu festgelegt und „insbesondere für Staatsbürger aus Krisengebieten" strenger gefaßt werden, „um das Eindringen des internationalen Verbrechens und des Terrors zu unterbinden".

Die dritte Ausländergruppe ist in den Augen der FPÖ gar keine. „Angehörige von deutschen Minderheiten" werden nicht als Asylanten, sondern als „Umsiedler" eingestuft.

Dieser Begriff wurde bisher nur in der Bundesrepublik verwendet, für Bürger aus der DDR und Angehörige deutscher Volksgruppen in Osteuropa, die sich im Westen ansiedelten. Die FPÖ übernimmt damit den umfassenden Anspruch des Deutschen Grundgesetzes, für „alle Deutschen" zuständig zu sein. Österreich wird, ohne das auszusprechen, Deutschland zugerechnet. Der Anschluß ist stillschweigend vollzogen.

Die Bemühungen, fremdrassige Einflüsse abzuwehren, dienen also nicht dem Schutz der österreichischen, sondern dem Schutz der deutschen Identität.[131] Die Ausländerresolution der Freiheitlichen ist damit ein eindeutiges Dokument des Rechtsextremismus. Sie bewertet Menschen je nach Abstammung unterschiedlich und stattet sie mit unterschiedlichen Rechten aus.[132]

Gleichzeitig erfüllt sie eine Reihe anderer rechtsextremistischer Kriterien: Mit Begriffen wie „Monopolkapital und Hochfinanz" (nur die Bezeichnung „jüdisch" fehlt), lehnt sie sich auffällig an die antikapitalistische Selbstdarstellung der NSDAP an, deren Propagandaformel „gegen Marxismus und Kapitalismus" nur gegenüber dem Marxismus ernst – und zwar todernst – gemeint war.

Zu Feindbildern werden nicht nur die „verbrecherischen und terroristischen Ausländer", sondern auch jene „bestimmten Kreise", die der Ausländerhaz der FPÖ kritisch gegenüberstehen.

Im Begleitschreiben des burgenländischen Landesparteiobmannes Wolfgang Rauter sind sie genauer bezeichnet als „ultralinke Kreise der Linksalternativen und der SPÖ", die „von einer Ahnungslosigkeit sondergleichen getragen" sind.

Auch rechtsstaatliche Grundsätze scheinen in Frage gestellt zu werden. „Asylanten und Ausländer, die österreichisches Recht verletzen, sind nach ihrer Aburteilung bzw. unverzüglich in ihre Heimat abzuschieben."

„. . bzw. unverzüglich" heißt: ohne Durchführung eines rechtsstaatlichen Verfahrens, das ihre Schuld feststellt. Asylanten abschieben, das könnte heißen: Flüchtlinge in den Iran zurückschicken, wo ihnen Folter und Tod drohen. So wie für Flüchtlinge aus dem nationalsozialistischen Deutschland die Auslieferung an die Gestapo einst den Tod bedeutet hatte.

Der „faule Walesa" als Alibi

Die rechtsextremistischen Parteien ganz Europas nützen den menschlichen Egoismus zur Durchsetzung ihrer Konzepte. Wie ihre politischen Vorfahren wissen sie jedoch, daß er als Kampfinstrument am wirksamsten ist, wenn es gelingt, den moralischen Schein zu wahren.

Wer in Not geratenen Menschen anderer Länder Hilfe verweigert, vermag allenfalls klammheimliche Genugtuung auszulösen. Öffentliche Zustimmung wird daraus erst, wenn er glaubhaft machen kann: Die Betroffenen sind unserer Hilfe nicht wert. Nach alten Vorbildern wird auch heute versucht, schlechtes Gewissen zu unterdrücken, indem Ausländer als Parasiten und Schädlinge, als kriminell und faul dargestellt werden.

Wenn Jörg Haider im Zusammenhang mit der Einwanderung vom „östlichen Bazillus" spricht und damit Gefährdung durch Ansteckung suggeriert, begibt er sich in gefährliche Nähe der nationalsozialistischen Diktion vom „Krebsgeschwür".

Der FPÖ-Chef liegt mit seiner Agitation auf der Linie anderer rechtsextremistischer Parteien Europas. In der Kontinuität seiner Kampagne erscheint die Beschimpfung des polnischen Präsidenten Walesa, der für seinen mutigen Widerstand gegen das kommunistische Regime mit dem Friedensnobelpreis ausgezeichnet wurde, keineswegs als ungeplanter Ausrutscher, sondern als logischer Bestandteil einer Gesamtstrategie.

„Lech Walesa ist seit seinem Amtsantritt zum Präsidenten mehr breit als hoch geworden – das ist symbolisch für die Denkungsart, die dort herrscht." In dieser, allen diplomatischen Umgangsformen Hohn sprechenden Form hatte Haider die polnische Arbeitsmoral pauschal diffamiert.

In nachfolgenden Interviews präzisierte er: „Drei Stunden Arbeit am Tag sind zuwenig." Die österreichische Bevölkerung habe „immer weniger Verständnis für die Milliarden, die wir in diverse Oststaaten an Krediten und Unterstützungen geben".[133]

Ähnlich argumentierte er auch in anderen Fällen. Als sich Österreich mit der Frage beschäftigte, ob man durch Gratisstromlieferungen die CSFR dazu bewegen könne, grenznahe Atomkraftwerke zu schließen, war er der erste, der abblockte: „Die Republik Österreich hat nichts zu verschenken."[134]

Und auch die Hinweise auf die mangelnde Arbeitsbereitschaft von Ausländern haben Tradition. Ob Haider eine automatische Arbeitsverpflichtung und -zuweisung für Flüchtlinge fordert, „um Arbeitsscheue von einem bequemen Asylantenurlaub abzuhalten"[135] oder ob FPÖ-Sportsprecher Karl Schweizer kritisiert, daß Österreich zur „Goldgrube für zweit- und drittklassige ausländische Fußballer" wird,[136] der Tenor ist immer der gleiche.

Nicht einmal der spöttische Hinweis auf Walesas Äußeres ist ein einmaliger Ausnahmefall geblieben. Über Kanzler Franz Vranitzky meinte der FPÖ-Chef in einem Interview, er müsse etwas für seine Fitneß tun: „Er kriegt ja bald seine Hosen nicht mehr zu."[137] Gernot Rumpold, Haiders Sprachrohr und ständiger Schatten, machte sich wenig später über die Körpergröße politischer Gegenspieler lustig.[138]

Der Spott über körperliche Eigenarten hat eine unheilvolle Tradition. Für die Nationalsozialisten war er erprobtes Kampfmittel. Im Salzburger Wahlkampf des Jahres 1932 wurde Landeshauptmann Franz Rehrl als „Franzl, der Kleine, der Dicke" systematisch lächerlich gemacht.

Will die FPÖ an diese Tradition anschließen? Ist es gar ein Signal in der Verschlüsselung rechtsextremistischer Zeichensprache, es könne einst wieder so etwas wie körperliche „Minderwertigkeit" geben?

Das Echo der Anhänger

Jörg Haiders Saat aus Egoismus und Intoleranz ist aufgegangen. Wie fruchtbar der Boden ist, auf den sie in Österreich fällt, zeigen Reaktionen seiner Anhänger.

Als sich Wissenschaftsminister Erhard Busek anläßlich einer Gedenkfeier in Mauthausen bei Lech Walesa „als Österreicher für einen Österreicher" entschuldigt, hagelt es empörte Briefe. Busek solle sich „die Polaken in den A . . . schieben", fordert eine Niederösterreicherin.

„Jetzt will man auf unsere Kosten reich werden", weiß ein anonymer Kartenschreiber. Eine Wienerin applaudiert dem FPÖ-Chef, daß er sich „das getraut hat". Die 40 Milliarden, die Österreich Polen geborgt habe, seien „diesem faulen Volk" noch zu wenig. „Schauen Sie sich doch diesen Misthaufen an."

Eine andere Haider-Anhängerin artikuliert ihren Patriotismus in einem Brief an Busek ausführlicher: „Ihre Entschuldigung gegenüber Walesa war eine Niederlage des österreichischen Volkes ... Anstatt daß Sie unsere 50 Steuermilliarden, die diese fetten Schweine verfressen haben, vehement einfordern würden, kriechen Sie dieser Sau auch noch in den A ... und verunglimpfen einen Wahrheitssager (Anmerkung: gemeint ist Haider). Gehen Sie doch raus zu dem Polenschwein, unseren Mördern. Diese verruchte Mörderbrut hat erst vor kurzer Zeit gesagt, man müsse mit Atom die deutschen Sprachgebiete ausradieren. Was haben Sie dazu gesagt? Da hielten Sie Ihr blödes Maul, Sie großer Trottel. Was sind Sie nur für eine schmierige Sau? Gehen Sie doch zum Teufel ..."

Eine Anfang März 1992 veröffentlichte Gallup-Umfrage ermöglicht zwei Antworten auf die Frage, wie das öffentliche Meinungsklima auf die Ausländerhatz von Haider und seiner FPÖ reagiert. Eine positive: Die Ausländerfeinde werden nicht mehr. Und eine negative: Sie vertreten ihre Meinung jetzt deutlich und öffentlich. Haider habe Fremdenfeindlichkeit „salonfähig gemacht", meint Meinungsforscher Fritz Karmasin bei der Interpretation der Ergebnisse.[139]

Haider neben Küssel, Le Pen und Schönhuber

Auch im Ausland mehren sich die Reaktionen auf die ausländerfeindliche Politik der FPÖ und ihres Obmannes. Zahlreiche Leitartikler europäischer Medien machen unter Hinweis auf Haiders Erfolge Stimmung gegen Österreich.

Im „Who's who?" der Ausländerfeinde eines italienischen Nachrichtenmagazins[140] scheinen zwei Österreicher auf: Gottfried Küssel, der neue Star der Neonaziszene, und Jörg Haider, dessen FPÖ als „radikal-populistische Gruppierung" beschrieben wird.

Auch der Untersuchungsausschuß „Rassismus und Ausländerfeindlichkeit" des Europaparlaments ging wenig schmeichelhaft mit dem FPÖ-Chef um. In seinem Bericht wird Haider als „Yuppie-Faschist" charakterisiert, dessen „meteorhafter Aufstieg" Besorgnis auslöse.

6. KAPITEL

Feindbilder von einst und jetzt

Altparteien, Ausländer und Linke

Die Schaffung von Feindbildern und Sündenböcken zählt zu den Wesensmerkmalen rechtsextremer Ideologien. Haiders ausgrenzende Angstpropaganda unterscheidet sich kaum von der ideologischer Vorgänger.

Altparteien, Juden, Ausländer, Kommunisten, Freimaurer, moderne Künstler, kritische Journalisten und Intellektuelle waren schon im Dritten Reich als Feinde des Volkes gebrandmarkt worden. Der FPÖ-Chef schließt nahtlos an diese Tradition an, wenn er sich auf die „Systemparteien"[141] einschießt: „Die Aufteilung des Staates in Machtbereiche der Großparteien, gepaart mit der Pfründewirtschaft gewissenloser Funktionäre, ... haben eine tiefe Vertrauenskrise zwischen den Bürgern und ihrem Staat verursacht."[142]

Auch die unseligen Verschwörungstheorien feiern eine Neuauflage. Zum Beispiel bei der „infamen Vernichtungskampagne von Altparteien und Medien" nach Haiders Lob für die „ordentliche Beschäftigungspolitik im Dritten Reich".[143] Oder in der Behauptung der mittlerweile aus der Partei ausgeschiedenen, ehemaligen Klubobfrau im Kärntner Landtag, Kriemhild Trattnig, die „Neue Linke" versuche durch „Unterwanderung" der Kunst-, Kultur- und Medienszene den „Volkskörper" zu schädigen.[144]

Das folgende Haider-Zitat aus der Parteizeitung „Kärntner Nachrichten" könnte geradesogut vor sechzig Jahren formuliert worden sein: „So glaube ich, daß der Marxismus als soziale Heilslehre, damit aber auch seine Abkömmlinge wie der Sozialismus in Gestalt der heutigen Sozialdemokratie, jede Daseinsberechtigung verloren haben."[145]

Das Leninsche Diktum, daß die Klasse stärker sei als die Nation, hätte sich ins Gegenteil verkehrt, führt Haider in seiner Neujahrsrede 1992 aus.[146] Hitler hätte statt Nation wahrscheinlich Volksgemeinschaft gesagt, inhaltlich aber dasselbe gemeint.

Nicht immer drückt sich Haider so gewählt aus, wenn er Feindbilder zeichnet oder Sündenböcke aufs Korn nimmt. In einem Interview empört er sich über „das linksfaschistische Gesindel, das uns ächtet".[147] Die Grünen nennt er im Pressedienst seiner Partei „Anarchokommunisten"[148] und „Chaoten"[149]. Demonstranten gegen eine Autobahnumfahrung beschimpft er als „schreiendes Gesindel" und „versprengte Chaoten".[150]

Ein Teil des „Gesindels" klagt. Ein Arzt ist darunter, der Obmann eines Pfarrgemeinderates, die 76jährige Ehefrau eines pensionierten Schuldirektors, mehrere Lehrer. Entschieden protestieren sie, daß nach 46 Jahren Demokratie ein Politiker vom Rednerpult herab Menschen deswegen verächtlich macht, weil sie eine andere Meinung öffentlich vertreten.[151]

Bei einer Wahlkundgebung im Burgenland wirft Haider den Beteiligten einer Gegeninitiative vor, „leistungsorientierte Bürger" müßten immer mehr Steuern zahlen, damit „ein derartiger Pöbel mit Sozialunterstützung durchgefüttert werden kann" und es sich „ein paar Faulenzer in der Hängematte des Sozialstaates" gutgehen lassen.[152]

Der „Pöbel": die Vertreterin einer Zigeunerinitiative, deren Großeltern in den Konzentrationslagern des Dritten Reiches umgekommen sind; ein Schriftsteller, die Angestellte eines Jugendzentrums, ein Gemeindearzt . . .

In Vorarlberg sind die Teilnehmer an einer Gegendemonstration schlicht „Punker" und „Linksradikale". Die Sicherheitsbehörden hätten Haider durch die Genehmigung der Gegenveranstaltung „mit Ostblockmethoden" einem „schweren Sicherheitsrisiko" ausgesetzt.[153]

Für Angriffe auf „Sozialschmarotzer" erhält Haider regelmäßig Sonderapplaus. „Ich bin keiner von denen, die die Stimmen aller haben wollen", poltert er bei einer Kundgebung auf dem Mödlinger Hauptplatz im Juni 1988. „Es gibt bei uns eine ganze Menge Menschen, die nicht arbeiten wollen, sondern nur unser Geld kassieren."[154]

Als sich ein auf dem Hauptplatz ausstellender Künstler gestört fühlt und lautstark protestiert, triumphiert Haider vom Rednerpult: „Das ist für mich ein Erfolgserlebnis, wenn ich solche Leute aus einer kultivierten Gesellschaft vertreiben kann."[155]

Der Kampf gegen Künstler

Wie in der Zeit des Dritten Reiches zählen Vertreter der modernen Kunst zu den erklärten Feindbildern. Mit ähnlichen rhetorischen Mitteln wie die nationalsozialistischen Hetzer beuten die „Kulturexperten" des rechten FPÖ-Flügels die Tatsache aus, daß viele Menschen Schwierigkeiten haben, Zugang zu zeitgenössischer Kunst zu finden.

„Die direkte Kunstförderung muß sich auf Werke beschränken, die unserem abendländischen Kulturkreis angehören und gemeinhin als künstlerisch anerkannt sind ... Auch die Förderung von Werken, die fremdartige Ausdrucksmittel benützen oder die unserer abendländischen Tradition zuwiderlaufen, ist abzulehnen." So eindeutig und unmißverständlich schließt das Ideologiepapier des „Lorenzener Kreises" an die Tradition des Kampfes gegen entartete Kunst an.[156] Es gehe nicht an, daß Künstler Förderungsmittel erhielten, deren Werke gegen das Volksempfinden verstießen, formulierte Kriemhild Trattnig, als sie noch Klubobfrau der FPÖ im Kärntner Landtag war, in unmißverständlicher Anlehnung an die Diktion der Nationalsozialisten.[157] Als ehemalige Kultursprecherin der Freiheitlichen hatte sie reichlich Gelegenheit, die verhaßten Künstler aufs Korn zu nehmen: „Den Friedensreich Hundertwasser" beispielsweise, der „krank ist und nur Kreise malen kann"; oder den Arnulf Rainer, der „für so ein übermaltes Bild 1,2 bis 1,8 Millionen erhält", wofür Trattnig die Bezeichnung „Protektionismus" einfällt.

Nicht zu vergessen den Peter Turrini, der „ein Saunigl sondergleichen ist, wie der Generalvikar von Kärnten einmal zu mir gesagt hat". In seinem Stück „Tod und Teufel" werde „koitiert, masturbiert, fellatiert, daß es nur so staubt".[158]

Natürlich nennt sie als Beispiel für die „After- und Kotkünstler", die

von der „Kulturmafia" subventioniert werden, auch den Schweizer
Bachmann-Preis-Träger Urs Allemann. Daß dieser in seinem Text
Mißbrauch und Gewalt gegen die Schwächsten thematisiert, mußte
ihr Mißtrauen wecken: Womöglich eine versteckte Anspielung auf
die Kärntner Minderheitenpolitik der FPÖ? Und dann heißt diese
Schweinerei auch noch „Babyficker"!

Bei einem Vortrag in Wien über das Thema „Kunst und Tabu" zückt
sie, unter dem Applaus kunstverständiger FPÖ-Wähler, die Reproduktion eines Werkes, das für sie Vorbild förderungswürdiger Kunst
ist: den Feldhasen von Albrecht Dürer.[159]

„Es ist . . . heute ebenso wichtig, den Mut zur Schönheit zu finden,
wie den Mut zur Wahrheit . . . Es ist nicht Aufgabe der Kunst, im
Unrat um des Unrats willen zu wühlen." Dieses Zitat stammt weder
von Frau Trattnig noch von einem anderen der zahlreichen FPÖ-Ex-
perten. Es stammt von Adolf Hitler.[160]

In Anlehnung an das „gesunde Volksempfinden" berufen sich freiheitliche Sprecher auf den „gesunden Menschenverstand".[161] Gernot
Rumpold, Haiders Vergröberer vom Dienst, kleidet seinen Kunstver-
stand in weniger verfängliche, dafür volksnähere Worte: „Ihr seid's
Scheißhund, ihr Kinstla!"[162]

Jörg Haider scheut solche Klassifizierungen. Dafür gibt er praktische
Anleitungen für den Umgang mit „Nestbeschmutzern". Als er die
künstlerische Freiheit durch Claus Peymann „mißbraucht" sieht,
weil dieser mit seiner Bernhard-Inszenierung „Heldenplatz" Staatsbeschimpfung auf Kosten der Steuerzahler betreibe,[163] legt er den
Zuständigen ein Karl-Kraus-Zitat ans Herz: „Hinaus mit diesem
Schuft aus Wien!"*

Nicht zum ersten Mal legte Haider einem Unbequemen die Auswanderung ans Herz. Als Valentin Oman, ein bekannter Kärntner Künstler, den FPÖ-Chef mehrfach kritisierte, wurde er öffentlich zum
Verlassen des Landes aufgefordert, falls es ihm unter Landeshauptmann Haider nicht mehr gefallen sollte.[164]

---

* Mit diesen Worten hat sich Karl Kraus einst gegen den Herausgeber der „Stunde",
Imre Bekessy, gewendet, der als hervorragender Zeitungsmacher, gleichzeitig
jedoch als Korruptionist und Erpresser galt.

Die politische Stoßrichtung gegen unerwünschte und „entartete"
Künstler hat sich seit der Zeit des Dritten Reiches nicht geändert:
„Verschwendung von Steuergeld" lautet der in immer neuen Varian-
ten erhobene Vorwurf.

Weil Kunst ohne Förderung nicht möglich ist, wird die Vergabe von
Subventionen nach dem „gesunden Volksempfinden" zum Druckmittel, um eine bestimmte Richtung zu erzwingen. Die Einschränkung der künstlerischen Freiheit wird so zur Beschädigung der
Demokratie.

7. Kapitel

Deutschnational:
Österreich als Sonderfall

Herrenrassennostalgie und Germanenkult

Deutschtümelei und Germanenkult sind besondere Spielarten des biologisch-rassistischen Nationalismus, der als rechtsextremistisches Wesensmerkmal gilt. Österreich ist ein Sonderfall: Die Nachkommen der Nazis wollen es als „deutsches Land" erhalten.

Im Schmelztiegel Wien kämpfen die Verteidiger völkischer Erbsubstanz längst auf verlorenem Posten. Die Stadt der Novaks und Szabos, Pospisils und Vranizkys räumt, wie ein Blick ins Telefonbuch zeigt, den Gugerbauers und Frischenschlagers allenfalls Minderheitenstatus ein.

Um die Jahrhundertwende bestand die Einwohnerschaft der Vielvölkermetropole zu rund 40 Prozent aus Zugewanderten der Kronländer. Hier läßt sich einer, der den bürgerlichen Namen Hojac trägt, nur dann auf Westenthaler umtaufen, wenn er in der FPÖ etwas werden will.*

Daß es seit 1776 ein Nationaltheater, seit 1816 eine Nationalbank und seit 1920 einen Nationalrat gibt, wird von den Deutschnationalen als schicksalhaft hingenommen. Das eigenständige Nationalbewußtsein aber, das sich seit Ende des Zweiten Weltkrieges entwickelt hat, wird verleugnet – allen Umfragen zum Trotz.

Wer die Entstehung der Nation nicht wahrhaben will, darf auch den

---

* Peter Hojac nahm zum Start seiner Politikerkarriere bei der FPÖ den Mädchennamen seiner Mutter an. Im Ausländerwahlkampf der FPÖ engagierte er sich bereits erfolgreich als Peter Westenthaler.

Nationalfeiertag nicht akzeptieren. Daß diese Bezeichnung gesetzlich festgelegt ist, hält Jörg Haider nicht davon ab, zur Feier des „Staatsfeiertages" einzuladen.*

Haider: dem Deutschtum verpflichtet

„Die vornehmste dieser Aufgaben ist die Abwehr aller Bestrebungen, die auf eine Loslösung Österreichs vom Deutschtum gerichtet sind!"[165] Mit Sätzen wie diesem hatte der heutige Parteiobmann der FPÖ als Sechzehnjähriger einen Redewettbewerb des Österreichischen Turnerbundes gewonnen.

Wohlwollend war die nationale Elite den ideologischen Ergüssen des Gymnasiasten gefolgt. Kein Wunder: Der junge Jörg hatte das deutsche Pathos im Originalton den „Richtlinien freiheitlicher Politik", einer Erläuterung des FPÖ-Parteiprogrammes, entnommen.

Auch die wegen ihrer nationalsozialistischen Schreibweise mehrfach beschlagnahmte „Deutsche National- und Soldatenzeitung" würdigte die erfolgreiche Nachwuchsarbeit ihrer österreichischen Freunde. Sie druckte die Rede unter dem Titel „Österreich bleibt deutsch" ab.[166]

Haider wußte schon damals, was sein Publikum hören will: „Wir haben daher in den Deutschen Österreichs das Bewußtsein wachzuhalten, ein Teil des deutschen Volkes mit allen sich aus dieser Zugehörigkeit ergebenden Rechten und Pflichten zu sein."

Und weiter im Text: „Wenn man behaupten wollte, daß Wien keine deutsche Stadt ist, dann dürfte man Paris nicht mehr als französische und London nicht mehr als englische Stadt bezeichnen."

Haiders Bubenträume haben den Wandel der Zeit überdauert. Als er im August 1988 mit den vorgestrigen Zitaten konfrontiert wurde, antwortete er: „Im Unterschied zum Vorwurf, daß ich meine Mei-

---

* Am 26. Oktober 1988 lud er zum Festakt in das Wiener Palais Auersperg. Die FPÖ hatte sich schon im Nationalrat dagegen gewandt, den „Tag der Fahne" in Nationalfeiertag umzubenennen und damit argumentiert, es gebe keine „österreichische Nation".

nung ständig ändere, bleibe ich auch in grundsätzlichen Fragen bei meiner Meinung."[167]

An dieser Art Prinzipientreue waren selbst die Liberalen um Parteichef Steger gescheitert, als sie bei der Überarbeitung des freiheitlichen Parteiprogrammes versuchten, deutschnationale Inhalte zu eliminieren. Das zweideutige Bekenntnis zur „deutschen Volks- und Kulturgemeinschaft" hat alle Reformbemühungen überdauert.[168]

Nation und Geschichtsschreibung

Die Zeiten aber haben sich geändert. Aus der politischen und gesellschaftlichen Desorientierung nach Kriegsende ist Österreich in eine eigene nationale Identität hineingewachsen. Endlich bestätigen Historiker und Meinungsforscher, was der Volksmund immer schon wußte: Mir san mir.

Irgendwann Mitte der sechziger Jahre begann der Abnabelungsprozeß vom Reichsgedanken. 1964 waren nur 47 Prozent der Meinung, Österreich sei eine eigene Nation. Heute halten das drei Viertel der Wähler für selbstverständlich. Weitere 16 Prozent stellen zumindest eine Entwicklung in Richtung eigener Nation fest.[169]

Schon in der Zeit des Dritten Reiches waren Ansätze für ein aufkeimendes Österreichbewußtsein spürbar geworden. Ernst Bloch ätzte aus dem Exil: „Preußenhaß eint."

Adolf Schärf argumentierte nach 1945 anders, wenn auch in die gleiche Richtung. Hitler habe den Österreichern „die Liebe zur gemeinsamen Nation ausgeprügelt".[170]

Nach dem Krieg wurde der deutsche Patriotismus verdrängt und verleugnet. Dann aber besiegelten Staatsvertrag und Neutralität die kleinstaatliche Existenz. Von einem Anschluß konnten nur noch Ewiggestrige träumen.

Ein neues österreichisches Selbstbewußtsein entwickelte sich nach und nach zur nationalen Klammer. Fast 60 Prozent der Österreicher sind heute „unbedingt stolz" auf ihr Land, mehr als 30 „überwiegend".[171]

Die Neuformierung Europas nahm dem deutschnationalen Plädoyer für staatliche Größe zur Sicherung der wirtschaftlichen und politischen Existenz viel von der einstigen Überzeugungskraft. Die EG hat zur internationalen Aufwertung gerade ihrer kleinsten Mitglieder beigetragen, deren größte Stärke darin besteht, Teil des Ganzen zu sein.

Mit der gewonnenen Unabhängigkeit fiel es den Österreichern leicht, historisch belastete Verpflichtungen abzuschütteln. Die Nibelungentreue der Deutschnationalen zum Ausseer Programm des VdU, das Österreichs Politik in den „Dienst des deutschen Volkes" stellte, hat sich überlebt.

Für Otto Bauer stand der Begriff Nation einst für Schicksals- und Charaktergemeinschaft. Als das unter dem Druck der Alliierten neutral gewordene Österreich sein Schicksal selbst in die Hand nehmen mußte, wurde deutlich, daß es den gemeinsamen Charakter von Österreichern und Deutschen nie gegeben hat.

Urlaubserfahrene Österreicher wissen, daß sie nirgends weniger zu Hause sind als in Hamburg oder Kiel. Auch die moderne Sprachwissenschaft und Soziologie ist mittlerweile zu dem Ergebnis gekommen, daß gemeinsame Sprache zu wenig ist, Volk und Nation zu begründen.

Deutsche und Österreicher bleiben schicksalhaft getrennt durch ihre gemeinsame Muttersprache. Daß am Burgtheater „teutsch" gesprochen wird und sein Direktor „Schangse" sagt, wenn er Chance meint, erregt Wiener Bildungsbürger mehr als Schließtage und Probenchaos.

Seit Erika Weinzierl, Gerald Stourzh und Moriz Csáky als Bekenntnisösterreicher aus der deutschen Historikertradition ausgebrochen sind, beginnt sich sogar eine eigenständige österreichische Geschichtsschreibung zu entwickeln.

Die preußische Dominanz von einst ist durch Autoren wie Ernst Bruckmüller („Nation Österreich"), Friedrich Heer („Kampf um die österreichische Identität"), Georg Wagner („Österreich – Von der Staatsidee zum Nationalbewußtsein") oder Felix Kreissler („Der Österreicher und seine Nation") gebrochen. Und es werden immer mehr, die gegen das alldeutsche Geschichtsbewußtsein anschreiben. Sogar in nationaler Tradition verankerte Historiker beginnen, die neue Wirklichkeit zur Kenntnis zu nehmen. „So ist es dem neutral gewordenen Österreich tatsächlich gelungen, sich aus dem Haus der deutschen Geschichte, in dem es durch die Jahrhunderte seiner Vergangenheit beheimatet war, hinauszuschleichen", resümiert ein wenig bedauernd die Grazerin Grete Klingenstein.[172]

Die wissenschaftliche Literatur nennt als Merkmale nationaler Identität neben dem gemeinsamen Wohngebiet Abstammung, Sprache, Religion, Kultur, Geschichte, Gesellschaftsvorstellung, Rechts- und Staatsordnung. Sie läßt sowohl den Begriff der Staatsnation als auch den der Kulturnation gelten.

Auf die Frage der Abgrenzung zwischen Volk, Nation, Kulturgemeinschaft und Geschichtseinheit geben die verschiedenen Lehrmeinungen der Wissenschaft nur unpräzise, teilweise einander widersprechende Antworten. Trotz dieser Unschärfen aber herrscht weitgehend Einigkeit darüber, daß Angehörige einer Nation von ihrem Anderssein, das den besonderen Zusammenhalt begründet, überzeugt sein müssen. Entscheidend ist nicht Blut oder Sprache, sondern Bekenntnis.

In Österreich fühlen sich nur sechs Prozent (in Kärnten 15 Prozent) als Deutsche. Die Frage nach der Zugehörigkeit zur deutschen Nation scheint damit auch wissenschaftlich beantwortet.

Mölzer: Verzicht auf „Alpendeutsche"

Die Ewiggestrigen, die sich weiter an die Hoffnung klammern, Österreich dereinst „heim ins Vierte Reich" führen zu können, beginnen selbst in den Bierkellern deutschnationaler Verbindungen rar zu werden. Ideologischen Widerstand gegen die endgültige Emanzipation Österreichs leisten nur noch unverbesserliche Herrenrassenostalgiker und jene, die mit den deutschtümelnden Randexistenzen des demokratischen Meinungsspektrums samt ihren extremistischen Schmuddelblättern politische Geschäfte machen; oder einzelne Ewigdeutsche, die sich die völkische Zugehörigkeit zur Lebensaufgabe gemacht haben. Andreas Mölzer, Grundsatzreferent der FPÖ und Chef des Freiheitlichen Bildungswerkes, ist einer von ihnen.

In seiner publizistischen Arbeit fungiert das formale Bekenntnis zur staatlichen Souveränität Österreichs nur als Feigenblatt für großdeutsche Sehnsüchte. Seine Hoffnung gilt einer Zukunft, in der die Österreicher sich wieder dem Deutschtum zuwenden.

In seinem Buch „Österreich – ein deutscher Sonderfall" versucht er, die deutsche Identität Österreichs aus jenem „Trümmerhaufen zu bergen", den „Selbsttäuschung, Opportunismus und die Manipulation der vergangenen Jahrzehnte" hinterlassen haben.

Trotz schwieriger Ausgangslage sieht er noch Chancen: „Zweifellos ist der Wille zur (deutschen) Nation heute bei der Mehrzahl der Österreicher verschüttet. Bei geänderten internationalen Verhältnissen und einem Aufbrechen der verkrusteten Innenpolitik des Landes aber bestünde kein Zweifel, daß er sich wie ein Phönix aus der Asche erheben würde."

Tadel für Kohl: „Gegen alle Traditionen"

Unverdrossen bekennt sich der FPÖ-Rechtsaußen zu einer nationalen Identität, die „das ganze deutsche Volk, von Hermannstadt bis Eupen, von Bozen bis Memel" umfaßt. Die Grenzziehung nach 1945 und „die durch Umerziehung und Opportunismus geförderte Verdeckung der wahren deutschen Identität konnte eine wirkliche Trennung der Österreicher von der Gesamtnation nicht bewirken, da es sich dabei im Grunde um Fremdbestimmung handelte".[173]

Die wirklichen Deutschen in Bonn und Berlin denken da anders. Sie haben die Wiedervereinigung des „gesamten deutschen Volkes" sowohl im Einigungsvertrag als auch im Grundgesetz für „vollendet" erklärt.*

---

* Im Vertrag zwischen der Bundesrepublik und der DDR über die „Herstellung der Einheit Deutschlands" vom September 1990 wird in Artikel 4 der Geltungsbereich des Grundgesetzes auf die neuen Bundesländer ausgedehnt. Im Anschluß heißt es wörtlich: „Damit gilt dieses Grundgesetz für das gesamte deutsche Volk."
Auch in der Neufassung des Grundgesetz-Artikels 146 ist von der „Vollendung der Einheit und Freiheit Deutschlands für das gesamte deutsche Volk" die Rede. Nach deutschem Verfassungswortlaut zählt Österreich ausdrücklich nicht dazu.

Daß Österreich bei diesem Vorgang ausgeschlossen blieb, deutet Mölzer in seinem Buch „Und wo bleibt Österreich?" als „Tragik für die deutschbewußten Österreicher". Bitter tadelt er, daß Deutschland die Existenz von Deutschen außerhalb der schwarzrotgoldenen Grenzpfähle verleugne: „Dies widerspricht allen deutschen und mitteleuropäischen Traditionen."

Schon im „Sonderfall" hatte Mölzer vor der Gefahr gewarnt, „daß sich heute nach drei deutschen Teilungen – die erste 1866, die zweite 1919 und die dritte 1945 – eine vierte Teilung auf der Ebene des Nationalbewußtseins vollziehen könnte, wenn es nicht gelingt, Österreich in diese neue nationale Diskussion einzubeziehen."

Helmut Kohl scheint Mölzers Buch nicht gelesen zu haben, sonst hätte er gewußt, was er mit seinem „freiwilligen Verzicht auf die nahezu acht Millionen Alpendeutschen" (Mölzer) anrichtet: „Österreich ist nicht nur die Brücke zu jenen schätzungsweise 500.000 Deutschen, die nach wie vor in Ungarn und Rumänien leben, es ist noch immer das Tor für die Deutschen nach Südosten."

Haider: „Kleine Version" der Wiedervereinigung

Auch Haider hat registriert, daß Österreich von der deutschen Wiedervereinigung ausgeschlossen blieb. In einem Interview der Zeitschrift „Aula"[174] spricht er von der „Wiedervereinigung in der kleinen Version". Woraus sich ableiten läßt, daß es in seinen Augen auch eine große hätte geben können. Seine Wortwahl weist, für Geschichtsbewußte deutlich erkennbar, auf die Diskussion um eine großdeutsche oder kleindeutsche Lösung in der zweiten Hälfte des 19. Jahrhunderts hin. Auch 1866 bzw. 1871 entstand der neue deutsche Staat „in der kleinen Version".

Genau wie Mölzer spricht Haider davon, das deutsche Volk stehe „vor der Gefahr, weitere sieben Millionen Menschen zu verlieren". Wie Mölzer betont auch er den raschen Wandel der Geschichte. „Vor wenigen Monaten hat Willy Brandt ja noch davon gesprochen, daß es zur Lebenslüge der BRD gehöre, die Wiedervereinigung nach wie vor mit der DDR zu fordern."[175]

Für seine deutschnationale Klientel liegt es nahe, den Gedanken fortzusetzen. In Deutschland ist das Unvorstellbare Wirklichkeit geworden. Warum nicht auch in Österreich?

Die „Mißgeburt der österreichischen Nation"

Wie Mölzer bekennt sich auch Haider formal zum Staat Österreich. In einem „profil"-Interview[176] hat er einst sogar angekündigt, einem etwaigen Anschluß „Widerstand entgegensetzen" zu wollen. In der „Wiener Erklärung" formulierte er ein wenig pathetisch: „Ich möchte zuerst einmal Österreicher mit Leib und Seele sein."

Seine Anhänger vom äußerst rechten Rand wissen aus eigener Erfahrung, daß man als Deutschnationaler nicht alles so sagen darf, wie man gerne möchte. Sie halten „Abweichungen" und „Ausrutscher" ihres Idols für notwendige Tarnung, um gesellschaftsfähig zu bleiben und den politischen Aufstieg nicht zu gefährden.*

Haiders „eigentliche Meinung" glauben sie vor allem aus jenen Aussagen ablesen zu können, die spontan, oft als emotionale Reaktion erfolgen: unvorbereitet, unverfälscht und aus dem Herzen kommend. Wie etwa die Beschreibung der österreichischen Nation als „Mißgeburt".

Die Verwendung dieses von Hitler in „Mein Kampf" geprägten Ausdrucks[177] ist von vielen Deutschnationalen wie ein Treugelöbnis aufgenommen und honoriert worden. Überzeugte Österreicher empfanden es als Beleidigung, manche sogar als Drohung. Was im

---

* Die Rechtsextremisten haben Haider auch verziehen, daß er sich in einem „profil"-Interview über die NS-Diktatur (18. 2. 1985), in dem er zuerst nur von „Vorgängen" oder „Aktivitäten und Maßnahmen gegen Bevölkerungsgruppen" gesprochen hatte, nach mehrmaligem Rückfragen zögernd dazu bekannte: „Wenn Sie so wollen, dann war es halt Massenmord." Die Nationalen vom rechten Rand reagierten mit Empörung. Um „die Wogen zu glätten" (NDP-Chef Burger) kam es am 4. Juli 1987 im Haus von Otto Scrinzi zu einem Treffen, an dem unter anderem Jörg Haider, Kriemhild Trattnig und NDP-Chef Burger teilnahmen (Quelle: Urteil des Landesgerichts für Strafsachen, Graz, 13. 7. 1988). Burger berichtete darüber: „Haider hat sich von den Aussagen im ‚profil'-Interview distanziert und weitgehend unsere Positionen eingenommen." (Basta, 4/1989).

Dritten Reich mit „unwertem Leben" geschah, ist noch zu gut in Erinnerung.

Wie viele andere von Haider in die öffentliche Diskussion eingebrachten Begriffe wurde auch dieser von Parteifreunden aufgegriffen. Bei einer Veranstaltung zur Nationalratswahl 1990 im Grazer „Gösserbräu"[178] glaubte auch der freiheitliche Spitzenkandidat Norbert Gugerbauer über die „Mißgeburt" öffentlich nachdenken zu müssen, die „von der Geschichte schon eingeholt" sei.

Die abfälligen Einschätzungen der österreichischen Nation setzen eine rechtsextreme Tradition fort. Als Friedrich Peter 1958 die Parteiführung übernommen hatte, erklärte er auf dem Parteitag: „Es geht nicht an, daß in unseren Lehrbüchern Geschichtsfälschungen wie jene der ‚österreichischen Nation' wider besseres Wissen als Drachensaat in die Herzen der Jugend gesenkt werden."[179]

Die FPÖ-Zeitung „Kärntner Nachrichten" geiferte 1967 über Richtlinien des Bundesheeres zur Begehung des Nationalfeiertages: „Offiziere, die im Zweiten Weltkrieg für das deutsche Vaterland gekämpft haben, mußten nach dieser Dienstanweisung die ‚österreichische Nation' ausrufen und wurden damit zu Politkommissaren im Dienste des Kommunismus degradiert."[180]

Otto Scrinzi, im Dritten Reich Assistent am Institut für Erb- und Rassenbiologie der Universität Innsbruck, bezeichnete die österreichische Nation als „lebensschwaches Retortenbaby". Rechtsextremist Gerd Honsik, der eine Wahlempfehlung für Haider abgab, schrieb im Hetzblatt „Halt" seiner „Ausländer-Halt-Bewegung": „Der stinkende Furz von der österreichischen Nation, dem Hirn eines Kommunisten entwichen und von den Siegermächten aufgegriffen, beginnt sich allmählich zu verflüchtigen."

Das Beispiel zeigt: Auch am rechten Rand gibt es Klassen- und Standesunterschiede. Haider verwendet für die gleichen Inhalte wesentlich vornehmere Ausdrücke. Beim Bundesturnfest im zweisprachigen Kärntner St. Jakob formulierte er beinahe bieder: „Dieses Land wird nur dann frei sein, wenn es ein deutsches Land sein wird."[181]

Weil solche Aussagen nicht Ausnahmen, sondern die Regel sind, ist es nicht verwunderlich, daß Leitartikler über seine Motive zu spekulieren beginnen, wenn er zu Fragen wie Staatsvertrag und Neutralität

Stellung nimmt. Aufhorchen ließ dabei weniger das Thema als die Person, von der es angesprochen wurde, vor allem aber Datum und Ort von Haiders spektakulärem Auftritt.

Er startete seinen Angriff auf die heiligen Kühe der Nation ausgerechnet am Jahrestag der Moskauer Unterzeichnung des Vertrages über die deutsche Wiedervereinigung.

Er wählte für seinen Vorstoß nicht irgendeinen beliebigen Ort. Er ging nach Deutschland, setzte sein Signal von München aus, der Stadt, in der Hitler politisch groß geworden war.

Rechtsradikale Zeichensprache

Die Deutschnationalen wissen aus ihren Erfahrungen nach dem Zweiten Weltkrieg, wie unklug es sein kann, Dinge beim Namen zu nennen. Zwischen ihnen hat sich eine geheime Zeichensprache herausgebildet, kaum angreifbar für Außenstehende, unmißverständlich für die Angesprochenen.

Natürlich weiß jeder seiner Anhänger, was es heißt, wenn Haider die Abschlußkundgebung eines Wahlkampfes ausgerechnet in Braunau am Inn[182] veranstaltet. Natürlich erkennen die alten Ehemaligen die von den Nazis lange Zeit bevorzugte, heute kaum mehr Verwendung findende Frakturschrift der „Danke"-Aufkleber auf FPÖ-Plakaten nach gewonnener Wahl.[183]

Die angesprochene Zielgruppe weiß auch richtig zu deuten, was es heißt, wenn bei einem Neujahrsempfang der Freiheitlichen papierene Kornblumen als Ansteckadeln verteilt werden[184] oder wenn Parteilokale Namen wie „Kornblumenstüberl" tragen. Kornblumen waren einst das Erkennungszeichen der illegalen Nazis.

Selbst Mutwillensakte wie Haiders Einladung zum „Staatsfeiertag" (statt Nationalfeiertag), die Beschreibung des Südtiroler Ortler als „zweithöchsten Berg Österreichs" in der FPÖ-Zeitung „Kärntner Nachrichten"[185] oder die Intonisierung des „Badenweiler" (Hitlers Lieblingsmarsch) zur Geburtstagsfeier eines FPÖ-Kandidaten[186] werden unter Gleichgesinnten als Symbole des Einvernehmens richtig gedeutet.

Identifikation mit altem Gedankengut läßt sich auch über die Sprache vermitteln. Hitler und Goebbels hatten ihre politischen Gegner als „Altparteien" und „Systemparteien" verächtlich gemacht. Zum Standardvokabular neonazistischer Geschichtsfälscher zählen Ausdrücke wie „Umerziehung" für Vergangenheitsbewältigung oder „Denkverbot" für die Tatsache, daß die Leugnung nationalsozialistischer Verbrechen unter Strafe steht.

Haider verwendet, wie viele andere in seiner Partei, das belastete Extremistenvokabular. Seine Anhänger vom rechten Rand halten das für ein Signal gemeinsamer Gesinnung. Haiders Gegner aber würden sich mit dem Wahrheitsbeweis schwertun, daß es tatsächlich so gemeint ist.

Um Übereinstimmung mit weltanschaulichen Positionen alter und neuer Nazis anzudeuten, muß man sich nicht öffentlich zu ihnen bekennen. Haider ist zu vorsichtig, um die deutsche Kriegsschuld in Zweifel zu ziehen.

Dafür nennt er in einer Tageszeitung auf die Frage, welche geschichtliche Persönlichkeit er am meisten verachte, Winston Churchill, Hitlers erbittertsten Gegner, dem braune Geschichtsfälscher die Schuld am Zweiten Weltkrieg zuschieben.[187]

Wer die geheime Zeichensprache der Rechtsextremisten kennt, die keineswegs immer so leicht zu durchschauen ist wie bei den hier angeführten Beispielen, muß auf die Münchener Attacke des freiheitlichen Parteiobmannes gegen Staatsvertrag und Neutralität mit Mißtrauen reagieren. Die Neutralität war es, die Österreich den Deutschen politisch entfremdete.* Der Staatsvertrag ist es, in dem das Anschlußverbot und die Rechte der slowenischen Minderheit in Kärnten völkerrechtlich verankert sind.

Ein Schelm, wer Schlechtes dabei denkt? Oder fahrlässig, wer sich nichts dabei denkt?

---

* Der VdU stimmte 1955 als einzige Parlamentsfraktion gegen das Neutralitätsgesetz.

Verräterische Vorbilder

Auch Vorbilder, auf die man sich beruft, können Signalwirkung haben und für Gleichgesinnte ein Zeichen der Zusammengehörigkeit sein. In einem Leserbrief an die „Wochenpresse" schreibt Haider, sein Programm sei „die Stärkung des freiheitlichen Rechtsstaates" im Sinne des deutschen Rechtsphilosophen Ernst Forsthoff.

Der FPÖ-Chef kann davon ausgehen, daß nur wirklich Eingeweihte wissen, wer Forsthoff war: ein Legitimationstheoretiker des Dritten Reiches, ein übler Verherrlicher des nationalsozialistischen Unrechtsstaates, ein Antisemit, der in seinen Arbeiten die „Ausmerzung von Artfremden" und die „Unschädlichmachung" von Juden gerechtfertigt hatte.

Der „Rechtsphilosoph" Forsthoff veröffentlichte Aufsätze über „Hitlers Friedenspolitik und das Völkerrecht". Er diffamierte noch 1959 den Rechtsstaat als „formal-technischen Begriff".[188] Die Berufung auf seine Theorien kann in rechtsextremen Intellektuellenzirkeln als Ausweis weltanschaulicher Zugehörigkeit aufgefaßt werden.

Auch daß Jörg Haider als Lieblingsschriftsteller Konrad Lorenz nennt, wollen Eingeweihte als Signal verstehen. Für Unbefangene ist Lorenz der große ökologische Denker, dessen Arbeit mit dem Nobelpreis ausgezeichnet wurde. Die alten Nazis haben ihn als Verbündeten in Erinnerung behalten, der die „Rassenhygiene" des Führers wissenschaftlich abzusichern half.[189]

In menschenverachtender Eindeutigkeit hatte sich Lorenz zur „Ausschaltung" einer „Durchmischung mit Fremdrassigen" bekannt und davor gewarnt, daß „ein sozial minderwertiges Menschenmaterial . . . den gesunden Volkskörper durchdringen und schließlich vernichten" könne.[190]

Als Therapie für die „rassehygienische Abwehr" empfahl er, „so wie beim Krebs", möglichst frühzeitiges „Erkennen und Ausmerzen des Übels". Die Ausscheidung Andersrassiger und ethisch Minderwertiger sei „für den überindividuellen Volksorganismus" leichter und weniger gefährlich als „die Operation des Chirurgen für den Einzelkörper".[191]

Bei der Definition des „anzustrebenden Soll-Typus unseres Volkes" hatte Lorenz den Deutschen empfohlen, sich auf das gefühlsmäßige Reagieren „unserer Besten" zu verlassen. Hitlers rassistische Befunde und Therapien quittierte er mit Beifall: „Die Idee der Rasse, die die Grundlage unseres politischen Regimes ist, hat bereits viel in dieser Richtung erreicht."[192]

Es gibt also zwei verschiedene Konrad Lorenz: den Verfechter der ökologischen Moral und den der rassistischen Unmoral. Welchem von beiden Haiders Vorliebe gilt, läßt sich nicht beweisen. Eindeutig scheint nur, an welchen der beiden alte Ehemalige denken, wenn Haider den Namen Lorenz nennt.

8. KAPITEL

Geschichtsrevision:
die braunen Fälscher

„Nur ihre Pflicht getan"

Um die Generation der Väter und Großväter, die „nur ihre Pflicht getan hat", aus Schuld und Verantwortung zu entlassen, kämpfen alte Nazis und neue Populisten gegen die „Manipulation der Geschichte durch die Siegermächte" und das „Monopol linker Geschichtsschreibung". Die deutsche Kriegsschuld wird bestritten, die nationalsozialistischen Verbrechen werden, weil ihre Leugnung unter Strafe steht, totgeschwiegen, verharmlost, verglichen oder aufgerechnet.

Rechtsextremisten glorifizieren die soldatischen Leistungen von Wehrmacht und SS, ehren treue Diener des Führers als Helden und Patrioten oder versuchen, Faschismus wieder gesellschaftsfähig zu machen, indem sie „die guten Seiten" des Naziregimes betonen: den Bau von Autobahnen oder die „ordentliche Beschäftigungspolitik im Dritten Reich".

Verbissen führen die ideologisch motivierten Geschichtsfälscher ihren Vielfrontenkampf. Widerstandskämpfer brandmarken sie als „Verräter", Opfer der NS-Diktatur strafen sie mit Verachtung, unterstellen ihnen, „Geschäfte mit der Vergangenheit" machen zu wollen.

Die Siegermächte waren in ihren Augen nie Befreier vom Nationalsozialismus. Sie sind Feind geblieben. Ihnen wird unterstellt, die Ahndung von Kriegsverbrechen manipuliert und „Schandurteile" gefällt zu haben. Seriöse Aufarbeitung der jüngeren Geschichte und die Vergangenheitsbewältigung engagierter Demokraten werden als „Umerziehung" verunglimpft.

In der Begründung ihres Feldzuges für die Umdeutung der Geschichte gibt es zwischen deklarierten Nazis und als Populisten verkleideten Rechtsextremisten kaum Unterschiede.

In Punkt 8 des Programmes der als neonazistisch behördlich aufgelösten NDP Norbert Burgers hieß es: „Ein Volk, das seine Herkunft nicht kennt und sich nicht zu seiner Vergangenheit bekennt, nimmt sich die Kraft für die Bewältigung der Zukunft . . . Daher fordert die NDP: Äußersten Widerstand gegen die Verfälschung unserer deutschen Geschichte und Wiederherstellung der historischen Wahrheit."

Jörg Haider läßt sich in der Parteizeitung „Kärntner Nachrichten" in gleichem Sinn zitieren: Ein Staat könne keine heimatbewußte Jugend heranziehen, „wenn ständig in öffentlichen Erklärungen und in der geschichtlichen Darstellung die Generation der Eltern, die dieses Land aufgebaut und für die Freiheit gesorgt haben, durch den Schmutz gezogen wird".[193]

Der FPÖ-Chef will der „historischen Wahrheit zum Durchbruch verhelfen". Bei einem Neujahrstreffen der FPÖ in Graz[194] fordert er, nicht auf „Umerzieher" und „spätgeborene, selbsternannte Richter" zu hören, die „ein zweites Verurteilungsverfahren, wie es nach 1945 in Österreich stattgefunden hat, durchführen".[195]

Die Parteizeitung „Kärntner Nachrichten" hat das immer schon gewußt. Ihre Schreiber fordern „Schluß mit der Nazijagd! Schluß mit der bloß einseitigen Verfolgung angeblicher deutscher Kriegsverbrechen! Der Kampf gegen die Nachwirkungen der Nürnberger Schandjustiz ist uns eine echte völkische Aufgabe".[196]

Der FPÖ-Zeitung dienen „Leserbriefe" als Vehikel für Geschichtsfälschung und nationalsozialistische Agitation. Einem Professor Ernst Klement stellt sie eine halbe Seite für einen Hetzartikel zur Verfügung, wie ihn sich, aus Angst vor Strafe, sonst nicht einmal rechtsextremistische Sudelblätter leisten:

„Die Deutung des Wortes ‚Endlösung' als ‚Ausrottung' anstatt richtig als ‚Vertreibung' ist willkürlich und unhaltbar", befindet der Verfasser und kommt zu dem Schluß: „Die Behauptung, in den deutschen Konzentrationslagern seien im Auftrag des verbrecherischen NS-Regimes an die sechs Millionen Juden umgebracht bzw. ‚vergast' worden, entpuppt sich immer sicherer als eine ungeheure Lüge . . . Es dürfte vielmehr zutreffen, daß kein einziger Jude im

Auftrag oder mit Zustimmung Hitlers, der Reichsregierung oder gar des deutschen Volkes nur deshalb ums Leben kam, weil er Jude war."[197]

Gesinnungsgenossen unter sich

Jörg Haider ist voll in Fahrt an diesem Oktobertag. Einer atemlos lauschenden Festversammlung, die sich auf dem Ulrichsberg bei Klagenfurt versammelt hat, spricht er Mut und Bewunderung zu: „Ihre Opfer sollen nicht umsonst gewesen sein! Ohne Ihren Opfermut gäbe es heute nicht jene Freiheit im westlichen Europa, die für viele schon so selbstverständlich geworden ist."[198]

Die „Freiheitskämpfer", denen dieser Dank gilt, sind unter anderem Mitglieder der „Kameradschaft IV", des Traditionsverbandes der ehemaligen Waffen-SS, die hier alljährlich zusammenkommen, um sich selbst als Elite Europas zu feiern.

Jörg Haider folgt der bewährten Regie: „Meine lieben Kameraden, laßt Euch nicht beirren! Unsere Zeit braucht Vorbilder, braucht Menschen mit einer idealistischen Lebenseinstellung, denen Heimat noch etwas bedeutet. Sie alle ragen heute heraus wie ein wetterfester Fels im Meer des geist- und geschichtslosen Flugsandes!"[199]

Die „Kärntner Nachrichten" haben das immer schon gewußt: „In der Waffen-SS war das vereinigte Europa schon verwirklicht. Sie sind daher nicht die Letzten von gestern, sondern die Ersten von morgen. Alle Freiwilligen der Waffen-SS sind für ein vereinigtes Europa gleichberechtigter Völker eingetreten."[200]

Haiders Ulrichsbergrede vom Oktober 1990 knüpft an diese Geschichtsfälschung an. Der FPÖ-Obmann bestätigt den Kriegsveteranen und ehemaligen SS-Leuten, an der Entwicklung Europas werde deutlich, daß „die Grundlage von euch für Frieden und Freiheit gelegt wurde".[201]

Freispruch von der Kriegsschuld

Öffentlich laut gewordene Kritik an der Teilnahme von SS-Traditionsverbänden an den Ulrichsbergfeiern weist Haider bei dieser Gelegenheit zurück: „Wir haben uns für niemanden, der hierherkommt, zu entschuldigen. Kein einziger Soldat – welcher Waffengattung auch immer – hat es verdient, von dieser würdigen Feier ausgeschlossen zu werden. Alle sind herzlich willkommen."[202]

Die Einordnung der SS als „Waffengattung" ist an diesem Tag nur einer von vielen Versuchen des FPÖ-Obmannes, braune Vergangenheit umzufärben. Der Erste Weltkrieg ist für ihn „Folge eines nicht mehr haltbaren südslawischen Nationalismus", die „Friedenskonferenz von Versailles und St. Germain" habe dazu geführt, „daß ideologische Maßlosigkeit und politischer Wahnsinn dieses Europa in eine nächste Katastrophe getrieben haben".[203]

Deutschland und seine Österreicher sind damit fein heraus: Südslawen und subjektloser Wahnsinn sind schuld.

„Wann zuvor sind die Historiker so kurz und bündig blamiert, wann zuvor ganze Bibliotheken zeitgeschichtlicher Literatur so bestimmt zu Makulatur erklärt worden?" kommentierte Klaus Amann, Dozent am Germanistikinstitut der Universität Klagenfurt, sarkastisch Haiders Geschichtsdeutung.[204]

In perfekt auf die Zuhörerschaft abgestimmten Formulierungen gelingt es dem FPÖ-Chef tatsächlich, das Szenarium eines Krieges ohne Schuldige zu entwerfen. Er spricht über die Zeit der NSDAP-Diktatur, ohne den Begriff „Nationalsozialismus" auch nur einmal in den Mund zu nehmen. Er spricht über Hitler-Deutschland, ohne den Führer einer einzigen namentlichen Erwähnung wert zu finden.

In seiner Rede vollzieht sich Geschichte schicksalhaft, ohne das Zutun handelnder Personen. Hitlers Angriffs- und Vernichtungskrieg beschreibt er in der Sprache der Sportreporter als „Völkerringen". Lästige Fragen nach Schuld oder Mitverantwortung können da gar nicht aufkommen.

Natürlich nennt Haider auch Gründe, warum er das alles sagt und warum er es gerade so sagt: Um „stärker als bisher der historischen

Wahrheit über die wirklichen Vorgänge des Krieges und der politischen Entscheidungsfindung Rechnung zu tragen".[205]
Unmittelbar nachdem die Retter von Frieden und Freiheit von Haider euphorisch gepriesen werden, ernten sie von der Staatspolizei Undank. Die Beamten sind rücksichtslos genug, gleich 50 Hakenkreuzabzeichen zu konfiszieren,[206] deren Zurschaustellung den Teilnehmern dieser Veranstaltung als wohlerworbenes Gewohnheitsrecht zu gelten scheint.
Vom Dokumentationsarchiv des österreichischen Widerstandes und von der Staatspolizei wird die alljährlich stattfindende Feier der Ulrichsberggemeinschaft als rechtsextremistische Veranstaltung eingeordnet. Klagenfurts Polizeidirektor Hans Kampfer erinnerte sich im Juni 1990 an seine Versuche, dem Nazispuk ein Ende zu machen: „Hätten wir nicht eingegriffen, der Ulrichsberg wäre heute eine internationale NS-Gedenkstätte."[207]
Die Demontage der zahlreichen Gedenktafeln von SS-Divisionen aus ganz Europa hat nicht ausgereicht, die kultischen Traditionsfeiern in andere Fahrwasser zu lenken. In letzter Konsequenz scheint die Staatspolizei auch Rücksicht auf das besondere Kärntner Klima genommen zu haben: Die Gedenktafel der Kameradschaft IV mit dem SS-Wahlspruch „Unsere Ehre heißt Treue" prangt noch heute an der Mauer der Begegnungsstätte.

Eine NS-Verbrecherorganisation und ihr Protegé

Der FPÖ-Chef hat sein inniges Verhältnis zur Traditionspflege der Waffen-SS schon mehrmals unter Beweis gestellt. Bereitwillig tritt er als Redner auf, nimmt an einer Fahnenweihe teil[208] und zeichnet eine Jubiläumsveranstaltung[209] durch seinen Ehrenschutz aus.
Bei einer vom Freiheitlichen Akademikerverband veranstalteten 60-Jahr-Feier der Kärntner Volksabstimmung, bei der auch Norbert Burger unter den Gästen weilt, läßt Haider sich vom Fernsehen aufnehmen, wie er, Hand in Hand mit Gleichgesinnten, das Treuelied der SS singt:[210] „Wenn alle untreu werden."
Demonstrativ agiert der FPÖ-Chef in der Tradition jener rechtsex-

tremistischen Weißwäscher, die aus der Waffen-SS einen Teil der Wehrmacht und aus ihren Angehörigen „ganz normale Soldaten" machen wollen. Er reiht sich in die Front derer, die so tun, als wäre nur die politische SS in Nürnberg als verbrecherische Organisation eingestuft und verurteilt worden.

Das Gegenteil ist richtig. Der Militärgerichtshof, der nach englischem Prozeßrecht fungierte, kam in seinem Urteil zu dem Schluß, die SS habe „verbrecherischen Zwecken" gedient: „Sie bestanden in der Verfolgung und Ausrottung der Juden, Brutalitäten und Tötungen in den Konzentrationslagern, Übergriffen bei der Verwaltung besetzter Gebiete, der Durchführung des Zwangsarbeitsprogrammes und der Mißhandlung und Ermordung von Kriegsgefangenen."

Ausdrücklich und unzweideutig wird die Waffen-SS in das Urteil mit einbezogen: „Es ist unmöglich, auch nur einen Teil der SS auszunehmen, der nicht an diesen verbrecherischen Handlungen beteiligt war."[211]

Unter anderem wurde die Waffen-SS der Ermordung und Mißhandlung von Zivilisten und der entsetzlichen Blutbäder in Oradour und Lidice überführt. Die Reiterbrigaden hatten zu Beginn des Rußlandfeldzuges auch die berüchtigten „Säuberungsaktionen" durchzuführen, die in Wirklichkeit Massenerschießungen von Juden und Rotarmisten waren.[212]

Das Militärtribunal stellte fest: „Es ist erwiesen, daß die Erschießung von unbewaffneten Kriegsgefangenen in einigen Divisionen der Waffen-SS allgemeiner Brauch war."[213]

Der Einstufung der Waffen-SS als „verbrecherische Organisation" sind deutsche Gerichte mehrfach gefolgt. So urteilte ein Schöffengericht in Würzburg: „Unter der nationalsozialistischen Gewaltherrschaft in Deutschland hat es die SS, und zwar auch die Waffen-SS, als ihre Aufgabe angesehen, rassische Minderheiten zu vernichten." Ausdrücklich folgte es der Darstellung des Verteidigers,* der die Traditionspflege der Waffen-SS als „Pflege einer verbrecherischen Tradition" bezeichnet hatte.[214]

---

* Sechs Angeklagte hatten sich wegen Landfriedensbruchs zu verantworten, weil sie eine Traditionsveranstaltung der Waffen-SS gestört hatten.

Die „normalen Soldaten" der Waffen-SS

Schon die Bezeichnung „Kameradschaft IV" ist der Versuch von Geschichtsfälschung. „IV" steht für vierte Waffengattung, neben Heer, Luftwaffe und Marine.

Auch wenn die SS im Fronteinsatz dem gleichen Kommando unterstand, war sie nie Teil der Wehrmacht oder Teil der regulären Polizei, wie sich aus Dokumenten belegen läßt. Am 21. März 1941 wird Hitlers Einschätzung der Waffen-SS als Anlage zu einem Schreiben des Oberkommandos des Heeres ausdrücklich festgehalten.[215] In ihm wird zwischen Wehrmacht und Waffen-SS streng unterschieden. „Die Wehrmacht ist für alle Zukunft einzig und allein zum Einsatz gegen äußere Feinde des Reiches bestimmt." Sie dürfe ihre Waffen niemals gegen eigene Volksgenossen einsetzen. „Ein Staat, der zu diesen Mitteln greifen muß, ist nicht mehr in der Lage, seine Wehrmacht gegen den äußeren Feind einzusetzen und gibt sich damit selbst auf."

Die Aufrechterhaltung der Autorität im Inneren brauche „Männer besten deutschen Blutes", die sich „ohne jeden Vorbehalt mit der das Großdeutsche Reich tragenden Weltanschauung identifizieren". Nach der Bewährung im Felde „werden die Verbände der Waffen-SS die Autorität besitzen, ihre Aufgabe als ‚Staatspolizei' durchzuführen". Die Trennung von Waffen-SS und Wehrmacht liege „im Interesse der Wehrmacht selbst".[216]

Das Märchen von der „guten Waffen-SS", deren Mitglieder mit der menschenverachtenden Politik der NSDAP nie in Berührung gekommen waren, läßt sich unter anderem durch eine Rede von Reichsführer-SS Heinrich Himmler vor Gruppenführern der Waffen-SS widerlegen. Ihr Wortlaut macht das Ausmaß deutlich, in dem die Angesprochenen ins Vertrauen gezogen waren.

„Ob bei dem Bau eines Panzergrabens 10.000 russische Weiber an Entkräftung umfallen oder nicht, interessiert mich nur insoweit, als der Panzergraben für Deutschland fertig wird . . . Wenn mir einer kommt und sagt, ‚Ich kann mit den Kindern oder den Frauen den Panzergraben nicht bauen. Das ist unmenschlich, denn dann sterben sie daran', dem muß ich sagen: ‚Du bist ein Mörder an deinem eigenen Blut', denn wenn der Panzergraben nicht gebaut wird, dann sterben deutsche Soldaten, und das sind Söhne deutscher Mütter."[217] Die von Himmler angefügte Beschwichtigung mißriet anschließend zur völligen Demaskierung nationalsozialistischer Menschenverachtung: „Wir werden niemals roh und herzlos sein, wo es nicht sein muß; das ist klar. Wir Deutschen, die wir als einzige auf der Welt eine anständige Einstellung zum Tier haben, werden auch zu diesen Menschentieren (Anmerkung: gemeint sind die Zwangsarbeiter) eine anständige Einstellung einnehmen . . ."

Die Waffen-SS wurde zur Vernichtung der Juden eingesetzt und tat auch in den Konzentrationslagern Dienst. In einer Verfügung der Parteikanzlei aus dem Jahr 1941 heißt es: „Die Einheiten der Waffen-SS sind infolge ihrer intensiven nationalsozialistischen Schulung über Fragen der Rasse und des Volkstums für die besonderen, in den besetzten Ostgebieten zu lösenden Aufgaben geeigneter als andere bewaffnete Verbände."[218]

Der Einsatz in den Konzentrationslagern ist durch Zeugenaussagen belegt. So erklärte Sturmbannführer August Harbaum, als Leiter der Hauptabteilung A/V4 einst zuständig für Diensteinteilung und Versetzungen, daß im April 1945 30.000 bis 35.000 Mann der Waffen-SS Dienst in Konzentrationslagern taten. Anton Kaindl, Kommandant des Konzentrationslagers Sachsenhausen, bestätigte, daß zwischen SS und Waffen-SS „kein Unterschied hinsichtlich der Verwendung" in Konzentrationslagern bestand.[219]

In der Zeitung „Für die Waffen-SS" wurden die Angehörigen ausdrücklich für ihren Dienst in den Konzentrationslagern gelobt. Ihnen sei es zu verdanken, daß diese „Inseln blieben, aus denen das Gift der inneren Zersetzung niemals wieder in den Volkskörper der Heimat gelangen konnte".[220]

SS als „Kämpfer für die Freiheit"

Haiders Geschichtsinterpretation, Wehrmacht und Waffen-SS als Kämpfer für die Freiheit Europas auszugeben, knüpft nahtlos an die Selbstdarstellung der Nationalsozialisten an.

„Wäre die deutsche Wehrmacht nicht in der Lage, die Gefahr aus dem Osten zu brechen, so wäre damit das Reich und in kurzer Folge ganz Europa dem Bolschewismus verfallen", hatte Propagandaminister Joseph Goebbels in einer Rede am 18. Februar 1943 erklärt. „Die deutsche Wehrmacht und das deutsche Volk allein besitzen mit ihren Verbündeten die Kraft, eine grundlegende Rettung Europas aus dieser Bedrohung durchzuführen."[221]

Beinahe ein halbes Jahrhundert später propagiert der Obmann einer demokratischen Partei diese Kernaussage nationalsozialistischer Selbstdarstellung, indem er den militärischen Kampf für das nationalsozialistische Verbrecherregime anläßlich seiner Rede auf dem Ulrichsberg im Oktober 1990 zum Kampf für die „Freiheit im westlichen Europa" verfälscht.

Es kommt noch schlimmer. Die in einer Schulbroschüre in Villach abgedruckte Kritik an der alljährlichen Ulrichsbergfeier beantwortet Haider mit dem Satz: „Geistige Freiheit ist in einer Demokratie etwas Selbstverständliches, aber sie findet dort ihre Grenzen, wo Menschen jene geistige Freiheit in Anspruch nehmen, die sie nie bekommen hätten, hätten nicht andere für sie den Kopf hingehalten, daß sie heute in Demokratie und Freiheit leben können."[222]

Dieser Satz sagt zweierlei: Erstens bekräftigt er die Geschichtslüge, daß der kriegerische Einsatz für die Hitler-Diktatur ein Kampf für Freiheit und Demokratie gewesen sei. Zweitens beinhaltet er ein Bekenntnis zur Einschränkung der demokratischen Freiheitsrechte: Geistige Freiheit findet nach Meinung von Jörg Haider dort ihre Grenzen, wo sie dazu genützt wird, Kritik an nationalsozialistischer Traditionspflege zu üben. Was in der FPÖ-Zeitung „Kärntner Nachrichten" als Eintreten für „ein vereinigtes Europa gleichberechtigter Völker" glorifiziert wird, war in Wirklichkeit ein Konzept der kriegerischen Unterwerfung unter die germanische Herrenrasse, ein Konzept des Völkermordes und der Ausrottung, ein Konzept der Zusammenzwingung Europas unter deutsche Herrschaft.

Die SS beschrieb sich selbst als „Orden guten Blutes".[223] Die Ziele der „internationalen Waffen-SS" wurden in den nationalsozialistischen „Handblättern für den weltanschaulichen Unterricht"[224] so beschrieben:

105

„Vertrat die SS von vornherein klar und eindeutig die Forderung nach einer Wiedergeburt des Germanentums, so war auch sie berufen, über die ehemaligen Grenzen hinweg das gesamte Germanentum anzusprechen und für den germanischen Gedanken zu werben. Durch die Aufstellung von SS-Einheiten in den germanischen Ländern* wurden Vorhuten für eine zukünftige Entwicklung gewonnen."

Daß diese Zusammenschlüsse von Vertretern der nordischen Edelrasse nicht etwa gemeinsamer Brauchtumspflege galten, wird im weiteren Verlauf des Textes deutlich: „Schulter an Schulter kämpften so Männer aller europäischen Länder in den Reihen der Waffen-SS gegen den Bolschewismus und seine jüdischen Hintermänner."

Auf dem Ulrichsberg bekräftigt eine Sprecherin holländischer SS-Verbände die immer noch geltenden Ideale: „Keine Mischung von Völkern, denn unsere Wurzeln liegen im Norden, und das wollen wir aufrechterhalten!"[225]

Agitation statt Kameradschaftspflege

Der offizielle Vereinszweck der „Kameradschaft IV" liest sich harmlos: „Förderung des traditionellen Vaterland-, Heimat- und Kulturgedankens". Die Tätigkeit des Traditionsverbandes der Waffen-SS aber geht in Wirklichkeit weit darüber hinaus.

Seine Zeitschrift „Die Kameradschaft" liest sich stellenweise wie das Zentralorgan einer neonazistischen Partei. Wissenschaftler[226] konstatierten nach Textanalysen eine Häufung rechtsextremer Inhalte: Leugnung der deutschen Kriegsschuld, Rechtfertigung des nationalsozialistischen Angriffskrieges, Verharmlosung von NS-Verbrechen, Verherrlichung Hitler-Deutschlands, militanter Rassismus.

Unbelehrbar preisen die „Kameradschaft"-Autoren die „große religiöse und weltanschauliche Freizügigkeit" der Nazidiktatur.[227] Ver-

---

* Aus Norwegen, Dänemark, Holland und Flandern kam 1941 der Zustrom der Freiwilligen in die SS-Standarten „Nordland" und „Westland". Viele von ihnen wurden nach dem Krieg in ihren Heimatländern als Kriegsverbrecher verurteilt.

gangenheitsbewältigung verunglimpfen sie als „Umerziehung". Das „ganze massive Trommelfeuer" gegen die Zeit des Hitler-Reiches dient in ihren Augen nur dazu, „die moralischen und ethischen Werte des deutschen Volkes auszulöschen".[228]

Die Geschichte wird braun retuschiert, die Nazipropaganda von einst nahezu wortwörtlich wiederholt: „Der Verlauf der Ereignisse seit März 1939 zeigt eindeutig, daß nicht Deutschland, sondern Polen mit britisch-französischer und amerikanischer Unterstützung zum Krieg trieb."[229]

Selbstverständlich zählen auch die „naturgewollten Rassenunterschiede" zu den bevorzugten Themen. Über Zigeuner heißt es: „Blut hatten diese Kreaturen ja bereits von Mutters Brust an geleckt, wenn auch bisher nur Blut von gestohlenen Kaninchen und Hühnern."[230]

Man muß das Gesetz schon sehr großzügig auslegen, um in der Gesamtheit solcher Veröffentlichungen nicht den Verdacht nationalsozialistischer Wiederbetätigung zu schöpfen. Österreich hat sich völkerrechtlich dazu verpflichtet, „aus dem politischen, wirtschaftlichen und kulturellen Leben alle Spuren des Nazismus zu entfernen". Diese Formulierung von Artikel 9 des Staatsvertrages ist seit 1964 Bestandteil der Bundesverfassung.

Spitzenpolitiker als Alibi

Mit einer geschickten Doppelstrategie versucht die „Kameradschaft IV", sich vor Auflösung und Strafverfolgung zu schützen. Während das Verbandsblättchen offen nationalsozialistische Propaganda betreibt, betonen Offizielle die „unpolitische Ausrichtung" der Traditionspflege. Durch Einladungen an Spitzenpolitiker aller Parteien zu Jubiläums- und Festveranstaltungen versuchen sie, ihrer Tätigkeit einen legalen Anstrich zu geben.

Weil die publizistischen Amokläufe in der Öffentlichkeit kaum bekanntwerden, finden sich immer wieder Bereitwillige, die ihre Hausaufgaben in Geschichte nicht gemacht haben. So scheinen erst kritische Zeitungsberichte den steirischen Landeshauptmann Josef Krainer (ÖVP) und seinen Stellvertreter Peter Schachner-Blazicek

(SPÖ) darauf aufmerksam gemacht zu haben, daß die Übernahme des Ehrenschutzes für die 40-Jahr-Feier der „Kameradschaft IV" 1992 ein politischer Fehler gewesen sein könnte.

Der SPÖ-Politiker zog seine Zusage prompt zurück. Der Landeshauptmann ließ sich von der Kameradschaft von der gegebenen Zusage entbinden. Nur Landtagspräsident Franz Wegart von der ÖVP und Landespolitiker der FPÖ verblieben im Ehrenschutzkomitee, gemeinsam mit „verdienten" Kriegsteilnehmern wie Ex-SS-Generalmajor Sylvester Stadler.

Dieser hatte am Morgen des 11. Juni 1944 als Kommandant des SS-Panzergrenadier-Regiments 4 „Der Führer" persönlich den Tagesbericht über eines der grausamsten Massaker des Zweiten Weltkrieges diktiert. Im französischen Oradour hatten sich die unter seinem Befehl stehenden Soldaten daran beteiligt, über 600 Zivilisten, darunter etwa 200 Kinder, die in einer Kirche Schutz gesucht hatten, mitleidlos niederzumetzeln.[231]

Haiders Freispruch für die „Soldatengeneration"

Jörg Haider ist nicht der einzige, der den Weißwäschern der Waffen-SS gute Dienste leistet. Aber er zählt zu jenen, die es nicht aus Naivität oder mangelnder Geschichtskenntnis tun. Er tritt bei den Veranstaltungen rechtsextremistischer Geschichtsfälscher nicht nur als prominenter Edelkomparse, sondern auch als Hauptdarsteller in Erscheinung.

Der FPÖ-Chef macht sich damit nicht für irgendwelche unbedeutenden Mitläufer der Hitler-Diktatur stark. Er verknüpft die Rehabilitierung der Soldatengeneration ausgerechnet mit der SS, deren Runenzeichen als Symbol für die grauenhaftesten und unfaßbarsten Verbrechen der Menschheitsgeschichte stehen.

Wie österreichische Gerichte Versuche werten, die SS von ihren Verbrechen reinzuwaschen, läßt sich aus einem Höchstgerichtsurteil vom 27. Dezember 1960 ablesen. Im Verfahren über den Verfall des Buches „Waffen-SS im Einsatz" von Paul Hausser sahen die Richter mit der „Gutheißung" dieser nationalsozialistischen Einrichtung sowie in dem „Bestreben, die Waffen-SS in der Öffentlichkeit zu rehabilitieren", den Tatbestand der Wiederbetätigung erfüllt.

Haiders pauschaler Freispruch der Soldatengeneration ist zumindest ebenso falsch, wie es eine pauschale Verurteilung wäre. Auf der einen Seite konnte ab 1944 jedermann, auch unfreiwillig, zur Waffen-SS eingezogen werden. Auf der anderen waren nicht nur die Mitglieder der SS, sondern auch die ganz normalen Soldaten der Wehrmacht den politischen Zielen des Nationalsozialismus zwangsverpflichtet, mußten sich für diese in Anspruch nehmen lassen, wurden für sie mißbraucht.

„Das wesentliche Ziel des Feldzuges gegen das jüdisch-bolschewistische System ist die völlige Zerschlagung der Machtmittel und die Ausrottung des asiatischen Einflusses im europäischen Kulturkreis. Hierdurch entstehen für die Truppen Aufgaben, die über das hergebrachte einseitige Soldatentum hinausgehen", heißt es in einem Befehl des Oberbefehlshabers des Armeeoberkommandos 6 vom 10. Oktober 1941.[232]

Die Fortsetzung des Textes läßt keinen Zweifel daran, welche Art von Pflichten die nationalsozialistischen Führer auch einfachen Soldaten auferlegten: „Der Soldat ist im Ostraum ... auch Träger einer unerbittlichen völkischen Idee und der Rächer für alle Bestialitäten, die deutschem und artverwandtem Volkstum zugefügt wurden. Deshalb muß der Soldat für die Notwendigkeit der harten, aber gerechten Sühne am jüdischen Untermenschentum volles Verständnis haben."

Die Wehrmachtsangehörigen haben es zugelassen oder zulassen müssen, als Komplizen der rassistischen Ausrottungspolitik mißbraucht zu werden. Sie haben es zugelassen oder zulassen müssen, in den planmäßigen Völkermord an Juden, Sinti und Roma verstrickt zu werden. Sie haben es zugelassen oder zulassen müssen, die Exekution einer Politik der verbrannten Erde, der Geiselerschießungen und Vergeltungsaktionen an unschuldigen Zivilisten übertragen zu bekommen.

So wie eine pauschale Verurteilung ein Unrecht an jenen Soldaten und Gefallenen wäre, die in Pflichterfüllung für das Vaterland zu Opfern dieses Krieges wurden, so wäre ein pauschaler Freispruch Unrecht an den Opfern.

Gemeinsam mit Neonazis

Schon 1980 unterschreibt Jörg Haider, gemeinsam mit führenden Rechtsextremisten ganz Europas, einen Aufruf der Deutschen Volksunion, DVU, zur Rehabilitierung der Kriegsverbrecher. Abgedruckt wird er in der „National-Zeitung" des deutschen Verlegers und DVU-Vorsitzenden Gerhard Frey.[233] Der agitatorische Text gipfelt in der Forderung nach Generalamnestie „für jedwedes behauptete oder tatsächliche Unrecht im Zusammenhang mit dem Zweiten Weltkrieg".

Die Argumentation hält sich an die neonazistische Taktik der Schuldumkehr. Auf der einen Seite werden die Nazigreuel durch die Formulierung „behauptetes oder tatsächliches Unrecht" verniedlicht und in Frage gestellt, auf der anderen Seite wird den Siegern unterstellt, „unter Druck und Terror vieljährige Schauprozesse gegen die Besiegten" durchzuführen, während ihre eigenen „millionenfachen Morde am deutschen Volk" ungesühnt blieben.

Die „Deutsche Volksunion", mit der Haider da gemeinsame Sache machte, gilt innerhalb des rechtsextremen Lagers als Sammelbecken der Altnazis und unverbesserlichen Hitler-Verehrer. Während neurechte Modernisten mit allerlei Taschenspielertricks versuchen, den Ballast des Hitler-Faschismus und seiner Verbrechen abzuwerfen, bleibt die „National-Zeitung" ihrer Linie unverbrüchlich treu: Glorifizierung nationalsozialistischer Kultfiguren, Leugnung und Verharmlosung ihrer Verbrechen (einschließlich Auschwitz),[234] Kampf gegen „Kriegsschuld und Sechs-Millionen-Lüge".[235]

Eine Ehrentafel für den Massenmörder?

Haider spricht nicht nur die Soldatengeneration pauschal von aller Schuld frei, er macht sich auch für die Rehabilitierung einzelner Kriegsverbrecher stark. Vehement protestiert er gegen die Entfernung einer Gedenktafel in der österreichischen Verteidigungsakademie für Alexander Löhr, Oberbefehlshaber der deutschen Wehrmacht am Balkan.

Seine schrillen Töne gegen „den Druck von Kommunisten und Linksgruppierungen", die Österreichs Regierung „zu Handlungen veranlassen, die eine Mißachtung historisch verdienter Persönlichkeiten darstellen",[236] werden von den Parteischreibern der „Kärntner Nachrichten" womöglich noch übertroffen:

„Soviel Würdelosigkeit auf einem Haufen, das hat es bislang noch nie gegeben, wenn auch der österreichische Hintern schon bisher zu jedem Tritt tolerant-liberal hingehalten wurde ... Die dienstfertigen Knechte in den Wiener Zentralstellen, denen diese geschichtlichen Ereignisse unbekannt, aber eher doch wurscht sind, ließen zuerst einmal die Löhr-Gedenktafel herunterreißen ... eine Gedenktafel für einen untadeligen österreichischen Offizier."[237]

Der dermaßen in Schutz genommene „untadelige Offizier", den Haider als „historisch verdiente Persönlichkeit" würdigt, zählt zu den Hauptverantwortlichen des blutigen Naziterrors in Jugoslawien, dem über eine Million Menschen zum Opfer gefallen sind. Löhr hatte an den Luftangriffen auf Warschau und Belgrad maßgeblichen Anteil. Er ließ ganze Dörfer vernichten und den Befehl exekutieren, für jeden erschossenen deutschen Soldaten 50 Zivilisten zu ermorden.

Als Oberbefehlshaber der deutschen Truppen in Griechenland war Löhr an der Einleitung der Vernichtungsaktion griechischer Juden beteiligt.[238] An der Deportierung von Juden hatte er „vielleicht größeren Anteil als irgendein Befehlshaber der Wehrmacht", schreibt Gerhard Reitlinger in „Die Endlösung".

Alexander Löhr ist also nicht irgendein Kriegsverbrecher. Er ist des vielfachen Massenmordes an Zivilisten und der Teilnahme an Judenvernichtungsaktionen überführt. 1945 wurde er dafür zum Tode verurteilt und hingerichtet. Eine „historisch verdiente Persönlichkeit"?

Haiders Huldigungen an NS-Kultfiguren

Auch im Fall Walter Reder versucht Jörg Haider, eine Identifikationsfigur des Nationalsozialismus durch Geschichtsfälschung salonfähig zu machen. „Es war für mich die Übernahme des letzten österreichischen Kriegsgefangenen", vertraute er in einem Interview dem studentischen Organ der NPD-Jugend, „NHB-Report", an, als sein Parteifreund Friedhelm Frischenschlager durch seinen Händedruck beim Empfang Reders in die internationalen Schlagzeilen geraten war.[239]

Auch Andreas Mölzer, regelmäßiger Autor in rechtsextremistischen Blättern, die vom Verfassungsschutz des deutschen Innenministeriums als „faschistisch", „neonazistisch" und „demokratiegefährdend" eingestuft werden, empört sich in der studentischen Nazipostille über die „Schäbigkeit" der Österreicher, die Reder weder als pflichtgetreuen Soldaten noch als Kriegsgefangenen gelten lassen wollten, um „solcherart den eigenen antifaschistischen Ariernachweis herzeigen zu können".

Rechtfertigend bekräftigt er die stereotype Behauptung der braunen Geschichtsfälscher: „Die Vergehen, für die er verurteilt wurde, sind alles andere als geklärt und bewiesen."

Um Reder zu rechtfertigen, biegt Haider die Wahrheit rücksichtslos zurecht. Im „Abendjournal" des ORF[240] behauptet er, Frischenschlager habe Reder „entgegen dem einstimmigen Beschluß der Bundesregierung" als Kriegsverbrecher bezeichnet.

Diese Aussage ist objektiv unwahr: Einen Regierungsbeschluß, Reder aus seiner verbrecherischen Schuld zu entlassen und ihn nicht weiter als Kriegsverbrecher zu bezeichnen, hat es nie gegeben.

Die unglaublichste Geschichtsfälschung aber leistet sich Haider, indem er Reder als einen Soldaten bezeichnet, der „nur seine Pflicht getan hat" und sich sogar zu der Wertung versteigt: „Das Schicksal Walter Reders hätte jeden unserer Väter ereilen können."

Walter Reder wurde 1951 wegen eines der scheußlichsten Einzelverbrechen des Zweiten Weltkrieges verurteilt. Er hatte im Herbst 1944 die Zivilbevölkerung des ganzen Landstriches Marzabotto ausrotten lassen, nachdem die von ihm verfolgten Partisanen in unwegsames Berggelände geflüchtet waren, um die Zivilbevölkerung nicht zu gefährden.

Der Hauptsturmführer der Waffen-SS (zum Major der Wehrmacht machte ihn nur ein Übersetzungsfehler des italienischen Militärgerichts) wurde 1951 wegen gemeinschaftlichen Mordes an über 1000

Zivilisten verurteilt. Die Zeugenaussagen des Prozesses sind so entsetzlich, daß sie sich hier nicht wiedergeben lassen.

Das Gericht beschreibt in seinem Urteil den Exzeß aus Blutrausch und sexueller Perversion mit den folgenden, nüchternen Sätzen: „Reder ist ein Mensch, der mit bodenloser Gemeinheit . . . Frauen vergewaltigte und zuließ, daß seine Offiziere und Truppen (Frauen) vergewaltigten, die erst kurz zuvor aus den Haufen der Leichen niedergemetzelter Eltern, Verwandter und Freunde herausgezogen worden waren."[241]

Auch die Tatsache, daß sich Vertreter des demokratischen Staates und der Kirche aus humanitären Gründen um Reders Freilassung bemühten, kann daran nichts ändern, daß der während seiner Haftzeit zur Kultfigur der Neonaziszene Aufgestiegene nichts anderes ist als ein Kriegsverbrecher, der seine Strafe verbüßt hat. In Kenntnis der Geschichte wird Jörg Haiders Behauptung, Reders Schicksal hätte „jeden unserer Väter ereilen können", zu einer geradezu unglaublichen Verleumdung jener Kriegsgeneration, die zu verteidigen er vorgibt.

Unter Chefredakteur Haider wird in der Parteizeitung „Kärntner Nachrichten" noch anderen NS-Kultfiguren und Nazigrößen besondere Ehrung zuteil. Geradezu euphorische Anerkennung erntet Hitler-Stellvertreter Rudolf Heß, dem bewundernd attestiert wird, „in all den Jahrzehnten seiner einsamen politischen Kerkerhaft . . . sich und der ihm eigenen deutschen Ehre treu geblieben" zu sein.[242]

„Die Unmenschlichkeit und Brutalität, mit der man Rudolf Heß in langer Haft zerbrechen wollte, sind für ihn immer wieder Bestätigung, wie recht er tat, sich und seinem Volk treu zu bleiben." Rudolf Heß werde „aufrecht in den Tod gehen, wie es seinem Wesen entspricht".[243]

Die „Kärntner Nachrichten" schrieben unter Chefredakteur Haider nicht anders als vor seiner Zeit. Schon 1967 hatten sie euphorisch formuliert: „Rudolf Heß . . . ist eine der untadeligsten politischen Gestalten Deutschlands! Seit 25 Jahren Gefangener der allerchristlichsten und kommunistischen Allianz, die bewies, daß sie nur Handlanger börsenkapitalistischer überstaatlicher Mächte darstellt."[244]

Die Parteizeitung der FPÖ hat sich bei der Reinwaschung von Kriegsverbrechern immer wieder unrühmlich hervorgetan. Sogar Klaus Barbie, den „Schlächter von Lyon", bezeichnete sie in der Diktion neonazistischer Kampfblätter als „angeblichen Kriegsverbrecher".

Die „Schandurteile" der Sieger

Auch bei der Diffamierung der „Siegerjustiz" verstärken FPÖ- Publikationen den Chor rechtsextremistischer Geschichtsfälscher.

Das von der Freiheitlichen Partei Kärntens unter ihrem Obmann Jörg Haider herausgegebene „Kärntner Grenzland-Jahrbuch" schießt dabei zweifellos den Vogel ab.

Ein Josef Aichhorn darf in ihm schreiben: „Nach dem Krieg kamen viele national gesinnte Idealisten . . . an die Opferbank, und auch der Henker mußte wieder her. Warum? Häufig nur, weil sie als Funktionäre der Ordnung pflegten . . . und weil sie auf der Seite der Besiegten standen."

Wen meint der Verfasser damit? Die Auswahl ist nicht besonders groß. Bis zur Aufhebung des Kriegsverbrechergesetzes im Jahr 1957 wurden in Österreich 130.000 Verfahren durchgeführt, die zu 43 Todesurteilen und 28 Vollstreckungen führten, 24 davon nach dem normalen Strafrecht: wegen vielfachen Mordes, vollbrachten gemeinen Mordes, Totschlags und Bestellung des vollbrachten Mordes, Mittäterschaft am gemeinschaftlich vollbrachten Mord.[245]

Die „Idealisten", die nur „der Ordnung gepflegt" hatten, müssen sich also unter den restlichen vier befinden, die nach Paragraphen des Kriegsverbrechergesetzes verurteilt wurden. Eigentlich unter den restlichen drei: Einer wurde verurteilt, weil er als Häftling sechs Mitgefangene umgebracht hatte.

In den drei verbleibenden Fällen wurde durch jeweils mehrere Zeugen die direkte Beteiligung an einem oder mehreren Morden nachgewiesen: Der Leiter der für die Judendeportationen verantwortlichen „Zentralstelle für jüdische Auswanderung" in Wien hatte nicht nur an die 50.000 Juden dem Tod überliefert, sondern sich auch durch die Mißhandlung von Gefangenen besonders hervorgetan; ein Leobener Gestapobeamter war überführt worden, Gefangene zu Tode gefoltert zu haben; ein SS-Hauptsturmführer und Kommandant des Lagers Theresienstadt hatte es sich nicht nehmen lassen, an von ihm veranlaßten Exekutionen persönlich teilzunehmen.[246]

Die Frage, welche dieser Kriegsverbrecher sie für die „Idealisten" halten, die „der Ordnung gepflegt hatten", ist von den Verantwortlichen des „Kärntner Grenzland-Jahrbuchs" bisher nicht beantwortet worden. Man kann davon ausgehen, daß dieses Versäumnis nicht nachgeholt wird. Offensichtlich dienen solche Artikel nur einem Ziel: der Geschichtsfälschung zur Verharmlosung nationalsozialistischer Verbrechen.

In diesem besonderen Fall ist sie plumper als sonst ausgefallen und daher besonders leicht widerlegbar. Wahr ist jedenfalls das Gegenteil dessen, was das „Kärntner Grenzland-Jahrbuch" glauben machen will: Viele, deren Schuld einwandfrei feststand, hatten sich nach dem Krieg ihrer Strafe entziehen können.

„Die Mörder sind unter uns" hat der Bundesverband der Kultusgemeinden bei einer Pressekonferenz in Wien im Februar 1961 zu Recht festgestellt. Seine Dokumentation listete Namen und Fälle auf, die das harte Urteil über die Nachsicht der Nachkriegsjustiz, selbst den verbrecherischen Rädelsführern gegenüber, rechtfertigten.

Zu jenen, die nicht belangt wurden oder mit kurzen Strafen davonkamen, zählen etwa der ehemalige Adjutant des Gebietskommissars in Wilna, Franz Murer, der für die Ermordung von 80.000 Juden verantwortlich sein soll, der Wiener Gestapobeamte mit dem wenig germanisch klingenden Namen Othmar Trnka, der als Schreibtischtäter von der Mitschuld an Quälereien und Mißhandlungen seiner Untergebenen freigesprochen wurde, oder die KZ-Aufseherin Hermine Braunsteiner, die in Majdanek Gefangene sadistisch gequält hatte, wofür sie nach einem Freispruch 1949 in Wien vom Düsseldorfer Landgericht 1981 lebenslänglich erhielt.[247]

Man muß diese Liste nicht fortsetzen, um nachweisen zu können: Der Versuch des „Kärntner Grenzland-Jahrbuches" der FPÖ, nationalsozialistische Verbrechen zu verharmlosen oder zu leugnen, wird mit untauglichen Argumenten geführt.

Die „Kärntner Nachrichten" machen es auch nicht besser. Schon 1966 verunglimpften sie die Alliierten mit der unglaublichen Behauptung, in „Nürnberg und anderen Gerichten und Konzentrationslagern" seien die „Geister des Unrechts" gerufen worden: „Aber nun geschah das Unglaubliche, das Unverantwortliche, der Nürnberger Prozeß. Hohe Offiziere wurden ... als Kriegsverbrecher, nun wehrlos geworden, gemordet."[248]

Die Vertreter der Siegermächte als „Mörder" und Betreiber von „Konzentrationslagern": Die Parteizeitung der FPÖ machte mit dieser Diktion deutlich, daß sie sich in ihrer braunen Sudelpropaganda von niemandem übertreffen lassen wollte.

Natürlich forderte sie auch „Schluß mit der Nazijagd, Schluß mit der bloß einseitigen Verfolgung angeblicher deutscher Kriegsverbrechen!" Gleichzeitig versprach sie ihren Lesern: „Der Kampf gegen die Nachwirkungen der Nürnberger Schandjustiz ist uns eine echte völkische Aufgabe!"[249]

Haider betreibt Geschichtsverfälschung geschickter als seine publizistischen Handlanger in den Parteimedien. Daß Funktionäre zum Tod verurteilt wurden, weil sie „der Ordnung gepflegt" hatten, wird man aus seinem Mund ebensowenig zu hören bekommen wie die Verunglimpfung der Nürnberger Richter als „Mörder".

Er verharmlost die Taten der Kriegsverbrecher auf subtilere, schwerer angreifbare Art. Es habe nach 1945 viele gegeben, die „für die Zeit vorher gebüßt haben. 35 Todesstrafen wurden in Österreich exekutiert, vergessen wir das nicht".[250]

Die unverbesserlichen NS-Weißwäscher in der FPÖ dürfen sich bestätigt fühlen. Nicht für ihre bestialischen Verbrechen, für Folter und Mord mußten die Hingerichteten büßen, sondern „für die Zeit vorher".

Diffamierung des Widerstandes

Die Diffamierung des Widerstandes gegen das nationalsozialistische Terrorregime zählt zu den wichtigsten Merkmalen rechtsradikaler Geschichtsschreibung. Haider argumentiert linientreu. Widerstandskämpfer sind für ihn „Verräter", weil sie sich „damit gegen Kameraden wenden".[251]

Ihre Auszeichnung bezeichnet er als „untragbar" und „eine Beleidigung all jener, die wirklich für die Freiheit gekämpft haben", wie er in einem Brief an den „Bund der Opfer des politischen Freiheitskampfes in Tirol"[252] betont. Die Partisanen gegen Hitler hätten sich „nicht als Patrioten, sondern Feinde der Integrität Österreichs" erwiesen.

Haider argumentiert in der Tradition der „Kärntner Nachrichten", die unter anderem folgendes zu diesem Thema schrieben: „Zwischen den Landesverrätern im deutschen Widerstand und den alliierten Kriegstreibern um Churchill und Roosevelt entstand eine verhängnisvolle Komplizenschaft: Beide wollten Krieg um jeden Preis."[253] Seriöse Historiker, die sich gegen eine derart verzerrende Darstellung des Widerstandes wenden, verunglimpft das FPÖ-Parteiorgan „Kärntner Nachrichten", in Anlehnung an die menschenverachtende Naziterminologie, als „akademisches Geziefer".[254]

Bei der Diffamierung des Widerstandes kooperiert das FPÖ-Blatt offen mit der wegen nationalsozialistischer Schreibweise mehrfach beschlagnahmten deutschen „National-Zeitung". Als es einen Artikel aus der zur selben Verlagsgruppe gehörenden „Nation Europa" unter dem Titel „Zum Lachen – Widerstand in Österreich" abdruckt, stellt der österreichische Presserat in einer scharfen Rüge fest, daß „Veröffentlichungen, die den Widerstand gegen ein totalitäres System diffamieren und aus denen die Tendenz einer Rechtfertigung dieses Systems herauszuhören ist, der weiteren Entwicklung unserer Demokratie nicht förderlich sind."[255]

Der Fall Weiss: „Verräter Canaris"

Der FPÖ-Exbundesrat und Berufsoffizier Helmut Weiss gehört zu jenen, deren historisch einseitige Betrachtungsweise die Tradition neonazistischer Geschichtsfälschung fortschreibt. In einem Leserbrief[256] beschreibt er Admiral Wilhelm Canaris, der bei der Vorbereitung eines Bombenanschlages auf Hitler eine Schlüsselrolle gespielt hatte, als „einen der größten, wenn nicht überhaupt den größten Verräter Deutschlands".

In einem Interview[257] schwächt er später ab, er werte nur juristisch, nicht moralisch. Gleichzeitig philosophiert er zum Thema Kriegsschuld, man dürfe nicht nur vom Anlaß ausgehen, sondern müsse auch die Ursachen in Betracht ziehen.

Auf die insistierende Frage der Reporterin: „Sie meinen also, die Deutschen seien in den Krieg getrieben worden?", antwortet Weiss schließlich mit einem uneingeschränkten „Ja". Zum Thema Gaskammern stellt er gleichzeitig fest, es müsse „erlaubt sein, Zweifel zu äußern".

Nicht einmal von den nach 1945 wegen Naziverbrechen Angeklagten waren solche Zweifel geäußert worden.[258] Die meisten von ihnen hatten die Existenz der Gaskammern ausdrücklich bestätigt und nur eine persönliche Beteiligung an der industriellen Massenvernichtung geleugnet.

Zur Infragestellung von Gaskammern versteigen sich nur hin und wieder rechtsextremistische Sudelblätter, in denen die Geständnisse von Mittätern und Schilderungen von Mitläufern als „Ergebnis von Drohung und Folter" einer „Schandjustiz der Siegermächte" verunglimpft werden.

Nachdem Weiss die „Arbeiter-Zeitung" geklagt hatte, gab das Gericht ihm nur in einem unwesentlichen Detail recht: Es folgte seiner sprachlich spitzfindigen Argumentation, er habe nicht die deutsche „Schuld" am Ausbruch des Krieges, sondern nur die „Verursachung" in Zweifel gezogen. Keine der übrigen, wesentlich schwerer wiegenden Textstellen wurde widerlegt.[259]

Wie Weiss vor Gericht freimütig zugab, hatte die FPÖ ihm unter dem Druck der zur selben Zeit stattfindenden Tagung der Liberalen Internationale nahegelegt, auf das ihm versprochene Nationalratsmandat zu verzichten.[260] Als die Aufregung im Lager der europäischen Schwesterparteien abgeklungen war, nützten die Freiheitlichen das durch einen Rechtsmittelverzicht der konkursbedrohten „Arbeiter-Zeitung" zustandegekommene Gerichtsurteil dazu, dem Offizier die Rückkehr in politische Ämter zu ermöglichen. Für Jörg Haider war es eine „Rehabilitierung".[261]

Indirekt, aber unmißverständlich solidarisiert sich Haider mit jenen, die braune Retuschen an der Geschichtsschreibung anzubringen versuchen. In der konservativen deutschen Tageszeitung „Die Welt" äußert er Genugtuung darüber, daß es „heute nicht mehr möglich ist, ... mit einem Denkverbot eine bestimmte Art historischer Betrachtung für sakrosankt zu erklären".[262]
Auch in diesem Satz ist das Signal für die Ehemaligen unauffällig verpackt: „Denkverbot" zählt neben dem von Haider ebenfalls mehrfach verwendeten Begriff „Umerziehung" zu jenem rechtsextremistischen Standardvokabular, mit dem Ewiggestrige Vergangenheitsbewältigung und historische Aufarbeitung des Nationalsozialismus diffamieren.

David Irving: Ehrenretter des Nationalsozialismus

Wer die „Auschwitzlüge" nicht selbst verbreiten will, kann sich David Irving zu einem Vortrag einladen. Der Freiheitliche Akademikerverband, eine Vorfeldorganisation der FPÖ, hält sich an dieses Rezept.
Begeistert feierten die rechten Recken den selbsternannten Historiker ohne Studienabschluß, der „nicht bereit ist, die alliierte Kriegspropaganda als historische Wahrheit zu akzeptieren". Nach seinem Grazer Auftritt[263] freute sich der Guru deutscher Neonazis über den begeisterten Beifall aus den Reihen der Freiheitlichen: „Der letzte Ort, an dem ich so freundlich aufgenommen wurde, war Pretoria in Südafrika."[264]
Irving ist nicht irgendein Geschichtsfälscher. Mit dem französischen Holocaust-Leugner Robert Faurisson und dem Deutschen Udo Walendy zählt er zu den größten und unverschämtesten.
Gemeinsam mit Gerd Honsik haben die drei den Inhalt des gefälschten „Lachout-Dokuments" in Umlauf gebracht. In ihm wird die Behauptung aufgestellt, eine alliierte Untersuchungskommission sei 1948 zu dem Ergebnis gekommen, daß in einer Reihe von Konzentrationslagern kein Giftgas eingesetzt worden sei.
Den Massenmord in Auschwitz bezeichnet Irving als „Legende" und

„Propagandalüge", die heute noch erhaltenen Gaskammern der Konzentrationslager als „Attrappen", die Dokumente über die Verfolgung, Deportation und Vernichtung von Juden als „Fälschungen der Siegermächte".[265]

Er ist der einzige, der nicht einmal vor der infamen Behauptung zurückschreckt, Hitler habe „seine schützende Hand über die Juden gehalten".[266] Das bringt ihm Tumulte, Verhaftungen und Schlagzeilen, aber auch Millionen aus Buchveröffentlichungen, die durch regelmäßigen Medienwirbel zu kostenloser Werbung kommen.

Bei der FPÖ stoßen die unappetitlichen Nazimärchen des Vortragsreisenden in Sachen Geschichtsfälschung auf wohlwollendes Interesse. Die „Kärntner Nachrichten" kommentierten einen Bericht über Irvings Leugnung von Gaskammern so: „Man darf als geschichtlich Interessierter gespannt sein auf die Auseinandersetzung mit diesen provokanten Thesen."

Seine letzte Vortragsreise durch Österreich mußte Irving vorzeitig abbrechen. Durch Flucht in letzter Sekunde entzog er sich der Gendarmerie, die aufgrund eines Haftbefehls wegen Verstoßes gegen das Verbotsgesetz gegen ihn vorgehen wollte.

Hitler-Verehrung: Skandal „Grenzland-Jahrbuch"

Der schwülstige Text könnte aus einer Werbeschrift für den Nationalsozialismus stammen: „Wo gestern Hunger und Arbeitslosigkeit war, war heute Arbeit und Brot; wo gestern Hoffnungslosigkeit, dumpfe Ergebung war, war heute Hoffnung und Wille; wo gestern Haß und Entzweiung gewesen war, war heute Zusammengehörigkeit, Gemeinschaft; wo gestern Niederlage und Kleinheit war, war heute Größe und Sieg. Fahnen, Uniformen, Lieder, Sprechchöre, marschierende Kolonnen: sie bedeuteten nicht mehr Streit, Straßenschlachten, Bürgerkrieg; sie bedeuteten Einigkeit, Jubel, Feier, Friede."

Wenn sich das „Kärntner Grenzland-Jahrbuch",[267] das von der FPÖ unter Jörg Haider herausgegeben wird, solch glorifizierende Purzelbäume leistet, weiß das national gesinnte Leserpublikum schon nach wenigen Zeilen, wer und was gemeint ist. Ungeübte Kärntner müssen weiterlesen, bis ihnen offenbart wird, „wieso alles so anders geworden war, woher es kam". Im „Grenzland-Jahrbuch" gibt es darauf „nur eine Antwort: Adolf Hitler, der Führer!"

Der Text stammt von Bertl Petrei. Vielleicht ist er nicht einmal so plump gemeint, wie er klingt. In weiterer Folge beschreibt der Autor nämlich auch die Folgen der NS-Politik und die entsetzlichen Auswirkungen eines Krieges, der die Hauptperson als beinamputierten Krüppel zurückläßt. Für diesen zweiten Teil seiner Erzählung „Große Zeiten, kleine Leute" aber war im „Grenzland-Jahrbuch" – wen wundert es? – kein Platz.

Josef Aichhorn, der als „Zeitzeuge" zu Wort kommt, muß nicht erst gekürzt werden, um eindeutig zu sein: „Als 1933 in Deutschland Hitler durch demokratische Wahl an die Macht kam, so war es die Rettung im letzten Moment vor dem Kommunismus, denn fast in ganz Europa war er infolge schlechter wirtschaftlicher Situation auf dem Vormarsch, besonders in Deutschland . . . Durch Hitler erlebte das deutsche Volk einen Wirtschaftsaufschwung und Wohlstand wie kaum zuvor, und voll Staunen schaute die Welt auf das Reich."

Auch dafür, daß eine ganze Generation von Historikern die Frage der Kriegsschuld falsch beurteilt, ist Aichhorn „Zeitzeuge". Wohl hätte man den kommenden Krieg ahnen können, „denn eine so aufstrebende Wirtschaftsmacht, wie Deutschland war, konnten die Westalliierten nicht brauchen . . . Weil Deutschland die geraubten Gebiete von 1918 zurückforderte, mußte es durch Krieg zerstört und dann bestraft werden".

„Rassistisch, antisemitisch, nationalsozialistisch"

Neun namhafte Wissenschaftler[268] kommen in einer gemeinsamen Arbeit über das unter Haiders Verantwortung von der Kärntner FPÖ herausgegebene Jahrbuch zu einer Diagnose, die an Deutlichkeit nichts zu wünschen übrigläßt:

„Alle relevanten Konzepte und manipulativen Techniken rechtsextremer Ideologie sind vertreten: Volksgemeinschaft, biologisch-rassistisch akzentuierter Nationalismus, Schaffung von Sündenböcken, Provozierung von Gruppenhaß und Ausgrenzung z. B. von Slowenen, Juden, Intellektuellen, Künstlern, Sozialisten, Kommunisten usw.; nationales Geschichtsbild und nationalistische Geschichtsfälschung, Identifizierung mit der Gesamtheit deutschnationaler Geschichtsschreibung, Negierung der Ergebnisse der Zeitgeschichte und Politikwissenschaft zum Nationalsozialismus, Aufwertung und Verharmlosung faschistischen Gedankengutes, Legitimierung von Kriegsverbrechen."

Die in der FPÖ-Publikation bevorzugte Ausdrucksweise wird so beschrieben: „In einigen Beiträgen findet sich drückende Evidenz rassistischer, antisemitischer, deutschnationaler sowie nationalsozialistischer Propagandasprache, Etikettierungen, Vorurteilsstrukturen und Feindbilder."

Andersdenkende werden im „Grenzland-Jahrbuch" nach dem Urteil der Gutachter „mit den Mitteln der Lächerlich- und Verächtlichmachung, der Diffamierung und Stigmatisierung abgewertet". Dabei würden „(para)nazistische Etiketten und Schlagworte" verwendet, wie „Erz- und Rotproleten", „Inzuchtadel", „Kartellkapitalisten", „Wuchergeier" und „Hausherrenbrut".

Volkstümlich könnte man das Urteil der Gelehrten in einem kurzen Satz zusammenfassen: Das FPÖ-„Grenzland-Jahrbuch" macht Nazipropaganda in Naziterminologie.

Neben den schon genannten Bertl Petrei, NSDAP-Mitglied ab Januar 1941, und Josef Aichhorn tut sich Karl Springenschmid, ein ehemaliger SS-Hauptsturmführer, der im April 1938 Österreichs einzige Bücherverbrennung organisierte,[269] besonders hervor. In seiner Erzählung „Die Welt der Familie" stellen die Wissenschaftler „Verharmlosung, Verklärung und Heroisierung" des Dritten Reiches fest.

Als besondere Verfechterin des nationalsozialistischen Ungeistes wird die Zweite Landtagspräsidentin Kriemhild Trattnig von den Wissenschaftlern herausgestellt, die im Mai 1992 nach einem Streit mit Jörg Haider die FPÖ verlassen hat. Sie inszeniere in ihren Texten „eine Weltverschwörung . . ., die in Wortschatz, in den verwendeten Stereotypen und in der Argumentation offen an nationalsozialistisches Gedankengut anknüpft". In Frau Trattnigs Texten fände sich

„die traditionell antisemitische Vermengung von Judentum, Intellektualismus und Marxismus".

Die braunen Schmuddeltexte des Jahres 1989 werden den holländischen Liberalen zugespielt, die daraufhin einen neuerlichen Vorstoß zum Ausschluß der Haider-FPÖ aus der liberalen Internationale unternehmen. Die Stadt Wien setzt die Ehrung des Mitautors Bertl Petrei ab.

Das „Grenzland-Jahrbuch" verpackt NS-Nostalgie in der Folge ein wenig sublimer. Dennoch urteilt Gero Fischer, Dozent am Institut für Slawistik der Universität Wien, in einer Folgestudie, die Beiträge seien „von faschistoiden, pränazistischen und rassistischen Haltungen geprägt". Das „Grenzland-Jahrbuch" 1990 entspreche den „traditionellen rechtsradikalen und paranazistischen Mustern, die schon 1989 festgestellt wurden".

Das wissenschaftliche Urteil über die FPÖ-Zeitung „Kärntner Nachrichten" fällt kaum milder aus. Eine 1981 von Wolfgang Neugebauer und Brigitte Bailer-Galanda durchgeführte Inhaltsanalyse dokumentiert die rechtsextreme Schreibweise.[270]

Selbst die Vernichtung „unwerten Lebens" aus „sozialhygienischen Gründen" wird propagiert: „Ein Arzt vernichtet gefährliche Bazillen im Körper des Patienten. Tötung einiger weniger aus sozialhygienischen Gründen – ohne Strafabsicht –, wäre das nicht zu erwägen?"[271]

Bis in jüngste Zeit finden es die Autoren des FPÖ-Blattes nicht der Mühe wert, ihre braune Einstellung zu verbergen. Immer wieder lassen sie sich zu neonazistischen Ausfällen hinreißen.

Als Brigitte Bailer-Galanda die Schreibweise der „Kärntner Nachrichten" im Gedenkjahr 1988 untersucht, stößt sie auf typisch deutschnationale Geschichtsverfälschung und offene Hitler-Verehrung: „Eine Welle von Begeisterung überschwemmte das ganze Land und muß im nachhinein als eine erste ‚Abstimmung mit dem Herzen' gewertet werden."[272]

In ihrem Resümee kommt die Autorin zu dem Ergebnis, die Verharmlosung und Beschönigung des Nationalsozialismus gehe mit der „Diffamierung all jener einher, die die NS-Verbrechen aufzeigen". So wird Jörg Haider in den „Kärntner Nachrichten" mit der Aussage zitiert, Vergangenheitsbewältigung werde als „Vergewaltigung der

Vergangenheit" betrieben. Das Gedenkjahr dürfe „nicht zu einem Femegericht der Umerzieher (werden), bei dem die geschichtslose Generation als Geschworene auftritt".[273]

Haider als Verharmloser

Seit Haiders Aufstieg zum Parteiobmann hat die unter Steger mühsam renovierte liberale Fassade der FPÖ Kratzer und Sprünge bekommen. Wenn hinter blätternder blauer Tünche gestriges Braun zum Vorschein kommt, übt Haider sich als Beschwichtiger.

Innerparteilich haben die Fälle offener Nazipropaganda und Hitler-Verehrung allenfalls ein alibihaftes Nachspiel. Bei der Verteidigung nach außen verfolgen Haider und seine publizistischen Helfer in den Parteimedien eine Doppelstrategie.

Deren erster Teil erinnert an die nationalsozialistischen Verschwörungstheorien. Er gipfelt in undifferenzierten Angriffen auf „akademisches Geziefer",[274] Altparteien und Linke, samt ihren „journalistischen Handlangern", die eine „Hexenverfolgung von anständigen Leuten" inszenieren, der FPÖ eine „braune Punze geben"[275] oder sie ausgrenzen, „Umerziehung" betreiben, „Geschichte als Feindpropaganda verewigt" sehen[276] und „kriminalisieren" wollen.[277]

Der zweite Teil besteht aus Beschwichtigung und Verharmlosung durch unzulässige Vergleiche. Daß ein Ortsparteiobmann der FPÖ zu Hause ein Hitler-Bild hängen hat, quittiert Haider mit dem Hinweis auf ein im ÖVP-Parlamentsklub hängendes Dollfuß-Bild. Der habe sich „auch nicht gerade bekränzt mit Lorbeeren, was die Achtung der Menschenwürde anlangt". Man solle doch endlich aufhören, „mit der Schlechtigkeit der Nationalsozialisten die Schlechtigkeit des Dollfuß-Regimes zu entschuldigen" (was niemand versucht hat).

Die verharmlosende Gleichsetzung anderer autoritärer Diktaturen mit dem Nationalsozialismus zählt zu den typischen Argumentationsmustern von Rechtsextremisten und Neonazis. Auch Haider bedient sich dieser Methode.

Selbst drängende Reporterfragen können ihn nicht dazu verleiten, die Einmaligkeit der NS-Verbrechen, insbesondere des industriellen Massenmordes, einzugestehen. Entscheidend sei nicht die Zahl der Opfer, sondern daß es welche gegeben habe. Sonst „sind wir wieder dort, wo der Kommunismus immer angesetzt hat", nämlich daß der Nationalsozialismus ein einmaliges Verbrechen gewesen sei.[278]

In konsequenter Verfolgung dieser Taktik weigert sich Haider in einem „profil"-Interview, eine Wertung der Nazidiktatur abzugeben: „Es ist nicht meine Aufgabe, zu prüfen, ob Diktaturen anderswo humaner waren." Zuletzt versucht der Interviewer eine Antwort in die Frage einzubauen: „Die NS-Diktatur war die inhumanste?" Haider aber läßt sich zu nichts hinreißen, was rechte Freunde ihm übelnehmen könnten: „Diese Wertung haben Sie vorgenommen. Ich werte nicht."

Selbst nach der Enttarnung einer Neonazigruppe in Wien und einem Brandattentat auf ein Asylantenheim in Oberösterreich wiegelt Haider ab. Man solle den „200 bis 300 Verrückten" doch „nicht so viel Aufmerksamkeit schenken"[279] und sie „nicht zu Märtyrern machen".[280]

Während andere über Rechtsextremismus reden, warnt Haider vor den Kommunisten. Mit seinen Angriffen auf das „Dokumentationsarchiv des österreichischen Widerstandes" (DÖW) leistete er Neonazis wie Gerd Honsik Schützenhilfe, die schon lange gegen die „Handlanger Moskaus" geifern.

Nachdem die im Dokumentationsarchiv tätigen Wissenschaftler immer wieder Kontakte von FPÖ-Politikern mit neonazistischen und rechtsextremistischen Organisationen dokumentiert hatten, übernahm Haider die Propagandalüge von der kommunistischen Unterwanderung. In verdächtiger Parallelität mit der Neonazizeitschrift „Halt", die in ihrer Novembernummer ähnliche Vorwürfe erhoben hatte, attackierte die freiheitliche Parlamentsfraktion am 26. 11. 1991 das Dokumentationsarchiv.

In einer parlamentarischen Anfrage vom 26. 11. 1991 an Bundeskanzler, Vizekanzler, Außenminister, Innenminister, Justizminister, Unterrichtsminister und Sozialminister werden die im DÖW Tätigen „kommunistischer Umtriebe" und „volksdemokratischer Tendenzen" bezichtigt.

Der wissenschaftliche Leiter des Dokumentationsarchivs, Wolfgang Neugebauer, antwortet erbost. Viele der von der FPÖ Verdächtigten seien selbst in Konzentrationslagern gesessen und „zu einer Zeit gegen den Kommunismus aufgetreten, zu der es Herrn Haider noch gar nicht gegeben hat".

Dennoch behauptet Haider Ende Januar 1992 noch einmal, es sei unklar, ob das Dokumentationsarchiv nicht von den Kommunisten finanziert werde.* „Nach dem restlosen Zusammenbruch ihrer Ideologie" kämen die kommunistischen Helfer nun „aus ihren Löchern heraus".[281]

In der historischen Aufarbeitung der Nazigreuel steht der FPÖ-Chef nicht auf Seiten der Opfer. Er nimmt die Täter in Schutz. Er bestreitet oder verharmlost die Schuld von Kriegsverbrechern, wertet sie zu „historisch verdienten Persönlichkeiten" auf und behauptet gar, ihr Schicksal hätte „jeden unserer Väter ereilen können".

Den ehemaligen Mitgliedern einer nationalsozialistischen Verbrecherorganisation bescheinigt er, für die Freiheit Europas gekämpft zu haben und Vorbild für die Jugend zu sein. Als Chef der Freiheitlichen duldet er die Huldigung von NS-Kultfiguren und offene Hitler-Verehrung in Parteimedien. Trotzdem wird er Landeshauptmann von Kärnten.

Es gehört zu den schwer erklärbaren Phänomenen des politischen Systems in Österreich, daß Haider nach dieser Vorgeschichte sein objektiv wesentlich weniger schwerwiegendes Lob für die „Beschäftigungspolitik im Dritten Reich" zum Verhängnis wird.

„Ordentliche Beschäftigungspolitik" im Dritten Reich

Mit seiner Wertung als „ordentlich", im Sinne von „vorbildhaft", hätte Haider auch dann nicht recht, wenn man die These von den „zwei Kapiteln" akzeptierte, die manche Wirschaftshistoriker von-

---

* Das Dokumentationsarchiv wird je zur Hälfte vom Wissenschaftsministerium und der Stadt Wien finanziert.

einander abzugrenzen versuchen. Auch das erste kann als „erfolgreich" oder „ordentlich" nur einstufen, wer über die Tatsache hinwegsieht, daß die von Hitler unmittelbar nach seiner Machtübernahme angekündigte „Wiederwehrhaftmachung des deutschen Volkes" von allem Anfang an zu den Zielsetzungen gehörte. Das zweite Kapitel war mit den größten Verbrechen der Menschheitsgeschichte verknüpft.

Den erfolgreichen Anfang hatten weder Hitler noch sein Wirtschaftsminister Hjalmar Schacht erfunden. Er gründete auf der Arbeit einer Gruppe von deutschen und österreichischen „Reformern"*, die vergeblich versucht hatte, die Regierung Brüning von ihrer einseitig auf Sparsamkeit und Stabilität orientierten Politik des knappen Geldes abzubringen.

Diese Wirtschaftsfachleute um Günther Gereke schlugen einen Weg vor, dem John Maynard Keynes zu wissenschaftlichen Weihen und internationaler Anerkennung verhalf. Heute würde man es „Deficitspending" nennen: Der Staat investiert auf Pump und schafft dadurch Arbeitsplätze. Unter günstigen Voraussetzungen darf er darauf hoffen, daß die gesteigerte Kaufkraft der Bevölkerung private Investitionen und ein wachsendes Steueraufkommen nach sich zieht. Die aufgenommenen Kredite zahlen sich dadurch „von selbst" zurück.[282]

Keynes zählt auch heute noch zu den meistzitierten Wissenschaftlern in wirtschafts- und verteilungspolitischen Diskussionen. Vor allem Sozialdemokraten berufen sich auf ihn, um Forderungen nach Konjunkturbelebungsprogrammen zu begründen. Gewerkschaften versuchen mit Hinweis auf seine Theorien höhere Lohnsteigerungen durchzusetzen. Bruno Kreisky machte eine der Kernaussagen zu seinem persönlichen Leitsatz: Lieber mehr Schulden als mehr Arbeitslose.

Die Nationalsozialisten hatten, als sie an die Macht kamen, kein fertiges Wirtschaftskonzept. Hitlers Beschäftigungspolitik bestand

---

* Neben Günther Gereke, der dem Programm seinen Namen gab, gehörten Rudolf Dalberg, Heinrich Dräger, Robert Friedlaender-Prechtl, Hans Neisser und Werner Sombart der Gruppe an.

darin, den schubladisierten „Gereke-Plan", als „Reinhardt-Programm" umbenannt, in die Tat umzusetzen.

Der Staat begann, mit geborgtem Geld die Infrastruktur auszubauen: Autobahnen, Brücken, Flußregulierungen, Gas-, Wasser- und Elektrizitätswerke, zuletzt auch Wohnungen.

Investiert wurde dabei, ganz nach den Vorgaben der geistigen Väter, in arbeitsintensive Bereiche. Mit verhältnismäßig geringem Kapitaleinsatz entstand so ein Maximum an Beschäftigung.

Mit klassischen Arbeitsbeschaffungsmaßnahmen, wie sie heute in jedem volkswirtschaftlichen Lehrbuch stehen, war die Zahl der Arbeitslosen fast auf die Hälfte gesenkt worden, bevor das zweite Kapitel der Beschäftigungspolitik begann.

Das Kapitel des Verbrechens

Der Übergang erfolgte weitgehend unbemerkt. Nachträglich markierten Wirtschaftshistoriker seinen Beginn mit 1934. Schon in diesem Jahr stiegen die Rüstungsausgaben auf die Hälfte der öffentlichen Investitionen. Erstmals bestätigten die Wirtschaftszahlen das schon bei der Machtübernahme angesteuerte Ziel. Hitler selbst hat es 1936 in einer Denkschrift mit einem einzigen Satz beschrieben: „Die deutsche Wirtschaft kriegsfähig machen."

Ab 1935 übertrafen die Rüstungsaufwendungen in zunehmendem Umfang die zivilen Investitionen. In dem Standardwerk „Verführung und Gewalt. Deutschland 1933-45" kommt Hans-Ulrich Thamer zu dem Schluß, der von der seriösen Wissenschaft nahezu einhellig geteilt wird: „Das deutsche Wirtschaftswachstum war von nun an eindeutig Ergebnis einer einseitigen Rüstungskonjunktur."

1938 flossen fast drei Viertel der öffentlichen Investitionen – 15,5 von 21 Milliarden Reichsmark – in den militärischen Bereich. Parallel dazu wurde die „Beschäftigungspolitik" in zunehmendem Ausmaß von den Auswirkungen der mörderischen Rassenpolitik beeinflußt.[283]

Die Menschen der damaligen Zeit hatten kaum die Möglichkeit, das volle Ausmaß von Kriegsvorbereitung und Verbrechen zu erkennen.

Rundfunk und Zeitungen waren gleichgeschaltet. Es gab keine freien Gewerkschaften, die unabhängig hätten informieren können.

Diese Feststellung ist wichtig, nicht nur zur Erklärung der Geschichte, sondern auch zum Verständnis der Generation unserer Eltern und Großeltern. Hunderttausende wurden „von der Qual elenden Herumlungerns befreit", wie Golo Mann es in seiner „Deutschen Geschichte des 19. und 20. Jahrhunderts" beschrieb. Sie feierten ihre Befreiung aus der Arbeitslosigkeit als Triumph des nationalsozialistischen Wirtschaftssystems.

Heute weiß man es besser. Vor allem für Österreich verbietet sich Haiders Geschichtsverfälschung von der „ordentlichen Beschäftigungspolitik". Der Anteil der einverleibten Ostmark am Wirtschaftswunder fällt zur Gänze in den zweiten beschäftigungspolitischen Abschnitt. Er war fast ausschließlich Folge der Rüstungskonjunktur. Die „Reformer", deren geistiges Eigentum von den Nationalsozialisten geplündert worden war, erlebten eine deprimierende Bestätigung ihrer Ideen. So schreibt Heinrich Dräger im Januar 1937 an seinen Freund Robert Friedlaender-Prechtl:

„Die von uns damals vertretenen Ideen sind ja zu 100 Prozent durchgeführt, und man kann wohl sagen, daß sie sich auch zu 100 Prozent bewährt haben . . . Daß wir durch die Schwerhörigkeit der damals am Ruder befindlichen Personen nicht dazu gelangten, in entscheidender Weise an der Inswerksetzung unserer Ideen mitzuarbeiten, hat einen geradezu tragischen Aspekt; und wir müssen uns damit trösten, daß wir das Richtige gewollt, es zur rechten Zeit ausgesprochen und mit rücksichtslosem Nachdruck vertreten haben."[284]

Trotz des raschen Rückgangs der Arbeitslosigkeit ist auszuschließen, daß die damalige Beschäftigungspolitik zu dauerhafter Wirtschaftsblüte geführt hätte. Ermuntert durch die Anfangserfolge, verschuldete sich der NS-Staat in einem Ausmaß, das jede Chance auf spätere Rückzahlung zunichte machte.

Die Nationalsozialisten wären mit ihrer Beschäftigungspolitik und ihrem gesamten Wirtschaftssystem ähnlich in die Pleite geschlittert wie ein halbes Jahrhundert später die Kommunisten. Wahrscheinlich wußten sie das sogar und bauten darauf, mit kriegerischen Raubzügen ihre Kassen wieder auffüllen zu können.

„Arbeit und Brot" war das Versprechen, das Hitler zum Erfolg trug. Die Beschäftigungspolitik wurde damit zum Eckpfeiler eines insgesamt verbrecherischen Systems. In ihm hatte jede Maßnahme – selbst wenn sie, isoliert betrachtet, harmlos oder gar positiv erscheinen mag – letztlich der Realisierung verbrecherischer Endziele gedient.

Bewußt hatten sich die Nazis um „Normalität" bemüht. Ein normal funktionierendes Leben der Mehrheit war Voraussetzung für die Verfolgung, Enteignung und Eliminierung einer Minderheit.

In den Kinos wurde, auf ausdrückliche Weisung des Propagandaministeriums, nicht politische Indoktrination, sondern unverfängliche Unterhaltung gezeigt. Die öffentliche Verwaltung arbeitete kaum anders als zuvor. Daneben aber errichteten die Nationalsozialisten eine eigene Bürokratie, die alle Macht an sich zog und den totalen SS-Staat vorbereitete, ohne das sichtbar werden zu lassen.

Die Normalität diente der Tarnung. Große Autoren haben darauf hingewiesen. Von Ernst Fraenkel stammt der Begriff des „Doppelstaates", der die Zweigleisigkeit der nationalsozialistischen Machtnahme treffend beschreibt.

Die Behauptung von der „ordentlichen Beschäftigungspolitik" ist also erstens falsch: Verbrechen und seiner Durchführung dienende Vorbereitungshandlungen können nicht „ordentlich" sein.

Sie ist zweitens von einer naiven, irrationalen Einseitigkeit. Man kann einen Kriegstreiber, der große Teile Europas in Schutt und Asche hinterlassen hat, nicht für ein paar Autobahnen loben, deren Bau strategischen Zwecken diente. Man kann die Vollbeschäftigungspolitik nicht als Argument gegen die Konzentrationslager ausspielen. Man kann einem, der Millionen Kriegstote auf dem Gewissen hat, nicht zugute halten, diese seien wenigstens nicht arbeitslos gewesen. Norbert Schausberger, Zeitgeschichtler an der Universität Klagenfurt, hat eine makabre Rechnung über Hitlers Beschäftigungspolitik angestellt. In Österreich hatte die Zahl der Arbeitslosen vor dem „Anschluß" 400.000 betragen. Genau so groß war die Zahl der österreichischen Kriegstoten im Zweiten Weltkrieg. In Deutschland hat Hitlers Beschäftigungspolitik sechs Millionen zu einem Arbeitsplatz verholfen. Rund sechs Millionen Deutsche fielen im Krieg. Haider begibt sich mit seiner Aussage in gefährliche Nähe zu jenen

Lernunfähigen, die den Erfinder des industriellen Massenmordes dafür loben, unter seiner Führung habe „Zucht und Ordnung" geherrscht.

Aussprüche wie der von der „ordentlichen Beschäftigungspolitik" sind drittens instinkt- und rücksichtslos. In Österreich leben viele Menschen, deren persönliches Schicksal von der verbrecherischen nationalsozialistischen Beschäftigungspolitik auf tragische Weise betroffen ist.

Die allgemeine Wehrpflicht sowie die Vorbereitung des Eroberungs- und Vernichtungskrieges hatten maßgeblich zur Entlastung des Arbeitsmarktes beigetragen. Durch die Verfolgung der Juden wurden Arbeitsplätze frei. Die Konfiszierung ihrer Vermögen diente der Finanzierung der „Beschäftigungspolitik".

Für die Deportation von Juden und Regimegegnern, die bei Zwangsarbeit zu Tode geschunden wurden, für die Errichtung und Bewachung der Konzentrationslager und selbst für die Durchführung des systematischen Völkermordes wurden Arbeitskräfte benötigt. Eingesperrte und Tote waren nicht arbeitslos.

Hunderttausende deportierter Zwangsarbeiter, darunter zigtausend Kinder, schufteten wie Sklaven in Salz- und Kohlebergwerken, in der Rüstungsindustrie und in den Fabriken der Ghettos. Millionen verloren ihr Leben in einem Krieg, der durch Hitlers Beschäftigungspolitik vorbereitet und ermöglicht worden war.

Die zynische Aufschrift „Arbeit macht frei" über den KZ-Toren ist im Bewußtsein vieler als bleibendes Symbol einer menschenverachtenden „Beschäftigungspolitik" eingegraben. Bei manchen, die so empfinden, hat Haiders Ausspruch einen Reflex aus persönlicher Betroffenheit, Existenz- oder sogar Lebensangst ausgelöst.

Daß es in Wien Juden gibt, denen die Ausdrucksweise eines demokratisch gewählten Politikers Angst einflößt, die „zur Sicherheit" einen gepackten Koffer bereitstehen haben, die sich der behördlichen Meldepflicht entziehen, weil „schon einmal welche mit Listen von Haus zu Haus gegangen sind": Das ist das wirklich Erschütternde der Recherchen zu den Auswirkungen des unbedachten Wortes von der „ordentlichen Beschäftigungspolitik".

Wer solche „Überreaktionen" für „nicht normal" hält, hätte aus dem

Auftritt des Abgeordneten Manfred Srb in der Nationalratsdebatte zu diesem Thema lernen können.[285] Der auf den Rollstuhl angewiesene Mandatar der Grünen verband die Beschäftigungspolitik im Dritten Reich mit den Massenmorden an behinderten Menschen. „Wäre ich damals schon im Rollstuhl gesessen, könnte ich hier und heute nicht mehr reden."

Mit tränenerstickter Stimme mußte er wenige Augenblicke später seine Rede abbrechen: „Für mich ist die Situation so unerträglich, daß mir die Worte fehlen."

Eine Entgleisung und ihre Folgen

„In der deutschen Kriegswirtschaft sind seit Jahren schon viele Millionen bester deutscher Frauen mit größtem Erfolg tätig, und sie warten jetzt mit Ungeduld darauf, daß ihre Reihen baldigst durch neuen Zugang vermehrt und ergänzt werden ... Hunderttausende sind schon gekommen, Hunderttausende werden noch kommen. In kürzester Frist hoffen wir damit, Armeen von Arbeitskräften freizumachen, die ihrerseits dann wieder Armeen von kämpfenden Soldaten freistellen werden." So hat Propagandaminister Joseph Goebbels im Februar 1943 die „Beschäftigungspolitik" des Dritten Reiches beschrieben.

Am 13. Juni 1991 formulierte Landeshauptmann Jörg Haider im Kärntner Landtag, provoziert durch einen Zwischenruf, den folgenden Satz: „Im Dritten Reich haben sie ordentliche Beschäftigungspolitik gemacht, was nicht einmal ihre Regierung in Wien zusammenbringt."

Die Verteidigung der Parteifreunde, Haider sei das „nur so herausgerutscht", ist glaubwürdig, weil sie der Erfahrung entspricht. Braune Blößen hat sich der FPÖ-Chef immer nur spontan gegeben, wenn er durch eine vorangegangene Provokation aus der Reserve gelockt worden war; oder bei Auftritten vor Gleichgesinnten, bei denen er mit unkritisch-positiver Resonanz rechnen durfte. Recht haben aber auch Haiders Gegner, wenn sie argumentieren: Herausrutschen kann nur, was in einem drinnen steckt.

Die verbale Entgleisung löste ein politisches Erdbeben aus. Zum ersten Mal in der Geschichte der Zweiten Republik wurde ein Landeshauptmann vom Landtag abgewählt. Zum ersten Mal mußte der Aufsteiger Jörg Haider mit einem wirklichen Rückschlag fertig werden.

Nur kurz hatte es den Anschein, als wäre der Schock heilsam gewesen. Nach zweitägiger Schrecksekunde aber schien es ihm nur noch darum zu gehen, den Eindruck von Schwäche zu verwischen, den seine ebenso hilflos wie halbherzig wirkende Entschuldigung hinterlassen hatte.

Die Verschwörungstheorie tausendjährigen Vorbilds erlebte eine Neuauflage. Nur daß diesmal nicht Juden, Kommunisten und Freimaurer, sondern „Altparteien" und Journalisten als angebliche Drahtzieher fungierten. In Märtyrerpose sah Haider sich als Opfer eines finsteren Komplotts der Mächtigen, eines „Königsmordes",[286] einer „Hinrichtung" und „Hexenjagd".[287]

Den ORF, der ebenso ausführlich wie sachlich von seiner Entgleisung berichtet und die historischen Hintergründe korrekt eingeblendet hatte, bezeichnete der FPÖ-Chef als „Hinrichtungsmaschinerie". Entschlossen verkündete er, dem „Psychoterror" standhalten und „Rückgrat zeigen"[288] zu wollen.

Seine publizistischen Helfer orteten „KGB-Methoden" beim politischen Gegner. Der freiheitliche Landtagsabgeordnete Martin Strutz versuchte den mißglückten historischen Vergleich seines Chefs mit einem fast noch mißglückteren auszubügeln: „Wir nähern uns dem System eines realen Stalinismus."[289]

Den intellektuellen Offenbarungseid leisteten sich jene, die allen Ernstes anregten, Historiker damit zu beauftragen, das Für und Wider der braunen Geschichte aufzuarbeiten und auszuleuchten.[290] Wer in seinem Politikerleben noch nie eine Buchhandlung betreten hat, sollte das wenigstens zu verbergen suchen.

Wie um zu zeigen, daß selbst die peinlichste Beschränktheit noch steigerungsfähig sein kann, wurden Haiders Kritiker von seinen Handlangern auch noch mit hygienischen Ratschlägen versorgt: Sie sollten sich doch, bitte schön, „brausen gehen"![291]

Der Klubchef der Kärntner Blauen verkündete die „dunkelste Stunde des Landesparlaments".[292] Holger Bauer sprach im Nationalrat von „Haider-Hatz" und einer „braunen Sudelkampagne" gegen den FPÖ-Chef.[293]

Selbst Heide Schmidt, liberales Aushängeschild, Dritte Nationalratspräsidentin und Präsidentschaftskandidatin der FPÖ, fiel Unpassendes ein: Es könne zu diesem Fragenkomplex eben „konträre Meinungen geben".[294]

Während der damalige FPÖ-Klubobmann Norbert Gugerbauer, der sich von allem Anfang an klar von Haiders Ausspruch distanziert hatte, noch beschwichtigend darauf verwies, daß sein Chef sich ohnedies entschuldigt habe, war dieser bereits zu einer neuen Verteidigungslinie umgeschwenkt. Was er im kleinen Kreis des FPÖ-Vorstandes, der Ende Juni 1991 im Hotel Bristol in Wien nach Wegen aus der politischen Isolierung gesucht hatte, noch als „Fehler" eingestanden hatte, wurde ab nun in der Öffentlichkeit zu einem Akt der Herausforderung und Zivilcourage verfälscht.

Haider begann sich selbst dafür zu loben, die „linke Geschichtsfälschung an den Pranger gestellt"[295] und das „Monopol der linken Geschichtsschreibung gebrochen" zu haben.[296] Die Ereignisse seien deshalb so wichtig, weil es jetzt „kein Tabu in der Geschichtsdiskussion" mehr gebe.[297]

Selbstgefällig kam ein um die andere Verzierung hinzu, bis sich der FPÖ-Chef zu schlechter Letzt als mutiger Kämpfer gegen „Denkverbote" einer „Geschichtsschreibung der Siegermächte" darzustellen begann und seine eigene „Wahrheitsliebe" als Alternative zum korrupten System hervorkehrte:

„Es wird immer deutlicher, daß das, was ich gesagt habe, eine historische Tatsache ist, an der es nichts zu rütteln gibt", vertraute er der „Jungen Freiheit", einer „Deutschen Zeitung für Politik und Kultur" an.[298] „Es ist eine historische Tatsache, daß in Österreich Leute an der Macht bleiben, die stehlen, die betrügen, die vor Gericht lügen; aber jene, die die historische Wahrheit sagen, die werden zum Rücktritt gezwungen."

Die „subjektive Tatseite"

Haiders Lob für die „ordentliche Beschäftigungspolitik" im Dritten Reich setzte die Mühlen der Justiz in Gang. Das Justizministerium gab grünes Licht für Vorerhebungen, die Staatsanwaltschaft Klagenfurt ermittelte gegen den FPÖ-Chef wegen des Verdachtes nationalsozialistischer Wiederbetätigung.

Die Anzeige wurde zurückgelegt, weil sich die „subjektive Tatseite", also die Absicht der Wiederbetätigung, nicht hatte nachweisen lassen.[299] Zwei Umstände könnten dazu beigetragen haben, daß Haider sich nicht vor Gericht verantworten mußte.

Erstens hatte er seine Äußerung im Kärntner Landtag, unmittelbar nachdem sie gefallen war, mit dem Ausdruck des Bedauerns zurückgenommen und erklärt, er habe durchaus „keine positive Bewertung der Beschäftigungspolitik des Dritten Reiches gegenüber der österreichischen Beschäftigungspolitik" abgeben wollen.[300]

Zweitens konnte der prüfende Staatsanwalt nicht voraussehen, daß Haider diese Entschuldigung relativieren und durch die Bekräftigung seiner Einschätzung der „historischen Wahrheit" praktisch wertlos machen würde. Vielleicht wäre das Ergebnis der Erhebungen anders ausgefallen, wäre die Staatsanwaltschaft rechtzeitig in den Besitz der Septembernummer der „Jungen Freiheit" mit dem unglaublichen Haider-Zitat gelangt.

Wahrscheinlich sind der Justiz gleich zwei Fehler unterlaufen. Angesichts der Rechtslage dürfte es eine unnötige Fleißaufgabe gewesen sein, nach einem spontanen, unmittelbar danach mit dem Ausdruck des Bedauerns zurückgezogenen Ausspruch, Vorerhebungen überhaupt einzuleiten. Zweitens war es ein Versäumnis, diese nach erfolgter Bekräftigung nicht wiederaufzunehmen. Die „subjektive Tatseite" hätte danach zweifellos anders beurteilt werden müssen.

Der spontane Ausspruch war unbedacht, ohne Vorbereitung erfolgt. Wohlmeinende hatten dem freiheitlichen Parteiobmann zugute halten können, er sei sich der vollen Tragweite des historischen Vergleichs in diesem Augenblick nicht bewußt gewesen.

Die Wiederholungen und Bekräftigungen aber erfolgten nach einer Zeit turbulenten Medienechos, das die Beschäftigungspolitik des

Dritten Reiches bis in ihre Winkel ausgelotet hatte. Jetzt mußte Haider wissen, daß diese Beschäftigungspolitik mit Krieg und Völkermord, mit Konzentrationslagern, Folter und Zwangsarbeit verknüpft war.

Vor allem aber mußte er aus der Resonanz erkannt haben, wie tief er Tausende getroffen und verletzt, wie viel Bitterkeit und Trauer er ausgelöst, welchen Schock aus Angst und Empörung er den überlebenden Opfern versetzt hatte. Die Tatsache, daß er an seiner Version von der „ordentlichen Beschäftigungspolitik" trotzdem festhält, hat nicht nur eine politische, sie hat auch eine menschliche und moralische Dimension.

Das Ignorieren der NS-Opfer, die Mißachtung ihrer Schicksale, ihr „Ausschluß aus der Geschichte"[301], die „Provokation gegenüber dem Leiden durch Kälte"[302], zählen in der wissenschaftlichen Literatur zu den klassischen Verhaltensmustern der Rechtsextremisten. Selten hat ein demokratisch gewählter Politiker diesen Kriterien in so rücksichtsloser Eindeutigkeit entsprochen.

Mehr Freiheit für Neonazis

Der politische und moralische Flurschaden, den Haider angerichtet hat, ist groß. Und mit jeder Wortmeldung seiner Sekretäre wird er größer.

Walter Meischberger hatte unmittelbar nach der Zurücklegung der Anzeige durch die Staatsanwaltschaft erklärt, damit sei bewiesen, daß Haiders Äußerungen „nicht den Funken von Strafwürdigkeit in sich bergen".[303]

Die juristische Interpretation des Tankstellenpächters und FPÖ-Generalsekretärs ist falsch: Die Äußerung selbst wäre durchaus strafwürdig gewesen, hätte sich gleichzeitig die „subjektive Tatseite", also die Absicht der Verharmlosung oder Verherrlichung der NS-Zeit, nachweisen lassen.[304]

Die Immer-wieder-Betätiger in den rechtsextremen Polterkellern der Parteihierarchie dürften juristisch kaum klüger sein als ihr Generalsekretär. Also werden sie in Zukunft davon ausgehen, daß die Ver-

harmlosung und Verherrlichung der nationalsozialistischen Beschäftigungspolitik durch die Einstellung des Verfahrens gegen Haider
straffrei gestellt worden ist.

Wahrscheinlich empfindet die Mehrheit der österreichischen Bevölkerung so. Wer würde Verständnis dafür haben, daß ein amtsbekann-
ter Neonazi für einen, die nationalsozialistische Zeit glorifizierenden
historischen Vergleich verurteilt wird, den ein Landeshauptmann
ungestraft hatte tun dürfen?

Haiders Ausspruch, mehr noch seine Verteidigungslinie, ermuntert
Unverbesserliche zur Nachahmung. Der Freiraum für Neonazis ist
größer geworden. Haider selbst hat sich gerühmt, das von Rechtsextremisten immer wieder angeprangerte „Denkverbot" beendet zu
haben.

Der Fall Rauter: „Wenn jemand die Wahrheit sagt . . ."

Einer der ersten Haider-Verteidiger war einer, der die schützende
Hand des FPÖ-Chefs bitter nötig hatte. Der burgenländische FPÖ-
Obmann Wolfgang Rauter, durch innerparteiliche Querelen und
Skandalschlagzeilen geschwächt, nützte die Chance zur Schärfung
seines nationalen Profils.

Nicht zum ersten und nicht zum letzten Mal. Schon im Bedenkjahr
1988 hatte er im burgenländischen Rundfunk erklärt, das Thema
Vergangenheitsbewältigung sei verfehlt, weil Österreich seine Vergangenheit so bewältigt habe, „wie kein anderer Staat, den ich kenne".[305]
Nach Haiders provokantem Ausspruch von der „Mißgeburt der
österreichischen Nation" hatte sich Rauter im FPÖ-Pressedienst mit
dem Satz zitieren lassen: „Ich halte die Zugehörigkeit zur deutschen
Nation für alle deutschen Österreicher für unverzichtbar."[306]
Auf die Forderung seines burgenländischen Parteifreundes Robert
Dürr, jene „wissenschaftlichen Arbeiten" zu veröffentlichen, in denen die Vergasung von Juden im Dritten Reich bestritten wird,
reagierte Rauter mit der Bekräftigung, es sei „legitim", sich „über
die Zahl der getöteten Juden Gedanken zu machen".[307]
Anläßlich einer kritischen Auseinandersetzung mit der Arbeit der

Landwirtschaftskammer ließ er keinen Zweifel aufkommen, aus welchem Wortschatz er seine griffigen Formulierungen schöpft. In unverblümter Nazidiktion beschuldigte er den Kammerpräsidenten, die „Endlösung der Weinbauern" zu betreiben.[308] Einem ÖVP-Abgeordneten bescheinigt er im FPÖ-Pressedienst, im Dritten Reich hätte er „als Volksschädling sicherlich nicht politische Karriere machen können".

Bei vielen Gelegenheiten hat Rauter schon gezeigt, wie weit rechts er steht. Unter seiner Verantwortung wurde die Ausländerresolution der burgenländischen FPÖ formuliert, die der Innsbrucker Politikwissenschaftler Anton Pelinka als „eindeutiges Dokument des Rechtsextremismus" klassifiziert.

Das Dritte Reich dient auch Rauter als Vorbild für die heutige Politik. Um die Arbeitsmoral zu heben, „wie das damals gelungen ist", schlägt er vor, Arbeitslose zum Zwangseinsatz – etwa im Winterdienst – zu verpflichten.[309]

Als das „Offene Haus Oberwart" unter dem Titel „Naziherrschaft und was davon blieb" eine Ausstellung über das Dritte Reich organisieren will, reagiert Rauter, unterstützt von seinem Parteifreund, dem Landtagsabgeordneten Eduard Nicka, mit linientreuer Empörung: Er droht den Initiatoren mit der Streichung der Subventionen.[310]

Unterstützung von Portschy bis Schmidt

Bei einer Parteiversammlung im Juni 1991 kommt nach heftigem Streit ein einfaches, aber allseits geachtetes Parteimitglied der ersten Stunde dem angeschlagenen Rauter zu Hilfe. Ex-Gauleiter Tobias Portschys* flammender Appell „Seid einig, seid einig!" hat Erfolg.

---

* Der als illegales Mitglied der NSDAP wegen „staatsfeindlicher Umtriebe" mehrfach verhaftete Tobias Portschy wird im März 1938, sofort nach dem Anschluß, zum Landeshauptmann von Burgenland befördert. Als dieses auf die Gaue Niederdonau und Steiermark aufgeteilt wird, machen die Nationalsozialisten ihn zum stellvertretenden Gauleiter. Er erhält im Laufe seiner Karriere die höchsten NS-Weihen, vom Blutorden bis zum Goldenen Ehrenzeichen der NSDAP. (siehe „profil", 15. 7. 1991)

Dem Landeschef wird mit einer einzigen Gegenstimme das Vertrauen ausgesprochen.

Portschy, den mit Nickas Vater, einem ehemaligen NS-Kreisleiter, eine „Lebensfreundschaft" verband, wird von der Historikerin Elisabeth Klamper zu den Wegbereitern des Zigeunergenozids gezählt.[311] Im August 1938 erscheint ein Text aus seiner Feder, von dem er sich auch 1991 nicht distanzieren will.[312] In ihm plädiert er für „Zwangsarbeit und Sterilisierung" des „nachgewiesenermaßen erblich belasteten" Volkes von „ausgesprochenen Gewohnheitsverbrechern, die als Schmarotzer in unserem Volkskörper nur ungeheuren Schaden anrichten".

Die Haßtiraden gegen die „Asozialen", bei denen „Diebstähle, Betrügereien und Sexualverbrechen . . . alltägliche Erscheinungen sind", haben Folgen. Im September 1938 wird Zigeunerkindern der Schulbesuch verboten. Eine Verordnung regelt, daß „alle arbeitsfähigen Zigeuner zur Zwangsarbeit bei öffentlichen Bauten auf Straßen und in Steinbrüchen herangezogen werden". Portschy hat jedenfalls seinen ganz persönlichen Beitrag zur „ordentlichen Beschäftigungspolitik im Dritten Reich" geleistet.

Solange nur Parteifreunden seine FPÖ-Mitgliedschaft bekannt war, wurde der ehemalige Gauleiter als Gesinnungsgenosse geachtet und geehrt.[313] Als sich die Medien ihrer annahmen und die Öffentlichkeit erfuhr, welch braune Prominenz die FPÖ in ihren Reihen duldet, mußte er sein Parteibuch zurücklegen.

Rauter aber findet innerhalb der Partei genug andere Fürsprecher. Auch Heide Schmidt, die in einem Anfall unbegreiflicher Distanzlosigkeit sogar die Extremistenvokabel vom „Denk- und Redeverbot" zu seiner Verteidigung übernimmt, zählt dazu. Sie würde ihn wählen, erklärt sie am Höhepunkt der schmuddeligen Affäre, „da er die FPÖ-Liste anführt".[314]

Der so vielfach verteidigte Landesobmann war es, der Haiders starken Spruch von der „ordentlichen Beschäftigungspolitik" mit einem noch stärkeren bekräftigte, was anschließend Haider veranlaßte, den Rauter-Spruch zu wiederholen und zu bekräftigen: „Es kotzt mich an, daß in Österreich Politiker lügen, betrügen und stehlen dürfen. Wenn aber jemand die Wahrheit sagt, wird er medial fertiggemacht."[315]

Zuletzt verwahrte sich Rauter noch gegen den „Gesinnungsterror",[316] der bei der Aufarbeitung der nationalsozialistischen Vergangenheit herrsche, und befand, man müsse sich in einer Demokratie „auch mit den positiven Seiten", die es im Dritten Reich gegeben habe, auseinandersetzen dürfen.[317]

Wolfgang Rauter ist kein Biertischpolitiker aus jenen Niederungen der Parteihierarchie, in denen man über braune Rüpelszenen hinwegsehen darf. Rauter ist Richter. Er hat höhere Schulen besucht und folglich Geschichte gelernt. Man darf unterstellen: Er liest auch Bücher.

Wenn so jemand „gute Seiten" am Nationalsozialismus entdeckt, muß man es ernst nehmen. Rauters Richterkollegen taten das. Sie distanzierten sich deutlich von ihm, der „als Vertreter des Rechtsstaates ... ein Unrechtsregime verteidigt".[318]

Dem Ausschluß aus der Richtervereinigung kam Rauter zuvor. Seine schriftliche Austrittserklärung langte knapp vor Beginn einer Vorstandssitzung ein, in der über seinen Ausschluß hätte beraten werden sollen.[319]

Die „guten Seiten" des Nationalsozialismus

Zu den häufigsten Argumentationsmustern strammrechter Stammtischbrüder zählt die Behauptung, die „gute Sache" des Nationalsozialismus sei „nur schlecht zu Ende geführt" worden. Weltkrieg und Völkermord hätten „nicht passieren dürfen". Ansonsten aber habe das Dritte Reich „viele gute Seiten" gehabt.

Die „guten Seiten" hat es nie gegeben. Vom ersten Tag an verfolgte der Nationalsozialismus verbrecherische Ziele. Die Abschaffung von Demokratie und Rechtsstaat, die Errichtung eines totalitären Terrorregimes, die Rassenlehre, die zur Grundlage des industriellen Massenmordes wurde, der Wille zur Weltherrschaft durch Krieg und Unterwerfung, all das ist nicht „passiert". Es war vom ersten Tag an unmißverständlich erklärtes Ziel von Hitlers Politik.

Schon 1924 hatte Hitler in „Mein Kampf" die Grundzüge dafür niedergelegt. Unmittelbar nach seiner Machtergreifung, am 3. Februar 1933, erläuterte er in einem zweistündigen Vortrag der militärischen Führung ihre Aufgabe: Deutschland kriegsfähig zu machen. Vorrangig gehe es um die „Ausrottung des Krebsgeschwürs" Demokratie, um die „Eroberung neuen Lebensraumes" im Osten und um dessen „rücksichtslose Germanisierung".[320]

Die „guten Seiten" des Nationalsozialismus, was immer man darunter verstehen mag, dienten der Vorbereitung und Durchführung dieser verbrecherischen Ziele. Viele konnten das damals nicht erkennen. Heute müßte es jeder wissen.

Das gilt auch – oder gerade – für Zeitzeugen. Wer den Verbrechen des Dritten Reiches ein Alibi zu geben versucht, macht sich schuldig.

9. KAPITEL

Soziale Volksgemeinschaft:
der totale Staat

Das Ende der freien Gewerkschaften

Zu den Wesenselementen des Faschismus zählt das Bekenntnis zu einer „sozialen Volksgemeinschaft" ohne materialistischen Gruppenegoismus, ohne Klassenkampf und berufsständische Auseinandersetzungen. Die staatliche Ordnung beruht auf einer „natürlichen Hierarchie".[321] Jeder hat seine ihm zugewiesene Aufgabe zu erfüllen. Klassen, Gruppen und Standesinteressen müssen sich einem von den Machthabern definierten „Gemeinwohl" unterordnen. Das Führerprinzip wird auch auf die Wirtschaft übertragen. Es entsteht das gesellschaftliche Bild einer Maschine, in der alle Rädchen an ihrem Platz bleiben müssen, um die Funktion des Ganzen nicht zu gefährden. Jeder Versuch, Arbeitnehmer- oder andere Gruppeninteressen zu vertreten, wird damit zum Staatsverbrechen.[322]

Für freie Gewerkschaften, Wirtschaftsverbände oder berufsständische Interessenvertretungen ist in der sozialen Volksgemeinschaft kein Platz. Ein allmächtiger und allgegenwärtiger Staat übernimmt autoritär den Ausgleich der Interessengegensätze.

Zug um Zug setzte Hitler nach seiner Machtergreifung diese staatliche Zwangsgemeinschaft durch. Die Gewerkschaften gingen in der „Arbeitsfront" auf, die unter Parteiaufsicht stand. Die Entscheidung über Löhne und Arbeitsbedingungen fällten sogenannte „Treuhänder der Arbeit", weisungsgebundene Beamte des Wirtschaftsministeriums.

Die Standesorganisationen der Arbeitgeber erhielten parteitreue Vorsitzende, die vom Wirtschaftsministerium ernannt wurden. Die Unternehmer waren bei allem, was sie taten, auf die Zustimmung von

Staat und Partei angewiesen. Der Bezug von Rohstoffen, die Veränderung der Produktion, Aufnahme und Abbau von Personal, all das unterlag dem Diktat von Staat und Partei.

Auch die Landwirtschaft wurde staatlicher Kontrolle unterworfen. Die Entscheidung über Anbau und Preise trafen sogenannte „Marktverbände". Der Verkauf war reglementiert und kontrolliert.

Die NSDAP erfaßte die Menschen in einer Vielzahl von Organisationen, wie Hitler-Jugend, Bund Deutscher Mädchen, Deutsche Arbeitsfront, NS-Frauenschaft usw. Tief griffen Partei und Staat selbst in das Privatleben, in die Bereiche Freizeit und Sport, sogar in die Familie ein.

Die totale Organisation der Gesellschaft bot die Möglichkeit einer immer umfassender werdenden Kontrolle und Indoktrination. Niemand konnte sich der Propaganda für die soziale Volksgemeinschaft entziehen, die jedem ein von oben verordnetes Maß an Rechten und Pflichten zuwies.

Aber es war nicht nur Zwangsbeglückung. Viele sahen in der Volksgemeinschaft auch das Versprechen von Gemeinschaft und gesellschaftlicher Harmonie, das der Sehnsucht nach Geborgenheit entgegenkam. Je größer die Zahl der Ausgegrenzten wurde, desto wichtiger schien es vielen, dazuzugehören.

FPÖ: nach alten Vorbildern

An das nationalsozialistische Trugbild der harmonischen Gesellschaft, die durch den starken Staat garantiert wird, knüpften in der Nachkriegszeit VdU und FPÖ an. Selbst unter Norbert Steger gelang es der liberalen Parteispitze nicht, das verräterische Bekenntnis zur „deutschen Volksgemeinschaft" aus dem Parteiprogramm zu eliminieren.

Bis heute verteidigen die Freiheitlichen den Begriff mit einer Doppelstrategie. Im kleinen Kreis Gleichgesinnter und in den Medien der Partei wird er in der unmißverständlichen Originaldiktion der Nationalsozialisten als „soziale Volksgemeinschaft" verwendet. Manchmal sogar mit einem Zusatz, der seine Herkunft verdeutlicht, wie etwa „ohne Klassenkampf und berufsständische Auseinander-setzungen".

Einer breiten Öffentlichkeit gegenüber, vor allem in der Auseinan-dersetzung mit Kritikern und politischen Gegnern, wird der verräte-rische Begriff vermieden oder seine Herkunft durch geschickte sprachliche Verwischung getarnt. Als Andreas Mölzer im „Club 2" die Ergebnisse seiner völkischen Beobachtungen einer breiten Öf-fentlichkeit darlegen durfte, wurde die von ihm sonst offensiv ver-teidigte „soziale Volksgemeinschaft" auf das nationale Bekenntnis der deutschen „Volks- und Kulturgemeinschaft" reduziert.

Friedhelm Frischenschlager, liberaler Noch-Abgeordneter der FPÖ, mochte bei gleicher Gelegenheit nicht einmal diesen Ausdruck über die Lippen bringen. Er bekannte sich nur zu einer deutschen „Sprach-und Kulturgemeinschaft".[323]

In parteinahen Medien liest man es anders. Für die „Aula",[324] einem Blättchen der „Freiheitlichen Akademikerverbände" mit teilweise rechtsextremer Schreibweise, formuliert Jörg Haider in unverblüm-ter Offenheit: „Diese Grundsätze (der FPÖ-Programmatik) sind in einer Politik der sozialen Volksgemeinschaft zu verwirklichen . . . Damit grenzen wir uns von materialistischen Ideologien ab, für die der Mensch nur ein einzelhaftes Wesen in einer geschichts- und bindungslosen Gesellschaft darstellt."

Eine solche Abgrenzung zwischen Materialismus und Volksgemein-schaft ist nicht neu. Schon Adolf Hitler hatte sie vorgenommen. In seiner Regierungserklärung am 23. März 1933 formulierte er unter anderem den folgenden Satz: „Der Kampf gegen eine materialisti-sche Weltauffassung und für die Herstellung einer wirklichen Volks-gemeinschaft dient . . . den Interessen der deutschen Nation."[325]

Anatol von Hübenet beschrieb das damals in „Die NS-Gemeinschaft Kraft durch Freude" so: „Bei der Machtübernahme stand die natio-nalsozialistische Staatsführung vor der Aufgabe, die Folgen der marxistischen Haßpropaganda, des Klassenkampfes und der politi-schen Zerrissenheit zu überwinden" und „eine unzerstörbare Volks-gemeinschaft zu schmieden".

In der Broschüre „100 Jahre freiheitliche Tradition in Kärnten" schließt Haider ausdrücklich an die Gemeinschaftstradition des

„dritten Lagers" an: „Diese hat sich bis herauf in die jüngste Geschichte der freiheitlichen Bewegung erhalten, wo sie sich programmatisch als die Idee der sozialen Volksgemeinschaft niederschlägt."[326]

Womöglich noch deutlicher wird der nationale Rechtsaußen Andreas Mölzer in seiner Jubelbiographie „Jörg! Der Eisbrecher": „Sozialpolitisch ist es nach wie vor das Ziel der sozialen Volksgemeinschaft, das im Mittelpunkt der freiheitlichen Überlegungen steht. Klassenkampf, Generationenkonflikte, berufsständische Auseinandersetzungen und ähnliches lehnen die Freiheitlichen ab. Sie treten vielmehr für ein ausgewogenes Maß an Rechten und Pflichten des einzelnen Staatsbürgers gegenüber der Gemeinschaft ein."[327]

Auch zu diesem Text gibt es historische Parallelen. Die Auflösung der Klassengegensätze in der Volksgemeinschaft hat Adolf Hitler immer wieder postuliert. Er bekannte sich schon im April 1922 zur Volksgemeinschaft und erklärte, in Deutschland gebe es keine „Klassen", sondern nur „ein Volk". Auch berufsständische Auseinandersetzungen dürften nicht zur Kluft werden und „die Bande der Rasse zerreißen".[328] „Und also heißt sozial sein, den Staat und die Volksgemeinschaft so aufzubauen, daß jeder einzelne für die Volksgemeinschaft handelt . . . Es gibt und kann keine Klassen geben", verdeutlichte er seine gesellschaftlichen Zielvorstellungen.[329]

Elf Jahre später, nach der Machtergreifung 1933, klang das kaum anders. Zur Gewinnung des deutschen Arbeiters für den nationalen Staat kündigte Hitler „die Herstellung einer wirklichen Volksgemeinschaft" an, die sich „über die Interessen und Gegensätze der Stände und Klassen erhebt".[330]

Im „Eisbrecher" verdeutlicht Andreas Mölzer den historischen Gleichklang, indem er Haiders Standpunkt in dankenswerter Offenheit interpretiert: „Der ‚fordernde Gruppenegoismus' als gestaltendes Element der österreichischen Gesellschaft" müsse abgebaut werden. In einem Kommentar der FPÖ-Zeitung „Kärntner Nachrichten" heißt es zum 1. Mai 1983: „Ganz bewußt wurde von der FPÖ-Kärnten der 1. Mai nicht als Tag der Arbeit gefeiert, sondern unter das Motto der Besinnung zur ‚sozialen Volksgemeinschaft' gestellt." Die FPÖ wolle sich von der Klassenpolitik der SPÖ und der Gruppenpolitik der ÖVP absondern. „Die Bevölkerung ist wie ein kompliziertes Uhrwerk zu verstehen. Wenn das kleinste Rädchen nicht mehr läuft, kommt das gesamte Werk zum Stehen."[331]

Kampf gegen Kammern und Verbände

Das Bekenntnis zur sozialen Volksgemeinschaft macht Haiders Angriffe auf Gewerkschaften, Kammern und berufliche Vertretungsorganisationen verständlich. Sein Kampf gegen die Zwangsmitgliedschaft ist ein Kampf für deren Entmachtung und stillschweigende Auflösung.

Ohne Pflichtmitgliedschaft könnte die Arbeiterkammer ihre Beratungs-, Hilfs- und Schutzfunktion nicht aufrechterhalten. Eine ihrer wertvollsten Leistungen wird in der Öffentlichkeit kaum wahrgenommen. Im sogenannten Begutachtungsverfahren wacht sie darüber, daß bei der Verabschiedung neuer Gesetze die Interessen und Rechte der Arbeitnehmer gewahrt bleiben.

Wer den Rechtsbeistand der Arbeiterkammer schon einmal hat in Anspruch nehmen müssen, um in einer Auseinandersetzung mit seinem Arbeitgeber nicht von Haus aus auf verlorenem Posten zu stehen, kann beurteilen, welcher Schaden den Arbeitnehmern durch eine Schwächung dieser Einrichtung erwachsen würde.

Selbst das 1987 von der FPÖ initiierte „Volksbegehren gegen Parteibuchwirtschaft und Privilegien" hatte unter der Tarnung populistischer Parolen den Abbau von Arbeitnehmerrechten zum Ziel. Für Politiker waren die geforderten „Unvereinbarkeitsbestimmungen" ohnedies in Kraft: Abgeordnete des Nationalrates und der Landtage durften schon damals nicht dem Aufsichtsrat öffentlicher Unternehmen angehören.

Getroffen hätte der von Haider propagierte „Privilegienabbau" in Wirklichkeit also nur die Betriebsräte, die mit gutem Grund von der Unvereinbarkeitsregelung ausgenommen sind. Ihre Stimme im Aufsichtsrat ist die Stimme der Belegschaft. Den Arbeitnehmern diese Mitsprachemöglichkeit zu nehmen, war einer der Kernpunkte des FPÖ-Volksbegehrens.[332]

In der „sozialen Volksgemeinschaft ohne Klassenkampf und berufs-ständische Auseinandersetzungen" würden Gewerkschaften ihre Funktion verlieren. Als Landeshauptmann von Kärnten hat Haider so getan, als wäre es schon soweit.

Die Entlassung des Zentralbetriebsratsobmannes des Klagenfurter Landeskrankenhauses wegen einer kritischen Äußerung* war ein demonstrativer Mutwillensakt ohne rechtliche Grundlage und ohne Chance. Haider mußte wissen, daß Arbeitsgericht und Verfassungs-gerichtshof die Entlassung prompt aufheben würden.[333]

Schwerer als die juristische Niederlage aber wog der mediale Sieg: Der FPÖ-Chef hatte sich mit dem spektakulären Fall Bühne und Publikum für seinen Kampf gegen das „Kartell von Pfründen" der „Bonzen" und „Beutesozialisten" geschaffen.

Auf dem Höhepunkt der Affäre hatte er verbreiten lassen, im Kran-kenhaus herrsche wegen der fristlosen Entlassung „Jubelstimmung". Die Mitarbeiter fühlten sich „endlich vom Alptraum sozialistischer Machtausübung befreit".[334]

Recht und Ordnung im starken Staat

Das unter Norbert Steger erarbeitete „Salzburger Programm"[335] trägt die liberalen Züge der damaligen Parteiführer. Es stellt die Kapitel „Freiheit" und „Menschenwürde" an den Anfang.

Im vorletzten Abschnitt, „Staat und Recht", werden die bürgerlichen Freiheiten betont. Dem Schutz des einzelnen vor Unrecht und Ge-walt ist eine Absage an freiheitsfeindliche Überwachungssysteme gegenübergestellt. Das Bemühen um äußere Sicherheit wird als Teilnahme an der weltweiten Friedenspolitik beschrieben.

Jörg Haider setzt seine Schwerpunkte anders: Rigoroses Durchgrei-fen gegen Kriminelle, härtere Strafen, strengerer Vollzug, modernere Ausrüstung und bessere Bezahlung der Polizei. Mit solchen Aussa-

---

* Zentralbetriebsratsobmann Gebhard Arbeiter hatte den Tod eines Patienten in Zusammenhang mit der katastrophalen personellen Situation an der Intensivstation gebracht.

gen versucht der FPÖ-Chef nicht nur in der deutschen Nazizeitung „NHB-Report", sondern auch bei verängstigten Bürgern Punkte zu sammeln.

Statt für die Beteiligung an der internationalen Friedenspolitik plädiert Haider für die Aufhebung des Staatsvertrages und die Wiederherstellung der „vollen Souveränität". Das Verbot bestimmter Waffensysteme soll damit außer Kraft gesetzt und die „volle Verteidigungsfähigkeit" wiederhergestellt werden.[336]

Die Frau in der Volksgemeinschaft

In der wie ein Uhrwerk funktionierenden sozialen Volksgemeinschaft, in der jedes Rädchen seine Funktion zu erfüllen hat, wird an der „natürlichen Hierarchie" und „naturgewollten Ordnung" nicht gerüttelt. Die Frau ist in erster Linie Mutter. Ihr Platz ist in der Familie.

Das biologistische Menschenbild, das dem Rechtsextremismus wissenschaftliche Scheinseriosität verleiht, schließt sie als Mitgestalterin der Gesellschaft aus. „Territorialtrieb", „Dominanztrieb" und „Aggressionstrieb" sind ausschließlich männlich.[337] In der Volksgemeinschaft wird die untergeordnete Rolle der Frau durch biologistische Argumente untermauert und mystifiziert.[338]

Militarismus und Männlichkeitskult weisen die Rollen zu: Den Herren der Schöpfung ist Schutz und Führung übertragen. Die Frauen haben zu dienen, für Mann und Kind verfügbar zu sein. Die Idealisierung der Mutterschaft dient als Mittel, um in Frauen kein sexuelles Bewußtsein aufkommen zu lassen.[339]

Haiders Frauenbild: „dienend" und „verfügbar"

Rechtsextreme Gesellschaftsentwürfe verurteilen Emanzipation, Selbstverwirklichung und Gleichberechtigung als Verstöße gegen die Gesetzmäßigkeiten der Natur. Die „Freiheitliche Frauenschaft Kärntens" orientiert sich an diesem Vorbild.

Als Speerspitze im Kampf für eine vorgestrige Zukunft verteidigt sie in einer Broschüre das traditionelle Rollenbild. Eltern, Staat und Massenmedien müßten dazu beitragen, bei Frauen und jungen Mädchen „die Liebe zur Hauswirtschaft" und „die Freude an ihrer ureigensten Aufgabe" zu wecken. Schon in der Pflichtschule sollten hausfrauliche Tätigkeiten gelehrt werden.

Die im Mai 1992 aus der FPÖ ausgeschiedene Kriemhild Trattnig hat in Zeitungsartikeln und Interviews die grundsatztreue Haltung der FPÖ-Frauen mehrfach propagiert. Kindergärten sind für sie „eine Sünde wider die Natur". Pille und sexuelle Freizügigkeit bezeichnet sie als „Erniedrigung der Frau", Sexualerziehung als „Verbrechen an unseren Kindern". Ein staatliches Muttergeld solle „die strenge Aufzucht wieder schmackhaft machen".[340]

In der wegen neonazistischer Schreibweise mehrfach beschlagnahmten „National-Zeitung" gibt Kriemhild Trattnig Einblick in die Hintergründe ihrer Philosophie. „Ein Volk, das nicht in der Lage ist, selbst für entsprechenden Nachwuchs zu sorgen, gibt sich auf." Es wäre dann nur eine Frage der Zeit, „ab wann die Ausländer die Mehrheit stellen".[341]

Jörg Haider hat nicht nur als Parteiobmann die Bekenntnisse der Kärntner Landesfrauenschaft mitzuverantworten. Er hat sich mit den an die Zeit des Mutterkreuzes erinnernden Inhalten immer wieder ausdrücklich identifiziert.

Im Nachwort zur freiheitlichen Familienbroschüre fordert er unter Hinweis auf das Prinzip der sozialen Volksgemeinschaft Reformen der Altersversorgung und Muttergeld durch Steuervorteile für Alleinverdiener. Dadurch solle die „Notwendigkeit zum Doppelverdienertum" ausgeschaltet, eine „Entlastung des Arbeitsmarktes durch Abbau der Frauenbeschäftigung" erreicht und die „Verfügbarkeit der Mutter für Familie und Kinder" sichergestellt werden.[342]

In Zeitungsinterviews präzisierte er mehrfach diese Einstellung. „Die heutige Form des Zusammenlebens ist denaturiert", vertraute er einer Interviewerin an. „Das ist kein Ideal im nationalen Sinn." Partnerschaft besteht für ihn aus zwei Funktionen: „Dem dienenden und dem führenden Teil. So ist das!"[343]

Spekulation auf Frauenstimmen

Rechtsextremismus gilt heute vielfach als reine Männersache. Die Parteien treten in der Öffentlichkeit als Männerbünde in Erscheinung. Ihre Anhänger gefallen sich bei Zusammenkünften in Gewaltrhetorik und Machoposen.

Wissenschaftliche Untersuchungen belegen, daß Frauen für die rassistischen Ideologien der Ungleichheit weniger anfällig sind.[344] Rechtsextremistische Organisationen halten sich Frauen allenfalls als Aushängeschilder. Im Rechtsterrorismus gibt es, im Gegensatz zur politischen Gewalt von links, keine weiblichen Täter.

Das Wahlverhalten der Frauen scheint all das zu bestätigen. In Deutschlands Großstädten entschieden sich etwa doppel soviel männliche wie weibliche Wähler für rechtsextreme Parteien. Der Frauenanteil des französischen „Front National" liegt nur unwesentlich höher.

In den Mitgliederlisten europäischer Rechtsparteien sind Frauen deutlich unterrepräsentiert. Ihr Anteil schwankt zwischen fünf Prozent bei der radikal neonazistischen „Deutschen Volksunion" und 20 Prozent bei den italienischen Faschisten, die sich mit ihrem „Movimento Feminile" auf einen eigenen Frauenverband stützen können. In den Führungsgremien rechtsextremistischer Parteien bleiben Frauen weitgehend auf die Rolle als werbewirksame Wahlhelferinnen beschränkt.

Die Schlüsse, die aus diesen Tatsachen auch in Österreich gezogen werden, könnten sich als verhängnisvolle Fehler erweisen. Jörg Haider setzt, wenn er seine ewiggestrige Interpretation des Frauenbildes zum besten gibt, nicht etwa blind auf das falsche Pferd.

Die populistischen Parteien vom rechten Rand sind Baisse-Spekulanten. Sie profitieren von Rückschlägen und Krisen, machen ihr Geschäft mit der Angst jener, die Abstieg und Statusverlust befürchten, und mit der Unzufriedenheit von Zukurzgekommenen.

Untersuchungen lassen die Vermutung zu, daß Frauen unter Krisenbedingungen in das rechtsextreme Lager überlaufen könnten. Wirtschaftliche Einbrüche würden zu einer Aufwertung der Mutterrolle führen, um möglichst viele der vorhandenen Arbeitsplätze für Familienerhalter freizumachen.[345]

Politische Krisen drohen die Neigung eines Teils der weiblichen Wähler zu verstärken, Schutz unter männlicher Stärke zu suchen. Gesellschaftliche Fehlentwicklungen, wie etwa ein Anwachsen der Kriminalität, könnten ihre Begeisterung für rechtsradikale Programme harten Durchgreifens wecken.[346]

Haiders ebenso falsche wie beharrliche Verknüpfung der Themen Ausländerbeschäftigung und Kriminalität ist wahrscheinlich die wirksamste Form, Frauen für rechtsextreme Positionen zu gewinnen. Vor allem unter Wählern mit geringerem Bildungsniveau fällt die Agitation mit der Angst auf fruchtbaren Boden.

Der Züricher Erziehungswissenschaftler Helmut Fend hat vierzehnjährige Schülerinnen zu der These Stellung nehmen lassen: „An den vielen Kriminellen sieht man, wohin eine verweichlichte Demokratie führt."[347]

An Gymnasien fiel die Zustimmung mit nur zehn Prozent extrem niedrig aus. An Hauptschulen fand die gleiche Aussage mit 62 Prozent eine deutliche Mehrheit.

Wie bei den Männern darf Haider also auch bei Frauen auf das große Reservoir politisch Desinteressierter hoffen, dem einst auch die NSDAP ihren raschen Aufstieg verdankte. Nach einer Studie des deutschen Allensbach-Instituts befinden sich gerade in dieser Zielgruppe jene Zukurzgekommenen und Unzufriedenen, die sich durch Angst- und Krisenparolen mobilisieren lassen. Bei der Europawahl 1990 fischten Schönhubers Republikaner fast 40 Prozent ihrer Stimmen aus dem Nichtwähler(innen)pool.[348]

Als weiteres Hoffnungsgebiet nennt Kurt Möller, Professor an der Fachhochschule für Sozialwissen in Esslingen, Frauen „in der zweiten Lebenshälfte". Wer enttäuscht ist, die Rückkehr ins Berufsleben nicht geschafft zu haben, neigt dazu, dieses „Versagen" durch ideologische Überhöhung der Frau- und Mutterrolle zu rechtfertigen.

Bei jenen, die sich mehr an Personen als an Programmen orientieren, könnte die persönliche Ausstrahlung des nationalpopulistischen Wortführers eine besondere Rolle spielen. Wo in Wahlkämpfen Starkult nach amerikanischem Muster zelebriert wird, haben Draufgänger und Discofreaks, Selbstdarsteller und Seilspringer einen Startvorteil.

10. Kapitel

Demokratie: Theorie und Praxis

Zwischen Bekenntnis und Verunglimpfung

Der moderne Rechtsextremismus verknüpft ein formales Bekenntnis zur Demokratie mit ihrer Verunglimpfung. Statt wie einst Hitler das „Krebsgeschwür der Demokratie" zu bekämpfen, beklagen sie das „Krebsgeschwür des Parteibuchterrors"[349] und stellen der „Meinungsdiktatur" der „Systemparteien" ihre Forderung nach „Wiederherstellung der Demokratie"[350] oder „wirklicher Demokratie" gegenüber, ohne diesen Begriff zu definieren.

Von Hitler und den NS-Verbrechen haben sie sich losgesagt. Gleichzeitig aber verteidigen sie die „guten Seiten" des Nationalsozialismus und jene Werte, die Hitler einst gegen die Demokratie ausspielte: Leistungshierarchie, Elitenbewußtsein, Führerprinzip[351] und die „ewigen Auslesegesetze" von Rasse und Persönlichkeit.[352]

Nicht immer halten die verbalen Bekenntnisse zu Demokratie und Rechtsstaatlichkeit den Herausforderungen der politischen Praxis stand. Jörg Haiders Reaktion auf die staatsanwaltlichen Ermittlungen wegen seines Lobes für die „ordentliche Beschäftigungspolitik im Dritten Reich" ist dafür ein geradezu klassisches Beispiel.

Sollte man gegen ihn tatsächlich Anklage wegen nationalsozialistischer Wiederbetätigung erheben, dann werde er „österreichweit alle jene Menschen mobilisieren, die für Gerechtigkeit, Sauberkeit und Ordnung in der Justiz eintreten", hatte er offen gedroht. Er werde es sich nicht gefallen lassen, daß Kleinkriminalität im öffentlichen Dienst toleriert werde, aber „mißverständliche Meinungsäußerungen zu Vorhabensberichten an die Oberstaatsanwaltschaft führen".[353]

In die gleiche Kategorie fällt Haiders Ankündigung, jenes Minderheitenschulgesetz nicht vollziehen zu wollen, mit dessen Verabschiedung der Nationalrat einem Urteil des Verfassungsgerichtshofes gefolgt war.[354] Als ehemaliger Universitätsassistent für Staatsrecht kann der FPÖ-Chef nicht einmal einen Rechtsirrtum geltend machen. Er wußte, daß er mit dieser Weigerung gegen den bei seiner Angelobung geleisteten Amtseid und gegen die österreichische Verfassung verstoßen würde.

Kaum weniger aufschlußreich ist die Diffamierung des Rechtsstaates im Kampf gegen den militanten Rechtsextremismus durch Haiders Intimfreund und Stichwortgeber, den nationalen Rechtsaußen Andreas Mölzer. Dieser unterstellte Innenminister Löschnak, mit der Festnahme von Neonazis „den Linken in der SPÖ ein politisches Zugeständnis" gemacht zu haben.[355]

Haider spielt Erste Republik

Der FPÖ-Chef und sein nationaler Stichwortgeber fordern mit Drohung und Diffamierung den Rechtsstaat heraus. Und auch die Mobilisierung der Straße wird wieder geprobt, als Haider seine Anhänger nach Klagenfurt ruft, um gegen die Absetzung als Landeshauptmann zu demonstrieren.

Ein demokratisch gewählter Politiker greift zu einem Mittel, das sonst nur in Diktaturen üblich ist. Er organisiert eine Demonstration für sich selbst.

Der Aufstieg der Nationalsozialisten war begleitet von solchen Akten politischer Selbstinszenierung. Hitler hat sich immer wieder als Träger einer „Volksbewegung" beschrieben.[356] Mit ständiger Präsenz auf der Straße erweckten die Nationalsozialisten den Eindruck: Das Volk steht hinter uns.[357]

Mehr als ein halbes Jahrhundert später werden wieder Anhänger mit Bahn und Bussen herangekarrt, um einem Führer zu huldigen. Wie damals genießen sie euphorisch das Gemeinschaftserlebnis. Mit Transparenten zeigen sie den „Verschwörern" der „Systemparteien" und des „linken Medienverbundes", wer das Volk ist.

Landesparteisekretär Gernot Rumpold, Haiders ergebener Weggefährte, hat der Verschwörungstheorie eine neue Facette hinzugefügt:

Er streut Gerüchte aus, politische Gegner hätten „Skinheads und ähnliche Elemente" gedungen, die Veranstaltung mit Hitler-Parolen und Hakenkreuzen in Mißkredit zu bringen.[358]

Rechtsradikale Randalierer, die sich an diesem Tag ohnedies kaum sehen lassen, können damit keinen Schaden anrichten: Rechtzeitig hat die FPÖ sie als feindliche Agenten entlarvt.

Das Massenspektakel wird auf dem traditionsreichen Neuen Platz mit dem Lindwurm inszeniert, der 1945 noch „Adolf-Hitler-Platz" hieß. Die Kärntner Verfechter großdeutscher Traditionen wissen das. In nationalem Überschwang halten sie ihrem Idol ein Transparent entgegen: „Dr.-Jörg-Haider-Platz".[359]

In erwartungsvollem Small-talk vor dem großen Auftritt findet gemeinschaftliche Verbrüderung statt gegen eine Welt der Asylanten und Sozialschmarotzer, Kommunisten, Intellektuellen, Künstler und anderer Haider-Gegner, die „lieber arbeiten gehen" sollten.

Unbeteiligte Beobachter bekommen dabei Einblick in die politische Erlebnis- und Gefühlswelt national gesinnter FPÖ-Anhänger: Der Jörgl hat das nämlich gar nicht so gesagt. Und wenn er es doch so gesagt haben sollte, dann natürlich nicht so gemeint. Und wenn er es doch so gemeint haben sollte, also, was ist daran falsch? Und wenn etwas daran falsch sein sollte, an der Beschäftigungspolitik, warum redet niemand von den Verbrechen der anderen? Schließlich hat sich ja herausgestellt, wer die eigentlichen Kriegstreiber waren. Und außerdem hat sich der Haider ja entschuldigt und alles zurückgenommen. Und schließlich war ja nicht alles schlecht bei den Nazis. Zumindest haben sie ganz gut begonnen. Wäre der Krieg nicht passiert und das mit den KZ, wer weiß . . . ?[360]

Der Vergleich mit dem Heldenplatz

David Bowie hat einmal gemeint, „Hitler war der erste Popstar". Haider ist auch nicht schlecht in dieser Rolle. Als der FPÖ-Chef geendet hat, schreien begeisterte Fans: „Zugabe, Zugabe . . ."

Sein Kampf gegen die „Medienhatz" und „Willkür der alten Parteien" erinnert an gestrige Vorbilder. „Offenbar leben wir in einem

Land, wo anständige Bürger kriminalisiert werden, damit die Gano-ven weiterhin ihr Unwesen treiben können."[361] Die rot-schwarze Koalition habe zwar „die Macht in diesem Staat, aber das Volk steht auf meiner Seite".[362] Haider spielt Erste Republik. Genauso hatte Hitler in den Jahren seines Aufstiegs argumentiert.[363]

In den Medien werden Vergleiche gezogen. Heldenplatz 1938. Aus dem ganzen Bundesgebiet waren die Autobusse nach Wien gerollt, für jenen historischen Foto-Termin, der Österreich so unermeßlichen Schaden zugefügt hat.[364]

Der Vergleich hinkt nicht, er geht auf Krücken. In Klagenfurt ist es kein Empfang, sondern eine Abschiedsparty. Obwohl allein in Kärn-ten mehr als 100.000 Haider gewählt haben, sind trotz des riesigen Busaufgebots aus ganz Österreich keine 10.000 gekommen, ein großer Teil davon nicht Haider-Anhänger, sondern nur Schaulustige. Diese Veranstaltung markiert nicht den Anfang einer historischen Katastrophe internationalen Ausmaßes. Sie ist das glanzlose Ende einer nationalen Schmuddelaffäre, deren internationales Ausmaß nur darin besteht, Negativschlagzeilen in der Weltpresse verursacht und Österreich in Mißkredit gebracht zu haben.

Während in der Kärntner Landeshauptstadt eine unverbesserliche Minderheit nationale Verbrüderung feiert, erlebt Wien eine parla-mentarische Sternstunde: „Mit Bestürzung und Betroffenheit" weist die Regierung Haiders lobende Aussagen über das Dritte Reich zurück und fordert den Landeshauptmann „im Interesse des Anse-hens Österreichs und Kärntens in der Welt" zum Rücktritt auf.

Zum ersten Mal und unfreiwillig hat der größte Polarisierer der österreichischen Innenpolitik Verbindung und Verständigung über politische Gräben hinweg vermittelt. Koalitionsparteien und Grüne besinnen sich an diesem denkwürdigen Mittwoch einer gemeinsamen Aufgabe. Ausnahmsweise sind sie sich einig: Wehret den Anfängen!

Jugend an die Kandare

In seiner kurzen Amtszeit als Landeshauptmann von Kärnten wurde Haiders besondere Form von Demokratieverständnis vielfach sichtbar. So riß er die Vergabe der Subventionen an Jugendorganisationen an sich, um eine Umverteilung durchsetzen zu können, die ihm willkommene Möglichkeiten der Einflußnahme bot.[365]

Die politischen Jugendorganisationen, bei denen zusätzliche Stimmen für ihn nicht zu holen waren, schloß er kurzerhand von jeder Förderung aus. Das dabei eingesparte Geld stand anschließend für die sogenannten „unpolitischen" Organisationen zusätzlich zur Verfügung. Diese mußten sich die Zusatzgeschenke nur abholen. Direkt beim Landeshauptmann.

In einem zweiten Schritt sollte das Land Mitglied bei allen Jugendorganisationen werden, um seine Subventionen in Form von Mitgliedsbeiträgen entrichten zu können. Haider hätte damit direkten Einfluß und Mitsprache in jedem einzelnen Jugendgremium erhalten.[366] Die organisierte Kärntner Jugend wäre „zu einer einzigen Vorfeldorganisation des Landeshauptmannes" geworden, wie Kritiker zu Recht spotteten.

Der FPÖ-Chef hätte bei der Subventionsvergabe ähnlich vorgehen können wie sein burgenländischer Parteifreund Rauter, der gedroht hatte, dem „Offenen Haus Oberwart" die Subventionen zu streichen, falls dieses eine Ausstellung über die „Naziherrschaft und was davon blieb" veranstalten sollte.

Wie im tausendjährigen Spitzelstaat

Im Herbst 1990 fühlen sich die Empfänger von Haider-Briefen in den Spitzelstaat des tausendjährigen Reiches versetzt. Der FPÖ-Chef fordert darin zu anonymen Anzeigen auf.[367]

„Ja, ich möchte, daß mit der folgenden Ungerechtigkeit Schluß gemacht wird", beginnt das Schreiben im Versandhausstil, das die Empfänger dazu ermutigt, „ein Unrecht oder einen Skandal in Ihrer Gemeinde oder in Ihrem Bezirk" aufzudecken.

Die Vernaderung der Mitbürger kann auch ohne Nennung des eigenen Namens erfolgen: „Wenn Sie Ihren Namen nicht preisgeben wollen oder können, weil Sie sich vor den Folgen fürchten müssen, schreiben Sie mir – auch anonym."[368]

Der FPÖ-Chef, dessen Foto das unglaubliche Schreiben ziert, verspricht, jedem Hinweis nachzugehen. Ob er selbst sich um den hinterhältigen Nachbarn, den schwarzarbeitenden Arbeitslosen und die während der Arbeitszeit zum Friseur gehende Gemeindesekretärin kümmern, ob er diese Spitzelarbeit Beamten der Landesregierung überlassen oder FPÖ-Angestellten auftragen will, geht aus dem Schreiben nicht hervor.

Ungeklärt bleibt auch, wie die Auswahl des Personenkreises erfolgte, dem Haider sich nach Orwells Vorbild als „Big Brother" anbietet und wie er zu den Privatadressen gekommen ist.

Ein „Ahnenpaß" für den Schulbesuch

Die Ankündigung des Kärntner Landeshauptmannes, Eltern, die ihre Kinder in Klagenfurt zum zweisprachigen Unterricht anmelden, auf ihre tatsächliche Volksgruppenzugehörigkeit überprüfen zu lassen, löste nicht nur unter Slowenen Empörung aus. Der „Ahnenpaß für den Schulbesuch" wurde auch vom Direktor der Abteilung Menschenrechte beim Europarat in Straßburg, Peter Leuprecht, kritisiert.[369]

Bei einem Vortrag in Klagenfurt tadelte er die „vom Gesichtspunkt der Menschenrechte aus sehr bedenkliche Entwicklung", die in krassem Widerspruch zu der in ganz Europa vertretenen Minderheitenpolitik stehe. Er hoffe, Kärnten werde sich nicht „von der europäischen Entwicklung ausklammern".

Immer wieder geben Haider und seine Vasallen Beispiele ihres besonderen Demokratieverständnisses. In Klagenfurt werden ein in Ungnade gefallener FPÖ-Kandidat und dessen Familie mit Telefonterror überzogen, um ihn zu zwingen, einen Mandatsverzicht zugunsten des Haider-Freundes Reinhard Gaugg zu unterschreiben.[370]

„Unterschreib, oder wir machen dich fertig", wird er durch das Telefon bedroht.

Probleme mit der Pressefreiheit

Auch mit der Pressefreiheit hat Haiders FPÖ Probleme. In einer Rede zum ORF-Volksbegehren sagt der freiheitliche Klubobmann im Salzburger Gemeinderat, Siegfried Mitterdorfer: „Es gilt, das letzte Konzentrationslager in Österreich, nämlich jenes im Medienbereich, auszulöschen."[371]

Seinen Einfluß als Kurator des ORF sucht Haider Anfang 1992 (vergeblich) zu nützen, um die Ausstrahlung eines von ihm gegebenen Interviews zu verhindern.[372]

Mit einem ähnlichen Wunsch ist er schon früher abgeblitzt. Als sein persönlicher Freund, der burgenländische FPÖ-Funktionär Robert Dürr, sich zu den neonazistischen Inhalten der Zeitschrift „Sieg" bekannt hatte (in der unter anderem die Judenvergasung bestritten wird), versuchte Haider, das Interview zurückzubekommen.[373]

Als der stellvertretende Chefredakteur Josef Broukal dem FPÖ-Chef allzu kritisch gegenübertritt, werden die freiheitlichen Funktionsträger von Generalsekretär Meischberger aufgefordert, diesem keine Interviews mehr zu geben.[374]

Die „Sendung des Landeshauptmannes" vor der Gemeindewahl in Kärnten wertet die Opposition als FPÖ-Belangsendung. Die aus Steuergeldern finanzierte „Kärntner Landeszeitung" empfinden Haiders Kritiker als FPÖ-Werbeträger.[375]

Sehnsucht nach einem anderen Staat

Haiders öffentliches Gedankenspiel mit einem „Freistaat Kärnten" wird von den Kommentatoren als Villacher Faschingsscherz verhöhnt. Dem FPÖ-Chef aber ist es ernst. Mit Ausdrücken aus dem Radikalismus der Ersten Republik wie „Wasserkopf Wien" oder „Los von Wien" droht er den Alleingang an.

Hinter seiner Distanz zur österreichischen Demokratie und ihren Einrichtungen kommt die Sehnsucht nach einem anderen Staat zum Vorschein.[376] Die politische Wirklichkeit dieses Österreichs steht seinen nationalen Träumen im Weg.

Schon als Haider den beiden großen Parteien die demokratische Legitimation absprach, indem er sie als „Lizenzparteien" der Besatzungsmächte diffamierte, hätte man hellhörig werden müssen. ÖVP, SPÖ und ihre Wähler haben dieses Land nach dem Krieg aufgebaut, haben ihm Eigenständigkeit, Stabilität und Selbstbewußtsein gegeben. Auch wenn die Machtteilung in allzu vielen Einzelfällen zum Machtmißbrauch wurde, ist Österreich unter Führung der beiden großen Parteien zu einem der erfolgreichsten, stabilsten, liebens- und lebenswertesten Länder aufgestiegen.

Mit dem Freistaats-Streich stellt Haider die Einheit Österreichs in Frage. „Am liebsten würde er ganz Österreich nach seinem Bild formen – rechtspopulistisch, autoritär, deutschnational. Wenn das (noch?) nicht geht, will er den Anfang mit seinem Privatstaat (Deutsch-)Kärnten machen", schrieb Hans Rauscher im „Kurier".

Eine Mehrheit der Österreicher scheint diese Einschätzung zu teilen. Nach letzten Ergebnissen der Meinungsforschung schätzen 53 Prozent der Wahlberechtigten den FPÖ-Chef als „echte Gefahr für die Demokratie" ein. 1987 hatten nur 37 Prozent auf eine dementsprechende Frage zustimmend geantwortet.

11. Kapitel

Am Kärntner Wesen

Rassenbewußtsein im Grenzland

Die Idee des Privatstaates ist weniger aberwitzig, als sie sich anhört. Ein großer Teil der Kärntner hat sich nach Ende des Zweiten Weltkrieges nur alibihaft von der belasteten Vergangenheit distanziert. Die tragische Geschichte des Grenzlandes hielt völkische Glaubensbekenntnisse am Leben. Zu tief waren die Wunden, um auf Befehl verheilen zu können.

Der „Marburger Blutsonntag", an dem 1919 deutsche Demonstranten von jugoslawischen Soldaten niedergemetzelt worden waren, und der in Heimatbüchern heroisierte Abwehrkampf gegen die „südslawischen Eindringlinge" haben ein Klima militanten Mißtrauens hinterlassen.* „Heimattreue" Organisationen halten es wach, Politiker schüren es, um sich nationale Stimmen zu sichern.

Vor der Volksabstimmung vom 10. Oktober 1920 hatte eine provisorische Landesversammlung mit Versöhnungs-, Gleichberechtigungs- und Fürsorgeparolen um slowenische Stimmen geworben. Mit Erfolg. Bei der Abstimmung gaben die slowenischen Stimmen den Ausschlag für Österreich.

Das Ergebnis trug nicht zur Aussöhnung bei. Im Gegenteil. Unmittelbar nach der Abstimmung begann die Aufteilung in gute und böse, in kärntentreue und nationalbewußte Slowenen.

Wer auf der anderen Seite stand, verdiene „keine Versöhnung, nur Abscheu, glatte, reine Abrechnung", verbreitete die „Kärntner

---

* In Wirklichkeit ist von „Eindringlingen" keine Rede. Der südliche Teil des heutigen Kärntens ist uraltes slowenisches Siedlungsgebiet. Die neue Grenze trennte zahlreiche Familien und schnitt traditionelle Wege ab. Siehe: Dokumentationsarchiv des österreichischen Widerstandes (Hg.): 4. Band der Reihe „Erzählte Geschichte", Wien 1990: „Spurensuche".

Landsmannschaft" Pogromstimmung.[377] Slowenen wurden überfallen, unterdrückt, schikaniert, verloren ihre Posten oder sogar ihre Staatsbürgerschaft.

Die Schulverwaltung versuchte, die Ausbildung slowenischer Pädagogen zu unterbinden. Die „gesäuberte" Lehrerschaft Kärntens gründete 1924 den ersten nationalsozialistischen Lehrerverein.

Die Kärntner mußten zum Rassenbewußtsein nicht erst gezwungen werden. Schon lange vor dem Anschluß kursierten Listen für die Eliminierung slowenischer Familien und Pläne für eine endgültige Germanisierung des gemischtsprachigen Gebietes.[378]

1920 hatte sich die NSDAP mit der Verkündung ihres Programmes ideologisch festgelegt: „Die Schwächung der Abwehrkraft des Deutschen Volkes erfolgt durch die Rassenmischung mit Fremdblütigen, insbesondere mit Juden."

Im selben Jahr nahm die „Kärntner Landsmannschaft" als selbsternannte Wahrerin bodenständigen Deutschkärntnertums den Arierparagraphen in ihre Statuten auf. Mitglied konnten ab sofort nur „deutschfreundliche Arier" werden.

Der aus der „Landesagitationsleitung", dem Propagandainstrument für die Volksabstimmung, hervorgegangene „Kärntner Heimatdienst" löste sich durch den Austritt der Sozialdemokraten auf. Diese hatten eine Politik nicht mehr mit tragen wollen, die sich nicht nur gegen die „jugoslawischen Slowenen", sondern zunehmend auch gegen die „verjudete Sozialdemokratie" zu richten begann.[379]

Die „blutreine" Nachfolgeorganisation „Kärntner Heimatbund" fungiert als Tarnkappe für die verbotene NSDAP. Ihr Hauptgeschäftsführer Alois Maier-Kaibitsch kündigt nach Hitlers Machtergreifung als Chef des „Gaugrenzlandamtes" die „Liquidierung des Slowenentums" an.[380]

Die Slowenen werden zu Opfern der menschenverachtenden Naziideologie und ihrer Vernichtungspolitik. Sie leben in Angst vor Aussiedlung und Gestapoterror. Ihre Muttersprache wird verboten. An zahllosen Hauswänden steht es schwarz auf weiß: „Kärntner, sprich deutsch! Die Sprache ist Ausdruck deiner Gesinnung."[381] Die „Heimattreuen" aber sehen durch Hitler die „Frucht ihres Freiheitskampfes für alle Zukunft gesichert", wie es der Kärntenhistoriker

Martin Wutte 1940 in nationalem Pathos formuliert. Den Kampf der Partisanen gegen Hitler empfinden sie vor allem als Verrat an Kärnten.

Haider zählt zu jenen, die diese Version übernehmen und den Widerstand gegen die Nazidiktatur auf den Kampf für die Revision des Volksabstimmungsergebnisses von 1920 reduzieren. „Auftrag und Geist des Abwehrkampfes sowie der Volksabstimmung müssen auch heute noch in der politischen Wirklichkeit zum Durchbruch kommen", formuliert er in einer Begrüßungsrede zum „Kärntner Freiheitskommers" anläßlich des Gedenkens an 65 Jahre Kärntner Abwehrkampf und Volksabstimmung.[382]

Freiheitliche Akademikerverbände und rechtsextreme Organisationen wie Norbert Burgers mittlerweile aufgelöste NDP sind Träger dieser Veranstaltung.[383]

Viele, die so argumentieren, wollen nicht wahrhaben, daß sich an diesem effizientesten militärisch organisierten Widerstand im Reichsgebiet auch zahlreiche Deutschsprachige (zum Teil in deutschsprachigen Bataillonen) beteiligt haben. Zumindest von diesen darf man annehmen, daß sie ihr Leben nicht für die Ausweitung Jugoslawiens riskiert haben. Der Vorwurf, die Partisanen hätten gegen Österreich gekämpft, ist unsinnig. Niemand konnte zu Kriegsende ahnen, daß es je wieder ein souveränes Österreich geben würde. Der Partisanenkampf trug maßgeblich zur Wiederherstellung eines freien, unbesetzten Österreichs bei. Ausdrücklich hatte sich die Wiener Delegation bei den Staatsvertragsverhandlungen 1949 in London auf diesen „Beitrag zur Selbstbefreiung" berufen, wie ihn die Außenministerkonferenz in Moskau 1943 gefordert hatte.[384]

Kärntens „Heimattreue" aber dulden nur eine Art der Geschichtsschreibung, die Ursache und Wirkung vertauscht. Die Notwehr Verfolgter und Unterdrückter verfälschen sie zum „Verrat an Kärnten".

Widerstandskämpfer werden als „Tito-Partisanen" zu Vaterlandsverrätern. Dafür glorifiziert man „Abwehrkämpfer" als Patrioten, obwohl sich die meisten, zumindest nach 1938, weniger für ein freies Österreich als vielmehr für ein nationalsozialistisches Deutschland engagiert hatten.

Die von Tito nach 1945 erhobenen Territorialansprüche haben die

„Kärntner Urangst" von 1920 zu neuem Leben erweckt. Sie wird von Abwehrkämpferbund, Heimatdienst und FPÖ geschürt und politisch genützt.

„Ewig jedoch brandet gegen die Grenze des Landes Welle um Welle fremder Art und nagt am angestammten Volkstum, pausenlos, ohne Erbarmen und unerbittlich", übte sich die FPÖ-Zeitung „Kärntner Nachrichten" in nationaler Lyrik.[385]

Im Grenzlandbuch 1989 von Haiders Freiheitlichen wird handfester formuliert: „Kärnten muß unser bleiben. Der Slowene darf nicht hinein . . . Die Slawen fliegen an die Wand."

Wo Selbsterhaltung zum Verrat wird

Nach dem Zweiten Weltkrieg hatten sich viele Slowenen von einer Veränderung der Grenze eine Verbesserung ihrer bedrängten Lage, vor allem jedoch mehr Sicherheit versprochen. Aus ihrer subjektiven Sicht mit gutem Grund. Bevor jedoch die Angst vor dem nationalsozialistischen Terrorregime noch hatte abklingen können, waren im neuen Staat die alten Nazis schon wieder in einflußreiche Positionen aufgestiegen.

Nirgends ging die Entnazifizierung schleppender vor sich, nirgends identifizierte sich die Bevölkerung so wenig mit ihren Ergebnissen, nirgends zeigte sie so wenig Unrechtsbewußtsein für die Verbrechen des Dritten Reiches.[386] Der einzige slowenische Landesrat wurde noch 1945 aus dem Amt gedrängt. Dafür ging die Polizei gegen Slowenen vor, die im April 1946 eine Gedenkkundgebung für die Vertriebenen abhalten wollten.[387]

Der ganz natürliche Reflex der Selbsterhaltung und Selbstbehauptung wird vom „heimattreuen" Lager zu Verrat und Verbrechen verfälscht. Hier liegt die Ursache für die Fortsetzung jener oft zitierten Kärntner „Sonderentwicklung", die dieses Bundesland zum bevorzugten Exerzierfeld rechtsextremer Propaganda macht.[388]

Haider hält sich an die Spielregeln der neonationalen Geschichtsbetrachtung. Während er einerseits an der kultmäßigen Huldigung der SS-Tradition teilnimmt, weigert er sich andererseits, vom Bundes-

präsidenten verliehene Ehrenzeichen für Verdienste um die Befreiung Österreichs an Widerstandskämpfer zu übergeben.[389]
Der FPÖ-Chef schätzt die Widerstandskämpfer gegen Hitlers Terrorregime genauso ein wie ein halbes Jahrhundert zuvor Gauleiter
Friedrich Rainer: als Feinde, die gegen die territoriale Integrität
aufgetreten sind; als Verräter des Vaterlandes.

Sprachenstreit auf dem Rücken der Kinder

Nur aus dieser Vorgeschichte ist der heimattreue Verfolgungswahn
erklärbar, der den Kärntner Urfeind weiterhin hinter den Karawanken lauern sieht. In diesem besonderen Klima weckt jedes Eintreten
für Interessen und Rechte der Minderheit den Verdacht, die Slowe-
nisierung Kärntens vorzubereiten.

„Slowenenhaß und Slowenenhatz sind die beständigsten Elemente
der herrschenden Kärntner Politik", schreibt Janko Messner.[390] Die
Praxis kleinkarierter Schikanen und Boykotte gibt ihm recht. Der
Völkermarkter Gemeinderat untersagt sogar einer mazedonischen
Folkloregruppe zehn- bis vierzehnjähriger Kinder den Auftritt, um
„Empörung unter der Bevölkerung" zu vermeiden.[391]
Nur aus dieser Vorgeschichte ist auch die Erbitterung erklärbar, mit
der die „Heimattreuen" ihren Kampf gegen ein mehrsprachiges
Schulwesen führen, der den Slowenen Stück für Stück ihrer kulturellen Identität zu nehmen droht. Volksschulkinder werden dabei
rücksichtslos vor den völkischen Karren gespannt.
Unmittelbar nach Zulassung des VdU bestand die erste Aktion des
„dritten Lagers" darin, einen Antrag gegen das zweisprachige Schulsystem einzubringen. Der Kampf gegen die „Vortäuschung einer
angeblichen Slowenität deutscher Ortschaften" bildet seither einen
der Schwerpunkte nationaler Selbstdarstellung.[392]
Systematisch wird der Weg der Verständigung nach Schweizer Vorbild verbaut. Als sich die „heimattreuen Verbände" 1957 unter dem
Dach des neugegründeten „Kärntner Heimatdienstes" zusammen-
schließen, sind die Tage des einstmals als „vorbildlich" gepriesenen
zweisprachigen Schulsystems gezählt.[393]

Unter dem Druck aufgeputschter Eltern wird die als „Zwangsschul-
verordnung" und „Sprachenterror" diffamierte Zweisprachigkeit
von der Landesregierung aufgehoben. Die Kinder dürfen vom Slowenischunterricht abgemeldet werden.

Rund 80 Prozent der Eltern beugen sich dem Meinungsdruck der
„Heimattreuen": Wer seine Kinder weiterhin Slowenisch lernen läßt,
muß wissen, was er damit zum Ausdruck bringt.

Angst, Anpassungsdruck und Manipulation führten zu kuriosen Ergebnissen. Bekanntgeworden ist der Fall des Bärentals. Dort wurden
alle siebzehn Kinder vom Slowenischunterricht abgemeldet, obwohl
nur ein einziges überhaupt Deutsch konnte.[394]

Das nach einem vom „Kärntner Heimatdienst" 1984 initiierten und
von der FPÖ unterstützten Volksbegehren gegen das zweisprachige
Schulsystem als Drei-Parteien-Kompromiß präsentierte „Pädago-
genmodell" rückte Kärnten in die Nähe der südafrikanischen Apart-
heid.[395] Kompetente Wissenschaftler lehnen es als unzureichend,
inhaltlich falsch und unpädagogisch ab – und werden dafür diffamiert.[396]

Heimatdienst und Hakenkreuze

Als Hetzer gegen das zweisprachige Schulmodell bestätigen die
Eiferer des „Kärntner Heimatdienstes" (KHD) ihre Einordnung in
der wissenschaftlichen Literatur als „große, etablierte Organisation
des Rechtsextremismus", die für einen „Faschismus des Möglichen"
stehe.[397]

Die Heimatdienstler selbst beschreiben sich als „überparteilich,
österreichbewußt und demokratisch". Wolfgang Neugebauer, Leiter
des Dokumentationsarchivs des österreichischen Widerstandes, reg-
te dagegen eine Untersuchung an, ob der Heimatdienst „im Licht der
vorliegenden wissenschaftlichen Untersuchungen" nicht als „minderheitenfeindliche Organisation im Sinne des Artikel 7 des Staatsvertrages zu qualifizieren und aufzulösen wäre".[398]

Das mit der Überparteilichkeit stößt auch in Kärnten auf Zweifel.
Der sozialistische Landeshauptmannstellvertreter Peter Ambrozy

hält den von Haiders persönlichem Freund Josef Feldner geführten Dachverband heimattreuer Vereine für eine „Vorfeldorganisation der FPÖ".[399] Zumindest einer der führenden Heimatdienstler und Erfinder des Volksbegehrens gegen zweisprachige Schulen, Erich Silla, war Klubobmann der Freiheitlichen im Kärntner Landtag.

Verbissen, jedoch mit geringem Erfolg, kämpft der Heimatdienst dagegen an, von Wissenschaftlern als braun etikettiert zu werden. Eine Klage des KHD-Obmannes Josef Feldner gegen den an der Universität für Bildungswissenschaften in Klagenfurt tätigen Peter Gstettner endete mit einem Vergleich, der die Einschätzung des Wissenschaftlers, im Heimatdienst wirkten „deutschnationale und neonazistische Kräfte", nur unwesentlich einschränkt: Sie gelte „nicht generell".[400]

Bei einem anderen Versuch, Wissenschaftler durch Strafanzeigen einzuschüchtern, schoß Feldner sich ein Eigentor. Im Prozeß, den er gegen Autoren des Standardwerkes „Rechtsextremismus in Österreich nach 1945" angestrengt hatte, erklärte Norbert Burger als Zeuge seine Sympathie für den Heimatdienst, den er als „nationale, für das deutsche Volkstum wirkende Organisation" einstufe.[401] Unter anderem bestätigte der langjährige Obmann der als neonazistisch aufgelösten NDP, Franz Stourac, einer der führenden KHD-Funktionäre, habe seine Präsidentschaftskandidatur unterstützt.

Die Verteidigung legte bei dem Prozeß Fotos vor, auf denen Angehörige von KHD-Vereinen bei einer Volksabstimmungsfeier mit Hakenkreuzorden und Hitler-Gruß aufmarschierten.[402] Unter allgemeinem Gelächter interpretierte Feldner den Hitlergruß als „Winken ins Publikum".

Karl Stuhlpfarrer, Historiker am Institut für Zeitgeschichte der Universität Wien, schätzt den Heimatdienst folgendermaßen ein: „Es ist sein Ziel, die politische, wirtschaftliche und kulturelle Entfaltung der slowenischen Minderheit zu behindern und damit ihre ethnische Identität zu zerstören." Dabei greife der Heimatdienst „auf die deutschnationalen Stereotypen zurück".[403]

Wie es der Heimatdienst mit Österreichs demokratischer Verfassung hält, demonstrierte er 1990 mit seiner Forderung, das soeben verabschiedete neue Minderheitenschulgesetz auszusetzen. Man solle das

Urteil des Verfassungsgerichtshofs „in seiner Bedeutung nicht über-
bewerten". Die gemischte Schule habe „in Kärnten keine Zukunft
mehr".[404]

Sonderfall des Rechtsstaates

Kärnten wird vom politischen zum rechtsstaatlichen Sonderfall: Die
Gendarmerie schaut untätig zu, als nationale Überzeugungstäter
1972, unmittelbar nach den Feierlichkeiten zum 10. Oktober, an dem
alljährlich der Volksabstimmung von 1920 gedacht wird, in Südkärn-
ten zum Sturm auf die zweisprachigen Ortstafeln aufbrechen.

Das Faustrecht nationaler Männerbünde siegt über die Autorität des
Gesetzgebers.[405] Die Ermittlungsbehörden behaupten, die Täter
nicht ausforschen zu können, obwohl Zeitungen Fotos veröffentlichen, auf denen sie, in voller Aktion, deutlich erkennbar sind.

Die österreichische Bundesregierung ist nicht in der Lage, den
Bestimmungen des Staatsvertrages uneingeschränkt Geltung zu verschaffen. Sie kapituliert vor der Gewalt und novelliert das Ortstafel-
gesetz.

Slowenische Eltern müssen das Recht auf zweisprachigen Unterricht
vor dem Verfassungsgerichtshof erstreiten.[406]

Ein Landeshauptmann (Jörg Haider) mißachtet die Bundesverfassung, indem er ankündigt, die vom Verfassungsgerichtshof erzwun-
gene Gesetzesänderung nicht anwenden zu wollen.

Kritische Journalisten machen einen Bogen um Kärnten, nachdem
sie auf Plakaten „des Landes verwiesen" wurden.[407]

Haider schürt die nationale Stimmung und beutet sie aus. Im Nationalrat spricht er sich gegen wirtschaftliche Kooperationen mit dem
Nachbarstaat aus[408] und plädiert für einen verstärkten Schutz der
grünen Grenze gegen „einsickernde Terroristen".[409] In einer Pressekonferenz fordert er unter dem Motto „Schutz vor Jugo-Betrie-
ben"[410] eine Novellierung des Ausländergrunderwerbsgesetzes.

Im Schulstreit steht er stramm auf Seiten der „Heimattreuen", die
das System der Zweisprachigkeit als „Welle fremder Art" verteufeln
und zur „Diskriminierung" deutschsprachiger Kinder und Lehrer

verfälschen. Obwohl Untersuchungen zeigen, daß die Absolventen zweisprachiger Schulen den Übergang zu höheren Bildungseinrichtungen und Universitäten besser schaffen,[411] erklärt Haider: „Wir wollen endlich ein Ende der Benachteiligung der Deutsch-Kärntner Schuljugend im zweisprachigen Unterricht erreichen."[412]

Unter Gleichgesinnten läßt er dieser Argumentation den Appell folgen, „Abwehrkampf und Volksabstimmung nicht durch politische Fehlentwicklungen" zu verfälschen.[413] Pädagogen und Bildungspolitiker, die seine Meinung nicht teilen, beschimpft er als „Polit-Gangster".[414]

Daß der Umgang mit der Minderheit Gradmesser für die demokratische Reife eines Mehrheitsvolkes ist, wollen Kärntner Landespolitiker nicht wahrhaben. 1920 haben die Deutsch-Kärntner nicht nur siegen, sondern auch hassen gelernt. Ein Zeitzeuge hat das folgende, erschütternde Dokument hinterlassen. Jahre später erinnerte er sich: „Unser Bubenhaß sprühte gegen die große Faust, die über die Karawanken her unserer Heimat, unserem Jugendparadies drohte. Wir fühlten, daß wir die Feinde unseres Landes hassen mußten, weil sie uns etwas Teures und Schönes nehmen wollten."[415]

Andreas Mölzer hält, wie andere FPÖ-Autoren, Haß und Mißtrauen wach: „Das vergossene Blut der fernen Jahre ist zwar geronnen, aber noch nicht vergessen. Und jene Gefahr, die da zweimal in diesem Jahrhundert das Land bedrohte, sie schläft nur, ist längst nicht gebannt."[416]

Im nationalen Treibhausklima Kärntens findet die Haider-FPÖ andere Wachstumschancen vor als im übrigen Österreich. Heimattreue Parolenschmiede haben die „Kärntner Urangst" zu einer Waffe gemacht, die sich nicht nur gegen politische Gegner, sondern bei Bedarf auch gegen Wien richten läßt.

Der ehemalige Landeshauptmann Sima hat sich vor laufender Fernsehkamera von einem Passanten sagen lassen müssen: „A klaaner Hitler g'herat her." Bundeskanzler Kreisky wurde beim Verlassen einer Vertrauensleutekonferenz in der Klagenfurter Arbeiterkammer von Demonstranten tätlich angegriffen. Verbittert sprach er im privaten Kreis von der „größten Nazidemonstration der Zweiten Republik".[417] Aber er resignierte: Wahrscheinlich aufgrund dieses

Zwischenfalls hat er der Novellierung des Ortstafelgesetzes zuge-
stimmt.

In diesem Land ist die Forderung nach einem unabhängigen „Freistaat" durch den FPÖ-Obmann oder der Ruf nach einem „Autono-
miestatut" durch den Kärntner Heimatdienst[418] kein Faschingsscherz. Wer das martialische Treiben anläßlich der Siebzig-Jahr-
Feier der Kärntner Volksabstimmung erlebt hat, wer die ordenbehan-
genen, schmißverzierten Männer marschieren sah, wer das Fest der
Fahnen, Trachten und Trommler samt sechsstündiger Fernsehüber-
tragung beobachten konnte, tut sich schwer, Hans Rauschers Sorge
vor einer Entwicklung vom Separatstaat zu Haiders „Privatstaat" als
journalistische Übertreibung abzutun. Bei künftigen Kärntner Landtagswahlen könnte mehr auf dem Spiel stehen als die Führungsrolle
der Sozialdemokraten oder der Bestand einer Koalition.

12. Kapitel

Haiders rechte Recken

Andreas Mölzer, Bundesrat und Grundsatzreferent

Sprache ist verräterisch. Mit seiner Warnung vor der „Umvolkung"
der „deutschen Volks- und Kulturgemeinschaft"[419] hat Andreas Mölzer, Grundsatzreferent und Leiter des freiheitlichen Bildungswerkes,
wieder einmal erkennen lassen, wes Geistes Kind er ist: des extrem
rechten Lagers.

Das schon mehrmals verwendete Rassistenvokabel ist nicht seine
einzige Anleihe aus dem nationalsozialistischen Wortschatz. Wie
sein politisches Vorbild Jörg Haider, den er in einer Biographie bis
hart an die Grenze zur Komik glorifiziert, geißelt Mölzer die „Altparteien" oder die „Mißgeburt der österreichischen Nation".

In der Auswahl seiner Mitstreiter für den rechten Geist ist der
nationale FPÖ-Rechtsaußen wenig wählerisch. So findet man ihn
beispielsweise unter den Mitarbeitern des Neonazimagazins „NHB-
Report", das vom NPD-Studentenbund herausgegeben wird[420], und
im Autorenkollektiv von „Deutschland in Geschichte und Gegenwart".[421]

Die Blattlinie dieser auf Geschichtsrevision spezialisierten Ideolo-
giezeitschrift, deren Mitarbeiterverzeichnis sich wie ein „Who is
who?" des Rechtsextremismus liest, wurde von einem Chefredakteur bestimmt, der es zu trauriger Berühmtheit gebracht hat: Wilfried
van Oven, ehemaliger Adjutant und Pressechef von Propagandaminister Joseph Goebbels.[422]

Der unverbesserliche Nationalsozialist behauptet auch heute noch,
für den Mord an Juden gebe es keine Beweise. In Argentinien lief
deswegen ein Ermittlungsverfahren gegen ihn.

Seine Blätter versuchen erst gar nicht, ihre nationalsozialistische
Herkunft zu verleugnen. Rechte Pseudowissenschaftler, Auschwitz-

Leugner und Germanen-Spinner dürfen in ihnen offen gegen „Kriegsschuld- und Vergasungslüge" wettern oder Vergangenheitsbewältigung als „Umerziehung" verunglimpfen.[423]

„Deutschland in Geschichte und Gegenwart" veröffentlicht unter anderem die Beiträge der Mitglieder des „Thule-Seminars". Namensgeber dieses neurechten Intellektuellenzirkels ist die 1918 gegründete Thule-Gesellschaft, die als eine „Wiege der NSDAP" gilt. Zu den Mitgliedern des streng antisemitischen „Germanen-Ordens" zählten einst die obersten Nazirepräsentanten: Hitler, Heß, Göring, Streicher, Himmler und viele andere. Das nationalsozialistische Hakenkreuz und die SS-Runen tauchen hier zum ersten Mal auf.[424]

„Deutschland in Geschichte und Gegenwart" druckte auch das berüchtigte „Heidelberger Manifest" des Thule-Seminars ab. Das rassistische Grundsatzpapier enthält einen Aufruf zum Fremdenhaß, der in der Forderung nach Ausweisung (nichteuropäischer) Ausländer aus Deutschland gipfelt.[425]

In enger Verbindung zum Thule-Seminar steht die österreichische „Arbeitsgemeinschaft für Politik" (AfP). In der wissenschaftlichen Literatur wird sie als „Kontakt-, Integrations- und Diskussionsforum für den österreichischen und deutschen Rechtsextremismus" beschrieben.[426]

In ihren Grundsätzen erklärt sich die AfP in der Diktion der Nationalsozialisten kämpferisch zum Gegner unseres „Systems", das „bald Bankrott machen wird". Unter anderem heißt es: „Es ist unsere Aufgabe, schon jetzt dieses System und seine Träger des Verbrechens an der Zukunft unseres Volkes anzuklagen."[427]

Zu den Referenten der AfP-Tagungen zählten, neben Geschichtsfälschern wie Thies Christophersen, Verfasser der „Auschwitzlüge", Rechtsextremisten wie Bruno Haas, Führer der „Aktion Neue Rechte" (ANR), NDP-Funktionären und unverbesserlichen Ehemaligen wie Konrad Windisch, der viele Jahre die Österreichredaktion der Zeitschrift „Mut" betreute, auch Wissenschaftler von eindeutigem Ruf wie Professor Heinrich Schade, Mitglied der Gutachterkommission, die das Sterilisierungsprogramm des NS-Regimes vom Juli 1933 guthieß.[428]

In diesem illustren Kreis aus Faschisten, Kriegsverbrechern, Alt- und

Neonazis scheinen sich auch führende FPÖ-Politiker zu Hause zu fühlen. Ohne Berührungsängste treten sie als Vortragende auf: Andreas Mölzer, Otto Scrinzi,[429] Kriemhild Trattnig, als sie noch der Führungsgarnitur der FPÖ angehörte, die niederösterreichische Abgeordnete Ilse Hans[430] und andere, die auf freiheitlichen Wahllisten stehen.

Unter dem Druck drohender strafrechtlicher Verfolgung nahm der Extremistenzirkel mehrere Namenswechsel vor. Als 1975, nach einer Vortragsreihe mit dem deutschen Neonazi Manfred Roeder, die gerichtliche Auflösung drohte, erfolgte unmittelbar vor Zustellung des Bescheides die Umbenennung in „Aktionsgemeinschaft für Politik".[431]

Seit 1988 versucht sich die Organisation einen betont demokratischen Anstrich zu geben. Die Umbenennung in „Arbeitsgemeinschaft für demokratische Politik" soll einem neuerlichen Verbot vorbeugen.

Mit Rechtsextremisten aus ganz Europa

Ein weiteres Druckwerk, in dem Andreas Mölzer publiziert, sind die „Deutschen Monatshefte", offizielles Organ des „Deutschen Kulturwerkes europäischen Geistes" (DKEG). Gegründet wurde dieser Verein zur Koordinierung der rechtsextremen Jugendverbände im Umfeld der NPD vom ehemaligen SS-Offizier und Reichsfachschaftsleiter für Lyrik in der Reichsschrifttumskammer, Herbert Böhme.[432]

DKEG-Mitarbeiter hatten Kontakte zur militanten Neonaziszene. Eine führende Angestellte verhalf 1984 dem ehemaligen Führer der „Aktionsfront Nationaler Sozialisten", Michael Kühnen, zur Flucht.[433]

Der österreichische Ableger des „Kulturwerkes" wurde 1976 wegen neonazistischer Agitation verboten. Die daraufhin als Ersatzorganisation entstandene „Deutsche Kulturgemeinschaft" bot 1985 auf ihrer „9. Gästewoche" den berüchtigtsten Rassentheoretikern, Jürgen Rieger, Rolf Kosiek und Richard W. Eichler, eine Bühne.[434]

Herausgeber der „Deutschen Monatshefte", die im Verfassungsschutzbericht des deutschen Innenministeriums als „staats- und demokratiegefährdend" eingestuft werden, ist Gert Sudholt, Ziehsohn des ehemaligen Reichspressechefs Suendermann. Anfang der siebziger Jahre nimmt er als Kreisverbandsvorsitzender maßgeblich Einfluß auf die Politik der NPD. In seinen Verlagen erscheinen Druckwerke mit Titeln wie „Antigermanismus – Eine Streitschrift zu Dachau und Auschwitz" oder „Zions Griff zur Weltherrschaft".[435] Als Vorstandsvorsitzender der rechtsextremen „Gesellschaft für freie Publizistik" versammelte Sudholt alljährlich die Crème des europäischen Rechtsextremismus zu ideologisch-propagandistischen Seminaren um sich. Dabei wurden unter anderem Themen wie die biologische und politische Notwendigkeit „genetisch-hygienischer Maßnahmen" zur „Reinerhaltung des deutschen Volkes" diskutiert.[436]

Mit von der rechtsextremen Partie war unter anderem auch David Irving, der berüchtigte britische „Historiker", der die Neonaziszene seit Jahren mit Verharmlosungs- und Entschuldigungsliteratur munitioniert; Oswalt Mosley, der führende Verfechter britischer Faschismusorientierung; Adolf von Thadden, der ehemalige NPD-Vorsitzende. Und natürlich Andreas Mölzer, der gern gesehene „Neue Rechte" aus Österreich, der diesem Kreis unter anderem seine Vorstellungen von der „Überwindung Jaltas und Potsdams" unterbreiten durfte.

Für die Liberalen innerhalb der FPÖ mag dabei von Interesse sein, daß Mölzer von Experten des eigenen Lagers jenem Flügel der europäischen „Neuen Rechten" zugerechnet wird, der (wie der französische Vordenker Alain de Benoist schreibt) den „bürgerlichen Liberalismus" als Hauptfeind ansieht, weil sich dieser der Rassenmischung am wenigsten entgegenstelle.

Rassistischer „Kampf auf Leben und Tod"

Zu den Medien, in denen Mölzer veröffentlicht, zählt auch „Nation Europa". Gegründet wurde diese „Monatsschrift im Dienst der europäischen Neuordnung", in der die faschistische Elite aus ganz Europa publiziert,[437] vom ehemaligen SS-Hauptsturmführer und Chef der „Bandenbekämpfung" im Führerhauptquartier, Arthur Eberhardt.[438]

Kurz vor seinem Tod verfaßte Eberhardt einen „Aufruf zum Widerstand gegen den Volksmord", in dem er das Schreckgespenst eines „Genozidanschlages" gegen das deutsche Volk durch „Überfremdung" an die Wand malte. NPD-Funktionär Peter Dehoust, der die Zeitschrift weiterführte, sah seine Aufgabe vor allem darin, „die geistigen Waffen für diesen Kampf auf Leben und Tod bereitzustellen".[439]

Von Beginn ihres Erscheinens an schien die Zeitschrift darauf ausgerichtet, den nationalsozialistischen Geist neu beleben zu wollen. Sie gilt als ideologiestrategisches Schaltzentrum im Neofaschismus der Bundesrepublik. Das deutsche Innenministerium stuft sie 1968 als „wesentliches Agitationsmittel des internationalen Faschismus" ein. Andreas Mölzer schreibt in ihr gemeinsam mit Autoren, die in der wissenschaftlichen Literatur als „Exponenten der rassistischen Internationale" bezeichnet werden.[440]

In ihr finden sich Textpassagen wie die folgende: „Gegen die giftige Saat des Internationalismus und des Egalitarismus, die den Völkermord durch Vermischung und Durchrassung vorbereiten, sind verschärfte Maßnahmen notwendig."

Neben einschlägigem Theorieunterricht liefert das Blatt regelmäßige „Nachrichten von der Überfremdungsfront" sowie praktische Handreichungen und Material für Anti-Ausländer-Kampagnen. Besonderes Anliegen sind die Wiederherstellung des Rassismus als Kampfinstrument der Neuen Rechten, die Agitation gegen die sogenannte „Umerziehung" (Entnazifizierung) und die Propagierung der südafrikanischen Apartheidpolitik als Modell für die Neuordnung der Welt. Als Lösung des Problems der Überbevölkerung empfiehlt Dehoust 1985 allen Ernstes die Dezimierung der dritten Welt durch Hunger und Seuchen.

Entradikalisierung als Tarnung

Seit vielen Jahren publiziert Mölzer auch in der Zeitschrift „Mut", die einen bemerkenswerten Wandlungsprozeß hinter sich hat, wie er für einen wichtigen Teil des europäischen Rechtsextremismus typisch ist. Vom Sprachrohr des Revanchismus mit Autoren aus der rechtsextremen Ecke, das von einem NPD-Organ kaum zu unterscheiden war (Gründer und Chefredakteur Bernhard C. Wintzek kandidierte bei den deutschen Bundestagswahlen 1972 für die NPD), mutierte es, entsprechend der neurechten Strategie, zu einem betulichen Familienblatt.

Mit nahezu unveränderter Redaktionsmannschaft schmuggelt es seither seine rechtsradikalen Inhalte auf gut getarnten Schleichwegen ins Bewußtsein der Leser.[441] Noch 1979 war „Mut", nach einer unappetitlichen Kampagne gegen die Fernsehserie „Holocaust", in Deutschland als jugendgefährdend indiziert.[442] Seither wurde durch die Einbeziehung konservativer Autoren das vorrangige Ziel erreicht: Im Verfassungsschutzbericht des deutschen Innenministeriums wird das Blatt nicht mehr unter den staats- und demokratiegefährdenden Schriften erwähnt. Der Ausbruch aus dem Extremistenghetto ist gelungen.[443]

Ein Teil der Leserschaft reagiert auf diesen Wandel mit wenig Verständnis. Auch in Österreich. Gerhard Sailer, der 1987 zum Bundessekretär des „Ringes Freiheitlicher Wirtschaftstreibender" aufrückt, schreibt 1977 in einem Leserbrief: „Mit Besorgnis beobachte ich schon seit längerer Zeit die stetige Entradikalisierung Ihres Magazins."[444]

Mölzer zählt hier zu den „alten" Autoren. Er hat für „Mut" schon gearbeitet, als die Blattlinie noch die Handschrift von Konrad Windisch verriet, der bis 1984 die österreichische Redaktion betreute. Der Gründer der „Arbeitsgemeinschaft nationaler Jugendbünde Österreichs" war Herausgeber der neofaschistischen Kampfschrift „Der Trommler". Er zählte zu den bekanntesten Figuren der rechtsextremen Szene Österreichs, bis die zweite Verurteilung wegen neonazistischer Veröffentlichungen seinen weitgehenden Rückzug ins Privatleben erzwang.[445]

Mölzer halten keinerlei Berührungsängste von Alt- und Neonazis fern. In dem von ihm herausgegebenen Sammelband „Österreich und die deutsche Nation" schreibt er gemeinsam mit Norbert Burger. Der „Deutschen National-Zeitung" gibt er ein Interview. Vom Verein Dichterstein Offenhausen, einer kulturpolitischen Kleingruppe innerhalb des rechtsextremistischen Lagers, läßt er sich mit dem Josef-Hieß-Gedenkpreis auszeichnen.[446]

Beklemmende Parallelen:
Verachtung für die Demokratie

Haiders nationaler Jubelautor läßt sich unbekümmert in die Karten sehen. In seiner publizistischen Arbeit sind alle Kriterien nachweisbar, die der Klagenfurter Universitätsdozent Willibald Holzer Anfang der achtziger Jahre für die Definition von Rechtsextremismus erarbeitet hat.[447]

Mölzers Geringschätzung der österreichischen Nation kommt in einem Text zum Ausdruck, der im rechtsaußen stehenden Theorie-Organ „Staatsbriefe" erschienen ist:[448]

„Die Geschichte zeigt allerdings, daß allzu ausgehöhlte Systeme bereits vorher mangels innerer Legitimität zusammenbrechen. Möglicherweise wird der Historiker die Vorgänge um die Abwahl des Jörg Haider vom Amt des Kärntner Landeshauptmannes dereinst als die letzten Zuckungen des Systems von 1945 bezeichnen."

Das derart verächtlich gemachte „System von 1945", dem Mölzer sogar die „innere Legitimität" abspricht, ist die parlamentarische Demokratie, die auf den Prinzipien von Freiheit, Pluralismus und Rechtsstaatlichkeit beruht. Auf so unverblümte Ablehnung ist sie bisher nur bei ausgewiesenen Faschisten und Neonazis gestoßen, noch nie bei einem Politiker einer demokratischen Partei.

Mölzers „System"-Verachtung zeichnet sich durch bemerkenswerte Parallelität zu den Formulierungen der Nationalsozialisten aus. Adolf Hitler hat in der Zeit seines Aufstieges die Demokratie als „Krebsgeschwür" und das „System" als morsch und faul verunglimpft. Auch er hat dessen Zusammenbruch prophezeit, die „innere Legitimität" nicht anerkannt.

In seiner berühmt gewordenen Rede vor dem Düsseldorfer Industrieklub leitete Hitler die „Verfallszeiten der Nation" aus der „Negierung des Volkswesens" und der „Verneinung der Verschiedenartigkeit der Völker" ab.[449]

Mölzer sagt das alles mit anderen Worten. Aber er sagt es. Daß es so lange niemand merkte, liegt an den Medien, in denen er seine nationalen Ergüsse veröffentlicht. Die „Kärntner Nachrichten" und „Die Aula" erreichen nur ein einschlägig interessiertes Publikum, das gegen Geschichtsrevision und die Verwendung von Rassistenvokabeln wie „Umvolkung" nichts einzuwenden hat.

„Umvolkung" als Verfassungsanschlag

Die Entschuldigungsoffensive der FPÖ versuchte, Mölzers „unglückliche Wortwahl" beim Vortrag vor dem Freiheitlichen Akademikerbund in Salzburg als einmaligen Ausrutscher hinzustellen. Diese Darstellung läßt zwei Deutungen zu. Entweder spekulierten die freiheitlichen Beschwichtiger damit, daß niemand sich die Mühe machen würde, Mölzers bisherige politische Arbeit genauer unter die Lupe zu nehmen. Oder sie hatten den Inhalt der eigenen Parteimedien nicht aufmerksam genug gelesen.

Mölzer selbst behauptete gar, er habe mit diesem Wort „nichts Rassistisches" im Sinn gehabt. Es sei ihm „um Ethnologie, nicht um Biogenetik" gegangen.[450] In einem Leserbrief versicherte er, das unschöne Wort nur „skeptisch benutzt" zu haben.

Wer die publizistische Arbeit des nationalen FPÖ-Rechtsaußens ein wenig zurückverfolgt, erkennt jedoch: Er hat es immer wieder, und zwar in eindeutig rassistischem Zusammenhang, verwendet.

In seinen Salzburger Ausführungen reproduzierte Mölzer nur längst publizierte Texte. In der „Aula"[451] hatte er im Sommer 1989 seine völkischen Beobachtungen von der „biologischen Potenz" der Deutschen preisgegeben, die bisher stark genug gewesen sei, um eine „Umvolkung" zu verhindern. Heute aber bestehe die Gefahr für einen „überalterten und immer schwächer werdenden Volkskörper".

177

In den „Kärntner Nachrichten", deren rechtsextreme Schreibweise während der Zeit seiner Chefredaktion ausführlich dokumentiert ist, formuliert Mölzer unter anderem: „Wer die Umvolkung der Österreicher betreibt, nur um den deutschen Charakter des Landes zu tilgen, muß sich den Vorwurf des antigermanistischen Rassismus gefallen lassen."[452] Wenig später warnt er, durch vermehrte Einwanderung würde die „Umvolkung des Landes drohen".[453]

In einem Kommentar versteigt er sich sogar zu der These, die „großangelegte Umvolkung, wie sie die Propagierung einer multikulturellen Gesellschaft bedeutet", widerspreche dem „Verfassungsauftrag". Österreichs Politiker hätten nämlich „den Auftrag, im Dienste der einheimischen Bevölkerung zu arbeiten".[454]

Auch Haiders Rechtfertigungsversuch, Mölzers „Umvolkung" als „Wortkreation jüngeren Datums" zu verharmlosen,[455] ist objektiv unwahr. „Umvolkung" wurde in der Zeit des Nationalsozialismus für die gezielte Veränderung der „völkischen Substanz" verwendet: durch Eindeutschung und Umerziehung sowie durch „Ausmerzung" derer, die aus „objektiv feststellbaren Rassenmerkmalen" oder „staatsfeindlicher Gesinnung" dem deutschen Volke „nicht gewonnen werden konnten".

In diesem Zusammenhang taucht der unselige Ausdruck unter anderem in einer Stellungnahme zum „Generalplan Ost" auf. In unverwechselbarer Nazidiktion heißt es da: „. . . ob diese Fremdvölkischen jedoch innerhalb der vorgesehenen Zeit von 30 Jahren wirklich umgevolkt und eingedeutscht werden können, erscheint mehr als zweifelhaft."[456]

Es sind immer die gleichen Sündenböcke, die Mölzer an den völkischen Pranger stellt: Ausländer und „antigermanistische Rassisten"; also jene, die Ausländer ins Land lassen. Natürlich auch jene, die sich gegen seine rechtsradikale Schreibweise zur Wehr setzen: „Das unbefangene Eintreten für unsere ethnisch-kulturelle Identität wird immer wieder die sattsam bekannten ‚Antifaschisten' und ewiggestrigen ‚Nazijäger' auf den Plan rufen."[457]

Die Bezeichnung der Nazijäger als „Ewiggestrige" ist typisch für Mölzers revisionistische Geschichtsauffassung, die aus Tätern Opfer und aus Opfern Täter macht. Immer wieder deckt sich Mölzers historische Argumentation mit der Geschichtsfälschung alter und neuer Nazis.

„Als würden die Krematorien noch brennen . . ."

Schon in der Haider-Biographie „Eisbrecher" beschreibt er Hitlers Machtergreifung aus einseitig nationalem Blickwinkel: „Und insbesondere jene 98 Prozent, die im Frühjahr des Jahres 1938 für den bereits vollzogenen Anschluß stimmten, beweisen wohl, daß dieser schlechthin dem Willen fast aller Österreicher entsprach."

Kein Wort von der im April 1938 bereits vollzogenen vollständigen Entrechtung der österreichischen Juden, kein Wort von den Massenverhaftungen, von der Unterdrückung der Opposition, von der Manipulation der Abstimmung. Der Innsbrucker Politologe Anton Pelinka bezeichnet diese Darstellung „schlicht als Nazipropaganda": „Für Mölzer ist der Beginn der nationalsozialistischen Terrorherrschaft ein demokratischer Akt."[458]

Das folgende Mölzer-Zitat aus den „Kärntner Nachrichten" kann als geradezu klassisches Beispiel für die Verharmlosung und Relativierung nationalsozialistischer Verbrechen durch Vergleich und Aufrechnung gelten: „Medien und Meinungsmacher äußern sich allzu häufig so, als würden die Krematorien von Auschwitz noch brennen. Von den Lagern des Archipel Gulag spricht kaum einer. Und während ‚die veröffentlichte Meinung' uns . . . weismachen will, daß die größte Gefahr in einem neuen Aufmarsch der ‚braunen Kolonnen' bestehe, wird der Mantel des Schweigens über die Tatsache gebreitet, daß östlich unserer Landesgrenzen überaus reale Armeen mit ebenso realen Vernichtungswaffen bereitstehen."[459]

Das böse Zitat steht nicht allein. Es ist nur eines aus einer langen Reihe, mit denen sich Mölzer in die Tradition rechtsextremer Verharmloser stellt. Vergleich und Aufrechnung der nationalsozialistischen Greueltaten – in der wissenschaftlichen Literatur als eindeutiges Kennzeichen revisionistischer Geschichtsschreibung und rechtsextremer Geisteshaltung beschrieben – ist für ihn „Historikerpflicht".[460]

In der Zeit seiner Chefredaktion wurden die „Kärntner Nachrichten" wegen der Publikation neonazistischer Texte nach Auskunft des Innenministeriums verwaltungsstrafrechtlich verfolgt.[461]

„Kaum verhüllte Anschlußpropaganda"

Andreas Mölzer betreibt, wie das Landesgericht für Strafsachen Wien mit Urteil vom 25. 2. 1992 rechtskräftig gelten läßt, als „Chefideologe" Jörg Haiders „kaum verhüllte Anschlußpropaganda". Hans Rauscher hatte diese Formulierung im „Kurier"[462] verwendet, Mölzer die Veröffentlichung einer Entgegnung eingeklagt.

Der Wahrheitsbeweis ließ sich mit Textstellen aus Mölzers publizistischer Arbeit problemlos erbringen. In „Bausteine Mitteleuropas" spricht Mölzer Österreich Lebensfähigkeit und Zukunft ab. „Die Gesundung . . . wird nicht ohne äußere Hilfestellung vonstatten gehen können."

Mölzer läßt keinen Zweifel, was er mit „äußerer Hilfestellung" meint: „Auch wenn dies . . . die europäische Gemeinschaft sein wird, kann unser natürlicher Partner primär nur die Bundesrepublik Deutschland sein."

In seinem Buch „Und wo bleibt Österreich?" scheibt Mölzer, der „Weg zu einer deutschen Konföderation" biete die Chance, auf die 1806 und 1866 unterbrochene Traditionslinie der deutsch-mitteleuropäischen Geschichte zurückzugreifen: „auf die übernationale Reichsidee".

Unter anderem heißt es in der Urteilsbegründung: „Wenn Andreas Mölzer vom ‚ganzen deutschen Volk, von Hermannstadt bis Eupen und von Bozen bis Memel', spricht, so bietet dies auch für den nicht politisch Einäugigen geradezu eine signifikante Anlehnung an die Textstelle eines Liedes, das im ‚Dritten Reich' den nationalsozialistischen zugezählt wurde."

Die dreiköpfige Kommission, die Jörg Haider eingesetzt hat, um Mölzers freiheitliche Grundsatztreue zu überprüfen, fällt ein anderes Urteil. Nach Prüfung derselben Textstellen, die das Gericht als „kaum verhüllte Anschlußpropaganda" gelten ließ, kommt sie zu dem Schluß, Mölzer habe „sowohl mit seinem publizistischen Werk wie mit seinen Äußerungen das Parteiprogramm der FPÖ nicht verletzt". Der FPÖ-Rechtsaußen, der nach dem Wirbel um seine Umvolkungsrede die Funktion als Vorsitzender des Freiheitlichen Bildungswerkes hatte ruhen lassen, darf im Mai 1992 in dieses Amt zurückkehren.

FPÖ: in eine deutschnationale Zukunft

Viele in der FPÖ kennen (oder kannten) Mölzers Hintergrund nicht. Jörg Haider kennt ihn. Aus der Tatsache, daß er diesen Mann, der eindeutig und ungeschminkt rechtsextreme Positionen vertritt, zum Grundsatzreferenten und Leiter des Freiheitlichen Bildungswerkes gemacht hat, läßt sich ableiten, in welchem Geist er den Parteinachwuchs herangezogen wissen will. Und wie er sich die Zukunft der FPÖ vorstellt.

Nazis, die am Biertisch die Worte nicht halten können, finden sich auch in anderen Parteien. Es hat viele gegeben, die trotz ihrer braunen Gesinnung in SPÖ oder ÖVP etwas werden konnten. Aber es kommt eben darauf an, was man wird und warum man es wird. Parteien verstehen sich in erster Linie als Gesinnungsgemeinschaften. Politische Grundsatz- und Bildungsarbeit wird einem nicht trotz, sondern wegen seiner Gesinnung übertragen.

Man muß also annehmen: Mölzer hat in der FPÖ Karriere gemacht, nicht obwohl, sondern weil er kaum verhüllte Anschlußpropaganda betreibt, nicht obwohl, sondern weil er die österreichische Nation ablehnt. Er ist zum Leiter des Freiheitlichen Bildungswerkes aufgestiegen, nicht obwohl, sondern weil er dem demokratischen „System von 1945" die „innere Legitimität" abspricht, nicht trotz, sondern wegen seiner deutschnationalen, rassistischen und rechtsextremen Gesinnung.

Gegen „Auschwitzlüge" und „Schweinerepublik"

Das Schlagwort vom braunen Bodensatz in der FPÖ ist falsch. Männer brauner Herkunft und gestrigen Gedankenguts sind immer wieder bis in höchste Positionen aufgestiegen.

Ein Parteiobmann hat in einer berüchtigten Einheit der Waffen-SS gedient. Ein Justizminister wird von Mitgliedern der militanten Neonaziorganisation „Aktion Neue Rechte" als Kontaktperson für den Fall etwaiger Verhaftungen gehandelt.[463] Ein Landesparteiobmann verwendet die Nazivokabel von der „Rachejustiz".[464] Ein anderer lehnt es ab, sich vom „deutschnationalen Rassismus" zu distanzieren.[465] Mitglieder der Parteispitze überlassen der „Deutschen National-Zeitung" ihre völkischen Ergüsse zum Abdruck.

Braune Vergangenheit und deutschnationale Grundsatztreue haben Parteikarrieren eher gefördert als gebremst. Andreas Mölzer bezeichnet in seinem Buch „Eisbrecher" die SS-Vergangenheit von Friedrich Peter als Garantie für dessen Gesinnung. Tassilo Broesigke, als Präsident des Rechnungshofes in eines der höchsten Ämter der Republik aufgestiegen, hat gegen die Verlängerung der Verjährungsfrist für NS-Verbrechen in der Bundesrepublik Deutschland gewettert, die wegen nationalsozialistischer Propaganda mehrfach beschlagnahmte „National-Zeitung" für die „mutige" Vertretung ihrer eindeutigen Überzeugungen gelobt, die Ratifizierung der Antirassismus-Konvention durch Österreich als „unerträgliche Einschränkung des Rechtes auf freie Meinungsäußerung" bezeichnet und gegen die Umbenennung des 26. Oktober zum „Nationalfeiertag" polemisiert, weil es schließlich keine österreichische Nation gebe.[466]

Die Liste ließe sich endlos fortsetzen. Da war der Gemeinderat und stellvertretende Wiener FPÖ-Obmann, der vor einer Koalition mit dem „Juden Kreisky" warnte,[467] da war der frühere Obmann des Antisemitenbundes und einstige Reichsredner der NSDAP, der in der FPÖ Karriere machen durfte und sogar Ehrenmitglied wurde,* da

---

* Karl Peter, Abgeordneter im Wiener Landtag (siehe Peter Binding: Wiedergewinnung der Identität. Europa zwischen Abdankung und Selbstfindung; in: Pierre Krebs

waren die Wahlkampfaufrufe von Kommunalpolitikern, die Widerstandskämpfer gegen Hitlers Terrorregime als „Verräter" diffamierten.[468]

All das geschah schon lange vor Haider. Aber es geschah in einer Partei, der man ernsthaftes Bestreben zugestehen mußte, sich insgesamt, wenn auch in kleinen Schritten, von altem Gedankengut zu lösen. Es geschah in einer FPÖ, die sich bemühte, keine Zweifel mehr an ihrer demokratischen Gesinnung aufkommen zu lassen. Selbst unter Norbert Steger passierten deutschnationale Entgleisungen. Aber sie passierten in einer FPÖ, die sich erkennbar Richtung Liberalismus bewegte.[469]

Die Parteiführung glaubte damals, den politischen Ballast der alten Nazis auf ein biologisches Problem reduziert zu haben. Die Unverbesserlichen, die man aus Gründen der demokratischen Hygiene bei der Stange halten mußte, um ihr Abgleiten in Extremismus und Illegalität zu verhindern, würden irgendwann aussterben.

Unter Haider bekommen sie Junge. Hauptproblem der Liberalen sind nicht mehr die in der Partei als Auslaufmodelle geduldeten alten Ehemaligen, die der frühere Parteiobmann Steger schlicht „Kellernazis" nannte, sondern Quereinsteiger aus Haiders Erfolgsgeneration, die sich hinter der Gnade ihrer späten Geburt und historischer Unwissenheit verstecken, gleichzeitig jedoch offen und unmißverständlich an „tausendjähriges" Gedankengut anknüpfen.

Der Fall Dürr: „Sieg" und Niederlage

Die FPÖ, die lange Jahre hindurch eine Partei der alten Männer war, ist in die Hände jugendlicher Senkrechtstarter gefallen. Seit Spitzenleute über Nacht in der Versenkung verschwinden, um Unbekannten Platz zu machen, klingen die Witze gestandener Parlamentarier über die „Buberl-Partei" gequält.

[Hg.] 1981: Das unvergängliche Erbe. Siehe auch Informations- und Pressedienst der österreichischen Widerstandsbewegung, Sondernummer, Februar 1970: Dokumentation über die Freiheitliche Partei Österreichs.)

Der Burgenländer Robert Dürr ist ein typisches Exemplar dieser Haider-Günstlinge: jung, kämpferisch, stramm deutschnational, antisemitisch, ausländerfeindlich, durch keinerlei Bereitschaft angekränkelt, Verständnis für das Leid von NS-Opfern aufzubringen.

Die politischen Methoden der von ihm geführten bäuerlichen „Notwehrgemeinschaft" machen deutlich, wie wertvoll Dürr für eine Partei sein kann, die ihr Geschäft mit der Unzufriedenheit der Bürger macht. Im Herbst 1991 ziehen die vom ihm aufgeputschten Bauern vor das Anwesen des burgenländischen Landesrates Paul Rittsteuer, um ihren Protest gegen die Landwirtschaftspolitik zu artikulieren.

In Rittsteuers Abwesenheit terrorisieren sie mit einer „Demonstration" dessen Frau und den 88jährigen Vater bis an die Grenze zum Nervenzusammenbruch. Bevor sie abziehen, binden sie einen Strick an die Haustür, „zum Aufhängen", wie die Menge unüberhörbar grölt.[470]

Haider hat den rhetorisch begabten Bauernführer, an der gestandenen Hierarchie vorbei, in den Landtag und an die Parteispitze zu schleusen versucht. Dort wäre Dürr auch gelandet, wäre er seiner nationalen Sache und ihres mächtigen Fürsprechers nicht allzu sicher gewesen. Oder hätte wenigstens im entscheidenden Augenblick den Mund gehalten.

Mit naiver Offenheit gab der Jungblaue zu, an einer der widerlichsten Publikationen der rechtsextremistischen Kampfpresse mitgearbeitet zu haben. Das Impressum des deutschnational-rassistischen Hetzblattes „Sieg" hat ihn eine Zeitlang sogar als Mitglied der Schriftleitung ausgewiesen.[471]

Das Nazipamphlet des wegen Wiederbetätigung mehrfach belangten und rechtskräftig zu zwei Jahren Haft verurteilten Walter Ochensberger zeichnet sich durch militanten Rassismus, offenen Antisemitismus und Geschichtsfälschung in der unverschämtesten Form aus. In eindeutig nationalsozialistischer Diktion hetzt es gegen den demokratischen Rechtsstaat.

Dürr hetzte mit: unter anderem gegen die „Schweinerepublik", auf die Österreich zusteuere. Seinen Gesinnungsgenossen kündigte er an: „Seid versichert, noch einmal vierzig Jahre dauert es nicht."[472]

Wie dieser Satz, der vierzig Jahre nach Ende von nationalsozialistischer Terrorherrschaft und Zweitem Weltkrieg gesagt wurde, genau
zu verstehen ist, präzisiert er nicht.

Vor laufender Fernsehkamera will sich Dürr nicht einmal von der
Auschwitzlüge distanzieren, die „Sieg" in immer neuen Varianten
verbreitet.[473] Statt dessen befindet er: „Man sollte die Ansichten von
Wissenschaftlern, die sagen, in den deutschen Konzentrationslagern
wurden keine Juden vergast, veröffentlichen und nicht verbieten . . .
Vielleicht fürchtet sich jemand, wenn über die Auschwitzlüge gesprochen wird."[474]

Seine antisemitische Einstellung hat Dürr mehrmals schon durch-
klingen lassen: „Ich würde Waldheim nicht mehr wählen . . . weil er
laviert und in einer Synagoge Abbitte leisten will."[475]

Selbst die in „Sieg" regelmäßig erscheinenden Hetzartikel (Titel:
„Juden schweigt!", „Damit unser Land deutsch bleibt – Fremde
raus!", „Ein neuer Mengele muß her", „Rassismus ist Vaterlandslie-
be"[476]) finden Dürrs uneingeschränkte Zustimmung. Er habe, vertraute er der Zeitschrift „Basta" an, „in ‚Sieg' noch nie einen Artikel
gelesen, . . . von dem ich mich distanzieren würde".[477]

Freimütig bekräftigt Dürr, was er zuvor schon im ORF kundgetan
hatte: Er lese das „ansprechende" und „interessante" Blatt auch
weiterhin, gebe die Zeitschrift im Ort „an Interessierte weiter" und
identifiziere sich mit seinem Inhalt. „Vor allem mit den Artikeln, die
ich selbst geschrieben habe."[478]

Der Inhalt von „Sieg" ist vom Landesgericht Feldkirch als „nationalsozialistische Wiederbetätigung" klassifiziert worden. Die Zeitschrift reagierte auf die Verurteilung von Walter Ochensberger mit
neuen Diffamierungen von Gericht und Rechtsstaat.

Seit Jahren schon geifert das von Dürr so geschätzte Blatt gegen die
Rechtsprechung, die „Geschichtslügen wie den Auschwitz-Schwin-
del" mit „Racheparagraphen" verteidige und „umerzogene Bürger"
für eine „Verbrecher-Lynchjustiz" mißbrauche.

Nachdem das Feldkircher Urteil gesprochen ist, suchen die Nazihet-
zer ihre Sudelpropaganda gegen den Rechtsstaat in noch griffigere
Formulierungen zu verpacken. Ochensberger wird als „moralischer
SIEGer" über eine „geifernde, von Deutschenhaß triefende, marxi-

stisch angefaulte Rachejustiz" heroisiert, die mit „Stasi-, KGB- und Securitate-Methoden" gearbeitet habe.[479]

Richter und Staatsanwalt stellen die „Sieg"-Schreiber als „Kreaturen", die das „volksfeindliche Urteil verbrochen haben", namentlich „an den Pranger". „Feinde der Österreicher" hätten „mit kriminellen Methoden" „erpresserischen Druck" auf die Geschworenen ausgeübt: „Vielleicht fürchten die Geschworenen für ihr Leben oder das ihrer Kinder? Der bösartigen ausländischen Kamarilla ist alles zuzutrauen!"[480]

Daß Robert Dürr sich in dieser Gesellschaft bewegt und aktiv zur Verbreitung dieses Gedankengutes beiträgt, ist für Haider ein Kavaliersdelikt. Auch nach Aufdeckung des Skandals bezeichnet er Dürr als seinen persönlichen „Freund"[481] und einen „ausgezeichneten Burschen", von dem er eine „sehr hohe Meinung" habe.[482] Er werde ein „wertvolles Mitglied einer demokratischen Körperschaft" sein.[483] Für Haider ist der offensichtliche Rechtsextremist, der sich mit Nazipropaganda identifiziert und gemeinsam mit Neonazis an Herstellung und Verbreitung einer deutschnational-antisemitischen Hetzschrift teilnimmt, auch weiterhin ein „junger Idealist".[484]

Zur Verteidigung seines Freundes zückt der FPÖ-Obmann eine notariell beglaubigte „Klarstellung", die nach all dem Vorangegangenen wie ein unzeitgemäßer Aprilscherz oder eine Verhöhnung der Öffentlichkeit wirkt. In ihr versichert Dürr, er verabscheue nazistische Handlungen ebenso wie neofaschistisches Gedankengut.[485]

Jungliberale im Geist der Altnationalen

Die „Liberale Jugend Österreichs" nützt die Gelegenheit, ihren weltanschaulichen Standpunkt zu verdeutlichen. Sie fordert „Funktionsverbot und Parteiausschluß". Allerdings nicht für Dürr, sondern für Heide Schmidt, die „ihren geringen Instinkt durch unqualifizierte Angriffe auf eigene Leute zur Schau stellt".[486]

Es ist nicht das erste Mal, daß die Jungliberalen unter ihrem Obmann Elmar Dirnberger im Geist der Altnationalen argumentieren und durch besondere Illiberalität auffallen. Vor den Nationalratswahlen erhielten die FPÖ-Kandidaten Fragebögen zugeschickt, in denen minderheitenfeindliche, polizeistaatliche Treuebekenntnisse eingefordert werden:[487]

Würden Sie im Falle Ihrer Wahl die Einführung eines Gesetzes gegen Vagabundage und Landstreicherei unterstützen? Sind Sie für härtere Strafen bei Rauschgiftdelikten? Ist die Teilnahme von FPÖ-Funktionären an der inländerfeindlichen Aktion „Wien ist Heimat für alle" vertretbar? Sind Sie gegen Überfremdung? Gegen die „Diskriminierung" inländischer Kinder? Gegen die Gleichstellung von Homosexuellen?

Die „Kärntner Nachrichten" arbeiten mit den gleichen Methoden. Das FPÖ-Blatt druckt eine Rubrik „20 Fragen an prominente Persönlichkeiten" ab.[488] Sie ist nahezu wortgleich mit einer Veröffentlichung der neonazistischen „Deutschen National-Zeitung".

Eher skurril nimmt sich dagegen die Fragebogenaktion aus, mit der die Wiener Landesgruppe das freiheitliche Kunstverständnis testete: Hrdlicka-Denkmal ja/nein, Mozart-Denkmal ja/nein, Blumenschalen ja/nein ...

Rechtsextremisten als FPÖ-Kandidaten

Der braune Sumpf, den Steger hatte austrocknen wollen, treibt unter Haider wieder üppige Blüten. Bei Nationalrats-, Landtags- und Gemeinderatswahlen tauchen Rechtsextremisten aller Schattierungen gleich zu Dutzenden in den Listen der FPÖ auf. Darunter sind nicht nur „Mitläufer", sondern auch Großkalibrige, die sich durch Mitarbeit in einschlägigen Organisationen einen festen Platz im „Handbuch des österreichischen Rechtsextremismus" gesichert haben.

Innenminister Franz Löschnak bestätigte die Kontakte zwischen FPÖ und Rechtsextremistenszene.[489] Die Staatspolizei habe bei ihren Ermittlungen „Querverbindungen" zu freiheitlichen Funktions- und Mandatsträgern festgestellt.

Einer von ihnen ist der notorische Deutschtümler Helmut Kowarik. Der Wiener Gemeinderat zählt zu den Ämterkumulierern in rechtsextremistischen Organisationen, die alle in irgendeiner Form dem Ziel dienen, „Deutsche vor dem Verlust ihres Volkstums zu schützen". Natürlich hat Kowarik als Referent auch zu jenem illustren Kreis aus Neonazis, Rassisten, Kriegsverbrechern und führenden Vertretern europäischer Faschismusorientierung Zugang gefunden, dem die „Arbeitsgemeinschaft für demokratische Politik" (AfP) regelmäßig eine Bühne bietet.[490]

Auf FPÖ-Listen finden sich Namen wie Erich Slupetzky, unverbesserlich ausländerfeindlicher Sohn von Anton Slupetzky, der das Auschwitz-Gas „Zyklon B" nach Mauthausen geliefert hatte. Sohn Erich wurde nach dem Krieg wegen Wiederbetätigung verhaftet.[491] Dann machte er Karriere im Österreichischen Turnerbund (ÖTB). In der Zeit seiner Obmannschaft wurde die „neofaschistische Schreibweise" der „Bundesturnzeitung" vom Wiener Landesgericht rechtskräftig festgestellt.[492]

In zahlreichen Artikeln hatte das ÖTB-Organ im „Originalwortlaut nationalsozialistischer Propagandaliteratur" (Gerichtsurteil) historische Betrachtungen angestellt. Unter anderem über die „Kriegserklärung des Weltjudentums an Deutschland" oder den „heroischen Opfergang der Waffen-SS".[493]

Auf die Frage des Richters, warum die Buchempfehlung über „Idee und Gestaltung der Hitler-Jugend" in die „Bundesturnzeitung" aufgenommen wurde, hatte Slupetzky mit entwaffnender Offenheit geantwortet: „Weil das ein Buch ist, das von uns als empfehlenswert empfunden worden ist."[494]

Als Wilfried Gredler 1980 von der FPÖ zum Präsidentschaftskandidaten nominiert worden war, wurde er in einem Pamphlet aus der Propagandaküche der Neonazis attackiert. Rebellierende Rechtsextremisten aus dem Kreis der „Waffenstudenten" warfen ihm vor, als Widerstandskämpfer „Landesverrat" und mit seinem Bekenntnis zur österreichischen Nation „Volksverrat" begangen zu haben.

Den unappetitlichen Appell an braune Gesinnungsgenossen für eine Wahl Norbert Burgers hatte auch Günter Grassner unterzeichnet. Haiders FPÖ belohnte die mehrfach zur Schau gestellte Prinzipientreue 1991 mit einem sicheren Listenplatz für die Linzer Gemeindewahl.[495] Auf den freiheitlichen Listen tummeln sich ehemalige Spitzenkandidaten* und Landessprecher der NDP**, Mitglieder rechtsextremer Vereinigungen, ehemalige Aktionisten der militanten „Aktion Neue Rechte" (ANR)***, deren uniformierte Schläger einst von einschlägigen Veranstaltern als „Saalschutz" angefordert werden konnten, Repräsentanten des „Volkstumskampfes" gegen Kärntner Slowenen, Vortragende bei rechtsradikalen Veranstaltungen, Gastautoren in rechtsradikalen Blättern, militante Ausländerfeinde, Geschichtsfälscher und Hitler-Verherrlicher. Wer, wie Wiens Oberblauer Rainer Pawkowicz, „nur" an einer „Julfeier" teilgenommen und dort, gemeinsam mit Norbert Burger und Mitgliedern der „Kameradschaft IV", das Treuelied der SS gesungen hat, wird in der nach rechtsaußen gewendeten FPÖ bereits dem „liberalen Flügel" zugerechnet.[496]

Die FPÖ ist die erste Partei, die einen Teil ihrer Kandidaten nach gewonnener Wahl nicht selbst vorstellen muß. Das übernimmt, mit Hinweis auf die jeweils rechtsextremen Verbindungen, das „Dokumentationsarchiv des österreichischen Widerstandes". Nicht weniger als 37 teils hochrangige FPÖ-Funktionäre und Mandatare werden von den im Archiv tätigen Wissenschaftlern mit rechtsextremistischen Vereinigungen in Verbindung gebracht.[497]

Auch der Aufstieg von Gerhard Sailer zum Bundessekretär des „Ringes Freiheitlicher Wirtschaftstreibender" zeigt, daß man als ausgewiesener Rechtsextremist Karriere in der FPÖ machen kann. Sailer war aktives Mitglied der ANR, und zwar ausgerechnet in den siebziger Jahren, als diese militante Extremistengruppe durch Überfälle auf und Störaktionen von antifaschistischen Veranstaltungen von sich reden machte.

Bei Gewalttätigkeiten vor den Hochschulwahlen kommt es im März

---

* Peter Milanollo kandidierte im Oktober 1991 als FPÖ-Kandidat für den Linzer Gemeinderat, nachdem er in den siebziger Jahren als Spitzenkandidat der NDP kandidiert hatte (siehe Hans Safrian: Amnesie durch Amnestie. Zur österreichischen Entsorgung der Vergangenheit).

** Der Simmeringer Dietmar Sulzberger war Landessprecher der 1980 behördlich aufgelösten NDP und Mitglied im Komitee zur Verbreitung der Gedichte des wegen Wiederbetätigung vorbestraften Gerd Honsik. Nach Protesten in der Öffentlichkeit verzichtete er darauf, sein FPÖ-Mandat anzutreten (siehe: Anlauf, 1/1992).

*** Elmar Dirnberger, Mitglied der FPÖ-Landesparteileitung Wien, hatte 1977 bei den ÖH-Wahlen die ANR unterstützt (Der Standard, 18. 11. 1991).

1977 zu Verletzten, bei einem Überfall auf ein KPÖ-Lokal nur zu Sachschäden. Hitlers Geburtstag feiert die ANR in Braunau mit einer Kundgebung in voller Uniform. Auch hier kommt es zu Ausschreitungen.

Sailer machte aus seiner rechtsextremistischen Gesinnung kein Geheimnis, wie sein bereits erwähnter Leserbrief an die rechtsradikale Zeitschrit „Mut" verdeutlicht: „Mit Sorge beobachte ich schon seit längerer Zeit die stetige Entradikalisierung Ihres Magazins."[498]

Wen kann es da noch wundern, daß der Innsbrucker Vizebürgermeister Michael Passer sich dagegen ausspricht, Hakenkreuz-Schmierereien zu entfernen, „damit sie nicht neuerlich angebracht werden", wie er in entwaffnender Naivität erklärte.[499]

Burgers Lob nach Gespräch mit Haider

Wenn Haider sich mit Rechtsradikalen trifft, ist er um Geheimhaltung bemüht. Es war eine Panne, daß sein vertrauliches Gespräch mit Norbert Burger bekanntwurde.

Nach Aufdeckung der konspirativen Zusammenkunft im Hause von Otto Scrinzi durch „profil"[500] schien sich der Führer der (mittlerweile wegen Verfolgung neonazistischer Ziele aufgelösten) „Nationaldemokratischen Partei" (NDP) an die vereinbarte Vertraulichkeit nicht mehr gebunden zu fühlen. Offen plauderte er über Anlaß und Inhalt des nationalen Gipfeltreffens.[501]

Er habe den Eindruck, daß Haider den Termin „ganz bewußt angestrebt und herbeigeführt" habe, nachdem seine Äußerungen in einem „profil"-Interview[502] „in nationalen Kreisen große Empörung ausgelöst hatten".

Der FPÖ-Obmann hatte dabei Dinge gesagt, die Rechtsextremisten, die Vernichtungslager und Gaskammern leugnen, als Provokation empfinden. Er hatte die Verbrechen in Auschwitz und Treblinka als Massenmord bezeichnet und zudem betont, diese dürften nicht mit Kriegsverbrechen der Alliierten in einem Atemzug genannt werden, „weil sie nicht Folge des Krieges waren, sondern dem Rassenwahn des NS-Staates entsprungen sind".

Burger hatte Haider unmittelbar nach der Veröffentlichung in einem zehnseitigen Brief wütend attackiert.[503] Scrinzi beklagte sich, der FPÖ-Obmann sei „neben wissenschaftlich gesicherten Fakten gestanden".[504]

Mit dem Ergebnis des Gesprächs, das dem FPÖ-Obmann die Möglichkeit bot, die nationale Ecke zu versöhnen, zeigte sich Burger zufrieden. „Haider hat sich von den Aussagen im ‚profil'-Interview distanziert und weitgehend unsere Position eingenommen."[505] Scrinzi beschrieb diese Distanzierung so: „Haider hat uns darauf hingewiesen, daß dieses Interview der Extrakt eines mehrstündigen Gesprächs sei, der zwangsläufig Verkürzungen enthält."[506]

Nach dem Gespräch resümierte Burger: „Die Bedingungen für die Arbeit der nationalen und volkstreuen Kräfte innerhalb der FPÖ haben sich radikal verbessert. Man kann sich heute in der FPÖ wieder dazu bekennen, national zu sein und dazu, daß einem das Deutschtum über alles geht. Wir haben jetzt günstigere Möglichkeiten als selbst zu Zeiten Friedrich Peters. Man ist in der FPÖ kein Außenseiter mehr, wenn man sich zu den Grundsätzen der NDP bekennt."[507]

Im Lager der nationalen Extremisten hat Haider durch das Geheimtreffen an Vertrauenswürdigkeit gewonnen. Zufrieden erinnert sich Burger an das Versprechen des FPÖ-Obmannes, keine der sogenannten Gedenkveranstaltungen zum Jahr 1938 zu besuchen. „Er hat das, soweit ich das beurteilen kann, auch eingehalten."[508]

13. KAPITEL

Führer und Führerpartei

Wiener Erklärung: zwischen Wort und Wirklichkeit

Nach Haiders politischem Kraftakt, mit dem er im März 1992 ins Parlament zurückkehrt und Norbert Gugerbauer aus dem Sessel des Klubobmannes drängt, soll die „Wiener Erklärung"[509] der medialen Dauerkritik den Wind aus den Segeln nehmen. Was als Demonstration freiheitlicher Prinzipientreue inszeniert ist, mißrät zur Dokumentation von politischer Unehrlichkeit und Heuchelei. Zu weit klaffen Wort und Wirklichkeit auseinander.

Haider beschwört den Grundkonsens der Verfassungsordnung und bekennt sich zum Persönlichkeitswahlrecht. Aber er hat für seine Rückkehr nach Wien 22 vor ihm auf der Liste stehende Kärntner Parteifreunde dazu gezwungen, auf ihr Mandat zu verzichten.*

Er ist mit den Abgeordneten Mautner-Markhof und Gugerbauer umgesprungen, als wären die vom Volk in freier Wahl vergebenen Mandate sein persönlicher Besitz. Er hat mit Walter Candussi einen gewählten Kommunalpolitiker aus seinen Funktionen gedrängt, ohne auch nur den Stadtparteivorstand damit zu befassen. „Bei uns wäre das ein Fall für das Verfassungsgericht", hat die Grande Dame des deutschen Liberalismus, Hildegard Hamm Brücher, Haiders Umgang mit in demokratischer Wahl vom Volk vergebenen Mandaten kritisiert.[510]

In seiner Wiener Erklärung wünscht sich der FPÖ-Obmann für das Gemeinwesen „Personen mit Sachverstand" und nicht „handlungs-

---

* Bei den Nationalratswahlen hatte sich Haider als Kärntner Landeshauptmann vorsorglich auf den 26. und letzten Platz der Landesliste setzen lassen. Um mit Mathias Reichhold, der seinen Platz im Nationalrat räumt und als Landeshauptmann-Stellvertreter nach Kärnten geht, Platz tauschen zu können, müssen 22 andere Kandidaten verzichten.

unfähige Lemuren". Der gleiche Haider aber bootet kompetente Großkalibrige wie Mautner-Markhof oder Gugerbauer aus, während er Jasager, Leibwächter und Kofferträger ohne politisches Eigengewicht als Claqueure seiner Selbstinszenierung in Spitzenpositionen hievt.

Haider geißelt das Klima von Anpassung und Unterwürfigkeit, wettert gegen Denk- und Sprechverbote, fordert Rückgrat und aufrechten Gang. Er selbst aber duldet weder Kritik noch Widerspruch, wie die politischen Leichen verdeutlichen, die seinen Weg nach oben säumen. Wer nicht kuscht, fliegt. Selbst Heide Schmidt hat sich beugen müssen, um nicht gebrochen zu werden.

„Bei der Verteidigung der Ideale von Freiheit und Menschenwürde kann es keinen Kompromiß geben." Das sagt ein FPÖ-Chef, der die berüchtigte „Lorenzener Erklärung" deckt, in der „vorgegebene Unterschiede . . . an menschlicher Würde" parteioffiziell festgeschrieben sind. Auch den Beitrag seines burgenländischen Parteifreundes Rauter zum Thema Menschenwürde – Zwangseinsatz für Arbeitslose, um deren „Arbeitsmoral" zu erhöhen – hat Haider unwidersprochen hingenommen.

Wie eine kabarettistische Selbstpersiflage wirkt es, wenn Haider ausgerechnet Thomas Bernhard als „Meister . . . in der hohen Kunst der Übertreibung" zum Zeugen gegen das „System" aufruft. Anläßlich der Aufführung von „Heldenplatz" hatte der FPÖ-Chef noch gewettert, solch „subventionierte Staatsbeschimpfung" bedeute einen „Mißbrauch" der Steuergelder „zum Schaden dieses Landes".[511]

Einen Schwerpunkt der „Wiener Erklärung" bildet das uneingeschränkte Bekenntnis zu Österreich, „mit seiner Unvergleichlichkeit, seiner Unverletzbarkeit und seiner Unabhängigkeit". Es wird vom selben Mann abgegeben, der die österreichische Nation eine „Mißgeburt" nannte, der die deutsche Wiedervereinigung als die „kleine Version der Wiedervereinigung" bezeichnete (was nur bedeuten kann, daß es auch eine „große Version" hätte geben können). Das sagt einer, der seinen Grundsatzreferenten den Verzicht Großdeutschlands auf sieben Millionen „Alpendeutsche" beklagen läßt.

Den politischen Gegnern wirft Haider vor, mit DDR-Politikern Freundschaften gepflegt zu haben, die „vor Stacheldraht und Mauern

Menschen morden ließen". Der gleiche Mann aber preist national-sozialistische Kriegsverbrecher als „historisch verdiente Persönlich-keiten", duldet in den Medien seiner Landespartei offene Hitler-Ver-ehrung und Huldigungen für Nazigrößen.

„Geschichtsfälscher retten die Freiheit nicht, sondern bedrohen sie." Dieses Zitat von Václav Havel gebraucht ein Mann, der Wider-standskämpfer gegen die verbrecherische Nazidiktatur bei anderer Gelegenheit als „Verräter" bezeichnet, den kriegerischen Einsatz für Hitlers Terrorregime zum Kampf „für Frieden und Freiheit" ver-fälscht und damit nahtlos an die Selbstdarstellung der Nationalsozia-listen anknüpft.

Ehemalige Mitglieder der als Verbrecherorganisation verurteilten Waffen-SS hat Haider zu Vorbildern für die Jugend hochgelobt, das Konzept kriegerischer Unterwerfung Europas unter die germanische Herrenrasse zum Eintreten für ein Europa gleichberechtigter Völker verklärt. Welche Art „Geschichtsfälschung" es ist, die er in seiner „Wiener Erklärung" als Bedrohung der Freiheit empfindet, sagt Haider nicht.

Dafür beschwört er mit „Nie wieder 1934 und 1938" eine konflikt-freie Zukunft. In den Parteimedien aber duldet der selbe Mann die Glorifizierung von Hitlers Machtergreifung und trägt zu dieser Ver-sion ein persönliches Lob für die „ordentliche Beschäftigungspolitik im Dritten Reich" bei.

Ausgerechnet der größte Polarisierer einer Partei, deren Funktionäre und Medien politische Gegner als „Blutegel" und „Beutesoziali-sten", „Chaoten", „Klugscheißer" und „Anarchokommunisten" be-schimpfen, die Demonstranten zu „Pöbel" und Wissenschaftler zu „akademischem Ungeziefer" machen,[512] beschwert sich über die „Haßgefühle" der anderen.

Dieser Mann plädiert für eine Gesellschaft „mit menschlichen Wer-ten und nicht eine mit wertlosen Menschen". Seine „Menschlich-keit" hat er bewiesen, indem er den jüdischen Emigranten von 1942, Robert Jungk, als Nazibejubler verleumdet und persönlich tief ver-letzt hat.

Die „wertlosen Menschen" aber wecken zumindest bei den Opfern des menschenverachtenden Systems, das „unwertes Leben" ausmerzte, unheilvolle Erinnerungen. Wie manches andere in der „Wiener Erklärung".

Die maßlosen Angriffe auf ein in seinen Schwächen hysterisch überzeichnetes „System" und eine als „hilflos" dargestellte Regierung, die Verunglimpfung der Gegner als „Altparteien", den Feldzug gegen „scheindemokratische Macht- und Herrschaftsverhältnisse", den Kampf gegen „Bonzenprivilegien und Parteibuchwirtschaft", die Eigendarstellung als „Volks-" oder „Bürgerbewegung": all das hat es in einer bewältigt geglaubten Vergangenheit schon gegeben.

Ausgerechnet Haider, dessen Auftritte so unverkennbare Parallelen zu Hitlers Populismus in der Zeit seines politischen Aufstiegs vor der Machtergreifung erkennen lassen, warnt davor, ein Abgleiten in die Anarchie würde Rufe nach einem starken Führer auslösen.

Höhepunkt der „Wiener Erklärung" aber bilden acht Punkte, die alle mit den gleichen Worten beginnen: „Wer mit mir geht . . ."

Noch nie in der österreichischen Nachkriegsgeschichte hat ein Politiker Grundsätze seiner Partei derart auf seine Person zugespitzt. Noch nie hat sich einer derart als Maß und Mittelpunkt aller Dinge herausgestellt.

Dieser Schluß zeigt besser als alles andere, was aus der FPÖ geworden ist: eine Führerpartei, in der Gleichschritt gefordert ist.

Was das in der politischen Praxis bedeutet, wird Ende Juni 1992, bei der Abstimmung über den Präsidenten des Rechnungshofes, sichtbar. Die FPÖ-Abgeordneten demonstrieren totale Unterwerfung, indem sie ihre Stimmzettel markieren. Dieser Anschlag auf das Wahlgeheimnis, der Hans Rauscher im „Kurier" an die Methoden von NS-Ortsgruppenleitern bei der „Ja zum Anschluß"-Volksabstimmung erinnert, gibt Einblick in den Zustand der FPÖ-Fraktion. Sie scheint nur noch aus einem Puppenspieler und 32 Marionetten zu bestehen.

„Wer mit mir geht . . ."

Die bedingungslose Loyalität, die Haider für sich fordert, ist er anderen immer schuldig geblieben. Drei Männern hat Haider besonders viel zu verdanken. Alle kamen unter seiner tatkräftigen Mithilfe zu Sturz.

Der erste war Friedrich Peter. Er „entdeckte" den jungen Jörg anläßlich eines Redewettbewerbs des Turnerbundes, holte ihn zur Partei, ebnete ihm in Oberösterreich den Weg in die große Politik.[513]

1978 beteiligte sich Peters einstiges Protektionskind, das in der Parteihierarchie rasch aufgestiegen war, an der geheimen Vereinbarung liberaler Hoffnungsträger über eine zukünftige „Reichsteilung": Haider sollte Klubobmann im Parlament, Grabher-Meyer Generalsekretär, Friedhelm Frischenschlager Programmchef und Leiter der politischen Akademie, Steger Parteiobmann werden.[514]

Haider interpretierte das konspirative Handschlagabkommen jedoch anders als seine Mitstreiter. Statt Wartestellung zu beziehen, bis die Positionen frei würden, bestand er darauf, die alten FPÖ-Granden rasch aus ihren Ämtern zu drängen.[515]

Weil Steger sich seinen immer stürmischer werdenden Forderungen widersetzte, Friedrich Peter endlich zu entmachten, um den für ihn vorgesehenen Platz freizumachen, sorgte Haider von Kärnten aus für Krachs am laufenden Band, profilierte sich als nationaler Herausforderer des liberalen Parteichefs und provozierte schließlich den offenen Machtkampf, der ihn an die Spitze brachte.[516]

Haiders zweiter Förderer hieß Mario Ferrari-Brunnenfeld. Als Kärntner Parteiobmann holte er 1975 den jungen „Goscherten", der sich in Oberösterreich ins Abseits geredet hatte, nach Kärnten.[517] Er machte den 25jährigen zum Landesparteisekretär und Landtagsabgeordneten und schickte ihn mit 28 nach Wien in den Nationalrat.

Haider bedankte sich dafür mit einem Intrigenspiel, das seinen Förderer in Etappen aus der Politik drängte. Bei der Regierungsbildung 1983 nötigte er Steger, mit Hilfe der Kärntner Bataillone, Ferrari-Brunnenfeld als Staatssekretär auf. Der damalige FPÖ-Chef war damit nicht in der Lage, ein Norbert Gugerbauer gegebenes Wort einzulösen.[518]

Haider zog aus dieser Konstellation doppelten Vorteil. Auf der einen Seite hatte er jenen Keil zwischen Steger und Gugerbauer getrieben, der Voraussetzung für das Zusammenspiel von Kärnten und Oberösterreich bei der Ausbootung des Parteiobmannes war. Auf der anderen Seite nützte er geschickt die Übersiedlung des Kärntner Parteichefs nach Wien zur Durchsetzung eines Unvereinbarkeitsbeschlusses im Landesvorstand. Ferrari-Brunnenfeld mußte zum Landesrat auch die Parteiführung zurücklegen. Haider rückte in beide Positionen nach.[519]

Seinem Mentor ließ er nur den Bezirk Klagenfurt. Nicht für lange. Weil Ferrari-Brunnenfeld und dessen Villacher Freund Franz Thaler als innerparteiliche Kritiker hätten gefährlich werden können, legte Haider 1988 die FP-Bezirksorganisationen von Klagenfurt-Stadt und Klagenfurt-Land sowie von Villach-Stadt und Villach-Land zusammen. Beide Widersacher verloren ihre Positionen.[520]

FPÖ-Gemeinderäten, die dieser Maßnahme kritisch gegenüberstanden, wurde – ohne Abhaltung eines Parteigerichts – telegrafisch ihr Ausschluß wegen „parteischädigenden Verhaltens" mitgeteilt.[521]

Zwei Jahre später machte Haider die unorganische Verschmelzung rückgängig. Wieder aus taktischen Gründen. Treue Diener ihres Herren mußten belohnt werden.[522]

Der dritte Mann, der für Haider in einem entscheidenden Augenblick Kastanien aus dem Feuer geholt hatte, heißt Norbert Gugerbauer. Der ehrgeizige Rechtsanwalt hatte sich bei Steger dafür gerächt, bei Personalentscheidungen zweimal übergangen worden zu sein. Zuerst bei der Regierungsbildung, nach Peters Abgang bei der Besetzung des Klubobmannes, als Steger sich für Frischenschlager entschied.[523]

Gugerbauer war Mitorganisator und strategischer Kopf jener konspirativen Treffen, bei denen Stegers Sturz vorbereitet worden war. Auf dem legendären Parteitag 1986 sorgte er mit einer brillanten Rede für den Stimmungsumschwung zugunsten Haiders.[524]

Wahrscheinlich muß man zu den drei Männern, die Haider förderten, bevor sie über ihn stürzten, noch eine Frau zählen. Kriemhild Trattnig, Schwester des nationalen Bauernführers und Scrinzi-Anhängers Alois Huber, hatte mit Hilfe ihres Familienclans die nationale Kärntner Basis auf Haider eingeschworen und auch bei der Vorbereitung des Putsches gegen Norbert Steger eine mitentscheidende Rolle gespielt. Als das altmodische Äußere und autoritäre Gehabe der nationalen Grenzlandschützerin zu einer Belastung für das fortschrittliche

Image der FPÖ zu werden begann, sorgte eine innerparteiliche Flüster- und Spottkampagne für ihren raschen und glanzlosen Abgang. Immer öfter bekam Haiders langjährige Weggefährtin anzügliche Bemerkungen und beleidigende Witzchen über ihre „verstaubten Ansichten", den strengen Haarkranz und die „Kärntner Bluse, auf der ständig ein Schatten von Mutterkreuz zu sehen ist", zu hören.

Am Vorabend des Gasteiner Bundesparteitages im Mai 1992 machte Bundesgeschäftsführer Gernot Rumpold den internen Spott durch eine Kabarettnummer öffentlich. Trattnig reagierte auf den demonstrativen Applaus des FPÖ-Chefs, wie es die Initiatoren erwarten konnten: mit ihrem zornigen Rücktritt. Die „Mutterweglegung" war gelungen. Der FPÖ-Chef, der sich stark genug fühlte, um auf den Huberclan nicht mehr angewiesen zu sein, hatte „Ballast abgeworfen", wie es ein Parteifreund formulierte.

Welcher Methoden sich Haider zur Sicherung seiner Macht bediente, kam durch Zufall ans Licht. Als Zeuge unter Wahrheitspflicht stehend, bestätigte der vom FPÖ-Chef aus seinen politischen Ämtern gedrängte ehemalige Klagenfurter Vizebürgermeister Walter Candussi einen im Februar 1983 geschlossenen und vom Nachrichtenmagazin „profil" dem Gericht vorgelegten Geheimpakt, in dem sich die beiden Jungpolitiker gegenseitiger Hilfestellung versicherten. Zumindest bei der Intrige gegen Ferrari-Brunnenfeld dürfte Haider von diesem Abkommen profitiert haben.

Kriemhild Trattnig erklärte nach ihrem Ausscheiden, sie hege den „begründeten Verdacht", daß noch andere Personen in Haiders Umgebung durch solche Karriereverträge an den Parteichef gebunden seien. Der Mann, der gegen Funktionärsfilz und Freunderlwirtschaft der Altparteien zu kämpfen vorgibt, scheint seinen eigenen Aufstieg durch Funktionärsfilz und Freunderlwirtschaft abgesichert zu haben.

Politische Leichen am Wegrand

Nicht erst seit Gugerbauers Ausbootung und Trattnigs Abgang wissen Haiders politische Begleiter, wie dünn das Eis ist, auf dem sie sich bewegen. Schon vorher hatte der FPÖ-Chef rücksichtslos unter jenen aufgeräumt, die nicht rechtzeitig und demonstrativ genug zu ihm übergelaufen waren.

Stegers Fast-Nachfolger Helmut Krünes, einen der wenigen ernstzunehmenden Rivalen, läßt er über Details seiner Wahlkampffinanzierung stürzen. Walter Grabher-Meyer, der nach Stegers Abwahl einen Zusammenbruch erlitten hatte, wird so unter Druck gesetzt, daß er als Vorarlberger Spitzenkandidat resigniert und aus der Partei austritt.

Der Burgenländer Paul Schiessler, der jeden wissen läßt, Haider nicht gewählt zu haben, wird durch Indiskretionen über Parteibezüge aus dem Weg intrigiert.[525] Der Steirer Ludwig Rader, als Parteitagsredner für Steger in Ungnade gefallen, verschwindet in der Versenkung. Haiders persönliche Freundschaft mit Walter Candussi hält genau so lange, bis dieser sich eine kritische Bemerkung leistet.

Im Juni 1992 spielt Haider bei Meinungsverschiedenheiten in der Salzburger Parteiführung nicht Schiedsrichter, sondern Scharfrichter. Nach seinem Kurzauftritt sind Parteichef Volker Winkler, Klubobmann Hans Buchner und Stadtrat Dieter Masopoust entmachtet.

Ein Teil der über Haider Gestürzten schlägt zurück. Ferrari-Brunnenfeld diagnostiziert nach seinem Austritt aus der FPÖ, unter Haider funktioniere die Partei nach dem „Führerprinzip" und mache einen „minifaschistoiden Eindruck". Er wolle sich nicht länger mit Funktionären auseinandersetzen, für die „die Liberalen immer nur die Scheißliberalen, die Juden, die Freimaurer, die Plutokraten et cetera gewesen sind".[526]

Steger artikuliert in mehreren Interviews „Verachtung" dafür, daß sein Nachfolger nichts gegen „Nazi- und Narrenhaftes" tut,[527] für Peter ist Haider „der einzige Mensch, dem ich nicht die Hand geben würde",[528] Grabher-Meyer wird „speiübel", wenn er zurückdenkt.[529] Die Paradeliberalen von einst wie Volker Kier, Christian Allesch, Gustav Lohrmann, Johannes Strohmayer oder Hans-Jörg Tengg haben von selbst die Partei verlassen. Einige mit bösen Briefen, die auch noch in den Medien abgedruckt wurden.

Der „schlampige Umgang mit der braunen Vergangenheit und Gegenwart" offenbare „ideologische Führungsschwäche", befand Gustav Lohrmann. Stegers einstiger persönlicher Referent und Kabinettschef wollte sich von Parteifreunden nicht länger damit trösten lassen, daß „alle Gasthaussäle voll sind".

Also überließ er dem „profil" sein Austrittsschreiben, in dem er unter anderem formuliert: „Ich habe von einer Zeit gehört, in der auch ein Redner, gebürtig aus Oberösterreich, die Säle füllte. Und wenige mahnten oder traten gegen ihn an, weil der ‚Erfolg' ihm recht gab . . . Ich möchte wenigstens nicht geschwiegen haben und nicht dabeigewesen sein . . ."[530]

Die in der Partei verbliebenen Liberalen verabsäumen es, sich zu einem handlungsfähigen Flügel zusammenzuschließen. Einzeln sind sie schwach.

So werden auch jene zu Haiders Opfern, die (vorerst) in ihren Positionen verbleiben. Holger Bauer, Friedhelm Frischenschlager, Helene Partik-Pablé, der nach Kärnten und ins nationale Lager gewechselte Jörg Freunschlag, zuletzt sogar Heide Schmidt. Sie unterwerfen sich den Spielregeln, die Haider aufstellt, verleugnen liberale Grundsätze, um ihre Jobs nicht zu gefährden.

Haider hat seiner Partei mehr genommen als einige liberale Flügelleute. Er hat das zerstört, was in anderen Ländern liberale Parteien ausmacht: innerparteiliche Demokratie, Pluralität, Individualismus und die transparente Streitkultur kompetenter Köpfe.

Der FPÖ-Chef macht Existenzangst zum Zuchtmeister. Es ist kein Zufall, daß der einzige, der offenen Widerstand leistet, vielfacher Millionär ist.

Mautner-Markhof, dessen Familienimperium von einem jüdischen Vorfahren gegründet wurde, will weder Mölzers nationale Ausfälle noch das „schlechte Benehmen" jener dulden, für die ein Mitglied des FPÖ-Klubs hinter vorgehaltener Hand das böse Wort von Haiders „Rotzbuben"[531] geprägt hat. Vor allem aber ist er nicht bereit, die Wende rückwärts zu einer antiliberalen, deutschnational-kleinbürgerlichen „Führerpartei" widerspruchslos hinzunehmen.

Er kann es sich leisten. Andere können das nicht und müssen sich beugen. Heide Schmidt inklusive. Seit Haider ihr den Mund verbot, indem er mitten im Präsidentschaftswahlkampf den Druck ihrer Wahlplakate vorübergehend stoppen ließ,[532] weiß jeder in der FPÖ, was es bedeutet, sich einem „Führerbefehl"[533] zu widersetzen.

Norbert Gugerbauer hat sich öffentlicher Demütigung im wahrsten Sinn des Wortes durch Flucht entzogen. Auch er hat als Rechtsanwalt ein sicheres Auskommen. Seine einstigen Mitstreiter aber sind von Haider abhängig. Alle wissen, daß die Partei in Bedeutungslosigkeit versinkt, wenn der Mann geht, auf den sie zugeschnitten ist. Ihre Karrieren und Arbeitsplätze stehen auf dem Spiel. Sie sind Haiders Gefangene.

Ein Putsch fände auch dann nicht statt, wenn die Gegner des Parteiobmannes in der Überzahl wären. Sie sind es nicht. Rechtzeitig hat Haider dafür gesorgt, durch eigene Leute seine Hausmacht zu stärken.

Keinem seiner Neulinge bietet sich eine Alternative zum verordneten Gleichschritt. Für den ehrgeizigen Rechtsintellektuellen Mölzer ist die vom Parteichef durchgeboxte Entsendung in den Bundesrat eine einmalige Chance, seine nationalen Extrempositionen in einem demokratischen Gremium als Mandatar einer demokratischen Partei vertreten zu können.

„Schimanski"[534] Bernd Gauster, der fröhlich-biedere Exleibwächter, wird unter keinem anderen Parteiobmann die Chance erhalten, sein Einkommen durch einen Bundesratsbezug auffetten zu können. Für Pressesprecherin Susanne Riess gilt ähnliches. Nur die besondere Situation der Haider-FPÖ ermöglichte ihren Einzug in das parlamentarische Ländergremium.

Walter Meischberger, Karl Schnell und Mathias Reichhold sind Politiker, weil Haider sie dazu gemacht hat. Reichhold, der aus dem Nichts zum Generalsekretär und Landeshauptmannstellvertreter von Kärnten aufgestiegene Landwirt, soll gesagt haben: „Ich schreibe Mathias mit einem t – außer wenn es der Jörg anders will."[535] Die Geschichte ist im Kern auch dann wahr, wenn sie nur gut erfunden ist.

Nach dem Vorbild des Führers

„Nicht Leitsätze und Ideen seien die Regel Eures Seins. Der Führer selbst und alleine ist die heutige und künftige deutsche Wirklichkeit und ihr Gesetz."

Mit diesen Worten beschrieb der deutsche Philosoph Martin Heidegger in seinem unrühmlichen Lobgesang auf den Nationalsozialismus eine Besonderheit rechtsextremer Parteien: Nicht das Programm, der Führer macht die Politik.*

Bei den Parteitagen der NSDAP bis 1934 wurden keine Programme diskutiert, keine Argumente ausgetauscht. Die Regie dieser Veranstaltungen vermittelte politische Ästhetik, zelebrierte den Führerkult als Gemeinschaftserlebnis.

Das 25-Punkte-Programm der NSDAP war den Parteimitgliedern weitgehend unbekannt. Für die Anhänger galt, was und wovon der Führer gerade sprach.[536] Dieser konzentrierte sich auf drei Themen: Rassentheorie, Systemkritik und Krisenbotschaften, die er geschickt miteinander verknüpfte. Juden und Systemparteien waren die Schuldigen, der Führer die Rettung.

Die rechtsextremistischen Parteien ganz Europas haben dieses Strickmuster übernommen. Sie alle verfügen über Programme mit breitgefächertem Themenspektrum, die in der Praxis nahezu bedeutungslos sind. Politik machen sie nur mit jenen wenigen Themen, die ihre Führer in den Wahlkämpfen vorgeben.

Die Haider-FPÖ reiht sich nahtlos ein. Das unter Steger modernisierte Parteiprogramm bezieht Position zu nahezu allen Politikbereichen. Von praktischer Bedeutung für die tagespolitische Auseinandersetzung aber sind nur jene wenigen Themen, die Haider der Partei in den Wahlkämpfen vorgibt: Ausländerproblem, Systemkritik und Krisenbotschaften.

Die Themenverknüpfung findet ganz nach dem Muster von einst statt: Ausländer und Altparteien sind die Schuldigen, Haider personifiziert die Rettung.

Mediale Aufmerksamkeit, die ihren Aufstieg ermöglicht, erweckt die FPÖ nicht durch ihre politische Arbeit, sondern durch Haiders angriffige Sprüche. Sie sind das „Programm", obwohl sie in Wirklichkeit nur ein geringes Programmsegment abdecken.

---

* „Nicht Theorie, sondern Praxis, nicht Programmdebatten, sondern Rituale, nicht politisches Denken, sondern Haltung, Gesinnung und Weltanschauung prägen die extreme Rechte", beschreibt Hans-Gerd Jaschke (Die Republikaner. Profile einer Rechtsaußen-Partei) dieses Phänomen.

Haider hat den Wandel der FPÖ zur autoritären Führerpartei sorgfältig geplant und konsequent durchgezogen. Seit 1988 ist er um eine einheitliche Linie bemüht: „Was in einer Partei zählt, ist Gesinnung. Die hat es in den vergangenen Jahren nicht immer gegeben. Getreu dem alten Sprichwort: Ist die Katze aus dem Haus . . . Seit 1986 ist die Katze wieder da. Der Kirchtag ist aus."[537]

Mitte 1991 wird Haider noch deutlicher. Während er als gefeierter Superstar in Bierzelten und Gasthaussälen Gefolgschaftstreue einmahnt, beginnt er im kleinen Kreis (aber natürlich in Gegenwart von Journalisten) über ein Leben ohne Politik nachzudenken. Die Disziplinierung der FPÖ mit der Rücktrittsdrohung hat begonnen.

„Ich werde ein einheitliches Erscheinungsbild in der ganzen Partei durchsetzen. Das ist die Führungsaufgabe, die noch zu erledigen ist." So offen bekennt er sich bei Wahlveranstaltungen zu einer Zukunft autoritärer Parteistrukturen.[538]

In Zeitungsinterviews formuliert er Sätze wie diese: „Wer sich von der politischen Linie absentiert, muß gehen. Da muß man Härte zeigen."[539]

Im Spätsommer 1991 zieht er einen Schlußstrich unter die Zeit mühsamer personeller Einflußnahme durch Druck und Intrige. Er läßt sich von der Partei einen Blankowechsel für das Vetorecht in allen Personalentscheidungen ausstellen.

Das neunköpfige Parteipräsidium wird zum allwöchentlichen Rapport vergattert. Haider spricht von „Koordination der freiheitlichen Politik". Seine Stellvertreter nennen es – anfangs noch scherzhaft – „Befehlsausgabe".

Der damalige Klubobmann Norbert Gugerbauer verkannte die neue Gangart als „Formalisierung" eines ohnehin schon gegebenen Zustandes.[540] In Wirklichkeit ist es mehr. Die einzelnen Parteigliederungen haben den Kernbereich ihrer Eigenständigkeit preisgegeben. Jetzt besteht diese nicht einmal mehr auf dem Papier.

Der Chef des „Instituts für Strategische Markt- & Meinungsforschung", Karl Spitzenberger, beschreibt die Auswirkungen des Führungsstils auf FPÖ-Anhänger anhand einer Umfrage so: „Haider signalisiert, was seine Kernschichten anspricht: das Führerprinzip, die Notwendigkeit der Loyalität bei angeblicher Außenbedrohung, die Drohung mit seinem Abgang und den damit verbundenen Untergang der Partei."[541]

Haider weiß, daß autoritäres Durchgreifen der Beliebtheit nicht schadet. Ein Großteil seiner Anhänger bejubelt ihn als „Mann, der sich etwas traut". Rüder Umgang mit Freunden und Gegnern wird zum fixen Bestandteil seiner Selbstinszenierung.[542]

Der FPÖ-Obmann beantwortet Kritik Mautner-Markhofs nicht mit Sachargumenten, sondern mit einem Ultimatum. Nach Gugerbauers Abgang erklärt er schroff, er leiste sich „nicht den Luxus, über etwas zu diskutieren, worüber es nichts mehr zu diskutieren gibt". Und: „Ich pflege keine vierzehntägigen Trauersessionen über getroffene Entscheidungen abzuhalten. Ich bin schon ein Stück weiter."[543]

Adolf Hitler hat in „Mein Kampf" das Führerprinzip mit den folgenden Worten beschrieben: „Man begriff nie, daß die Stärke einer politischen Partei keineswegs in einer möglichst großen und selbständigen Geistigkeit der einzelnen Mitglieder liegt, als vielmehr im disziplinierten Gehorsam, mit dem ihre Mitglieder der geistigen Führung Gefolgschaft leisten."

Die Wortkaskade wirkt verstaubt. Ihr Inhalt ist aktuell geblieben.

14. KAPITEL

Parteibuchwirtschaft und Postenschacher

Parallelen in Wort und Tat

Mit ähnlichem Vokabular wie die Nationalsozialisten in der Zeit ihres politischen Aufstiegs Ende der zwanziger, Anfang der dreißiger Jahre agitiert Jörg Haider heute gegen das „rot-schwarze Sittenbild . . . von Politik, Korruption und Gaunerei"[544], die „totalitäre rot-schwarze Einheitspartei"[545] oder die „rot-schwarzen Blutegel[546].

Unter Hitler hieß das, in ganz ähnlicher Diktion, „Bettgemeinschaft von Rot und Schwarz" oder in Reimform: „Schwarz und Rot / machen die deutsche Heimat tot."[547]

„Wir müssen mit diesem Krebsgeschwür der Parteibuchwirtschaft endgültig Schluß machen", erklärt der FPÖ-Chef im Mai 1990.[548]

Es klingt wie das Zitat aus einer Hitler-Rede. Auch der Führer hatte gerne Begriffe aus der Medizin verwendet. „Krebsgeschwür" zählte zu seinen Lieblingsvokabeln.

In Punkt 6 des Programmes der NSDAP hieß es zum Thema Parteibuchwirtschaft: „Wir bekämpfen die korrumpierende Parlamentswirtschaft einer Stellenbesetzung nur nach Parteigesichtspunkten ohne Rücksicht auf Charakter und Fähigkeiten."

Wie Hitler in der Zeit seines Aufstiegs drischt Haider verbal auf das „Bonzentum" und die „Privilegien der alten Parteien" ein.[549]

Auch Haiders Selbstinszenierung als Saubermann, der im „korrupten System" der „Gaunerparteien" Ordnung schaffen will, drängt historische Parallelen auf. Für seinen Kampf gegen „arbeitslose Einkommen" von Politikern, etwa aus Aufsichtsratsposten, gibt es ein Vorbild.

„Ich versichere, keinerlei Aufsichtsratsposten in Banken oder sonstigen Unternehmungen zu bekleiden." Eine solche Erklärung muß-

ten die oldenburgischen NSDAP-Abgeordneten 1932 bei der Partei-
leitung hinterlegen, um ihr Mandat annehmen zu können.[550]

Damals wie heute klaffen Wort und Tat weit auseinander. Zum
Beispiel bei der Postenvergabe. Haider tut genau das, wogegen er
anzukämpfen vorgibt: Er benachteiligt qualifizierte Bewerber, um
Parteimitglieder und Protektionskinder zu versorgen.

Wer sich große Verdienste erworben hat, wird von ihm mit großen
Posten versorgt. Andreas Mölzer schrieb eine Jubelbiographie,
Bernd Gauster deckte ihn bei Wahlkampfauftritten als Bodyguard
gegen geworfene Tomaten ab.[551] Beide landeten im Bundesrat.

Kleinere Verdienste werden mit entsprechend kleineren Posten belohnt. Gerd Freunschlag ist nur der Bruder des Haider-Freundes und
FP-Politikers Jörg Freunschlag. Für einen Bundesrat ist das zu
wenig. Er muß sich mit der vergleichsweise bescheidenen Position
eines Aufsichtskommissärs der Kärntner Sparkasse begnügen.[552]

In der kurzen Zeit als Kärntner Landeshauptmann macht Haider
FPÖ-Karrieren möglich. Vor allem im Schuldienst hat er Gelegenheit, die von ihm so lange geforderte Objektivierung durchzusetzen.
So erhält der Bezirk mit dem zweithöchsten Slowenenanteil einen
Schulinspektor, der, im Gegensatz zu seinen Mitbewerbern, nicht
slowenisch spricht. Dafür ist er Obmann des FPÖ-Lehrerver-
eins.[553]

Interventionen beim Vizekanzler

Nach seiner Ausbootung gibt Norbert Steger Einblick in Stöße von
Interventionsschreiben. In ihnen legt Haider dem Vizekanzler jeweils „besonders geeignete" Bewerber ans Herz. Diese sind entweder selbst FPÖ-Mitglied oder zumindest durch verwandtschaftliche
Verhältnisse besonders qualifiziert: „. . . die Tochter des . . . hat sich
beim Außenministerium für die Aufnahme in den höheren Dienst
beworben . . ."[554]

Oder: „. . . darf ich Dich bitten, in Parteienverhandlungen mit der
SPÖ, Herrn . . . in Vorschlag zu bringen. Durch seine Bestellung
würden sich auch für uns große Vorteile ergeben, da zum ersten Mal

an einer schwarzen Schule ein Freiheitlicher zum Leiter bestellt werden würde . . ."[555]

Haider hat den beschämenden Postenschacher, wie er in Österreich leider zum politischen Alltag gehört, nachweislich ebenso professionell betrieben wie die von ihm wegen ihrer Parteibuchwirtschaft kritisierten Politiker der „Altparteien". Gleiches gilt für andere FPÖ-Politiker, die zu Ämtern, Würden und Einfluß kamen.

So wurde beispielsweise im Rechnungshof Tassilo Broesigkes jahrelang zelebriert, wogegen die FPÖ wetterte: Parteibuch- und Freunderlwirtschaft. Hier war selbst ein parteiunabhängiger Universitätsdozent und hochrangiger Experte für Finanzwissenschaft chancenlos, wenn sich ein minderqualifiziertes FPÖ-Mitglied bewarb.[556]

15. KAPITEL

Die Macht der Sprache

Haiders „Dritte Republik"

In ganz Europa haben die Aufsteiger vom rechten Rand die Gewalt der Sprache wiederentdeckt. Adolf Hitler hat einst vorexerziert, wie man sie als Kampfmittel einsetzt. Er schaute dem Volk aufs Maul, sprach nicht den Intellekt, sondern Gefühl und Instinkt seiner Zuhörer an.

Jörg Haider bedient sich, wie auch Le Pen oder Schönhuber, der gleichen sprachlichen Mittel. Man darf unterstellen: Nicht aus Dummheit, historischer Ahnungslosigkeit oder Instinktlosigkeit setzt der FPÖ-Chef auf die erprobte Wirkung jenes aufputschenden Vokabulars, mit dem Hitler und seine Chefpropagandisten ihre Zuhörer in kollektiven Rausch versetzten.

Haider weiß, daß Hitler den Totschlagbegriff von der „Mißgeburt" Österreichs[557] geprägt hat. Haider weiß, daß die Nationalsozialisten ihren Aufstieg als Trommler gegen die „Altparteien" des „morschen Systems" schafften.

Es nütze nichts, dieses System zu reformieren und „alte Parteien" zu unterstützen, hatte Joseph Goebbels 1930 formuliert. „Es ist innerlich morsch und faul geworden."

Österreich sei ein „morsches Staatsgebäude der schwarz-roten Altparteien", wird Jörg Haider im Januar 1988 in der Tagespresse zitiert.[558] Die „Herrschaftsrechte der Systemparteien müssen gebrochen werden", formuliert im Oktober des gleichen Jahres der Freiheitliche Pressedienst.[559]

Wie Hitler in der Zeit seines politischen Aufstieges sagt Haider die Ablöse des „Systems" voraus: „Auf dem Weg in die Dritte Republik" stehe nicht mehr die Machtaufteilung zwischen Rot und Schwarz im Vordergrund, zitiert ihn der FPÖ-Pressedienst.[560] Deutlicher kann die Anspielung auf Hitlers Weg ins „Dritte Reich" kaum mehr sein.

Andreas Mölzer, Haiders nationaler Grundsatzreferent, formuliert es ähnlich. Er sagt den Zusammenbruch des „ausgehöhlten Systems ... mangels innerer Legitimität" voraus.[561]

Wie einst die Nazipropagandisten spricht Haider von den „alten Parteien" stets in negativem Zusammenhang, wenn er sie etwa für Mißstände verantwortlich macht.[562] Wie einst Hitler behauptet heute Haider, die „alten Parteien" würden Ideen, Argumente und Slogans der Opposition übernehmen.

„Die ,üblen Schlagworte' der ,gefährlichen Opposition' pflegen dann plötzlich reif für eine Überprüfung zu sein und tauchen ... wie selbstverständlich im Wissensschatz der alten Parteien auf", hatte Hitler in „Mein Kampf" formuliert.

Bewußt und provozierend bricht Haider mit den sprachlichen Tabus der Nachkriegszeit.[563] Er tut es nicht einfach als „der Jörg, der sich etwas traut". Es ist kein grundsätzlicher Kampf gegen Tabuisierung. Haider respektiert Tabus, weist gelegentlich sogar Kulturschaffende zurecht, die an ihnen rühren.

Mit seinen regelmäßigen Anleihen aus dem Wortschatz der Nationalsozialisten und der Zwischenkriegszeit wendet er sich ausschließlich gegen jenes sprachliche Tabu, das nach Kriegsende zu einem wichtigen Bestandteil des antifaschistischen Grundkonsenses geworden ist.[564]

Ein typisches Beispiel dafür liefert der FPÖ-Chef bei einer Gedenkrede zum Kärntner Abwehrkampf,[565] in der er ein geflügeltes Wort der Nationalsozialisten abwandelt: „Am Kärntner Wesen könnte auch diese Republik genesen!"[566]

Die Abwandlung des alten Dichterwortes „Am deutschen Wesen soll die Welt genesen" war für die Nationalsozialisten Bekenntnis zur großdeutschen Herrenrasseideologie. Adolf Hitler hatte es gerne zitiert: „Der Deutsche hat ein geflügeltes Wort vom deutschen Wesen, an dem die Welt einmal genesen würde. Er sieht seine Aufgabe darin, nicht nur für sich, sondern auch für die anderen etwas zu leisten."[567]

Haiders Anspielung auf das „deutsche Wesen" erfolgt in eindeutig positivem Zusammenhang. Die Deutschen aber haben ihr „Wesen" durch Krieg und Unterwerfung ganz Europa aufzuzwingen versucht. Opfern mag es auch ein halbes Jahrhundert nach Kriegsende noch schwerfallen, das „deutsche Wesen" vollständig von ihren Erfahrungen mit Faschismus, Krieg und Völkermord zu trennen.

Der deutsche Expansionswille hat noch andere geflügelte Wörter entstehen lassen: „Denn heute gehört (oder: da hört) uns Deutschland / und morgen die ganze Welt", sang man damals. Auch dieser Text signalisiert deutsches Sendungsbewußtsein, deutlich erkennbar als Vorstufe zum kriegerischen Imperialismus.

Ein (für Haider wichtiger) Teil des Publikums könnte aus seiner Wortwahl also mehr heraushören als ein Bekenntnis zur politischen Heimat: die Rehabilitierung des deutschen Wesens, vielleicht sogar die Ankündigung, dieses von Kärnten aus auf ganz Österreich zu übertragen. Etwa nach dem Motto: „Denn heute gehört uns Kärnten / und morgen das ganze Österreich."[568]

Distanzierung und Bekenntnis

Haiders Anspielung auf die NS-Zeit teilt das Publikum in zwei Zielgruppen. Mit einem exklusiven Kreis Gleichgesinnter grenzt er sich von den anderen ab. Für jene, die ihm kritisch gegenüberstehen, gilt buchstabengetreu das gesprochene Wort. Seine Anhänger denken sich bereitwillig das dazu, was er nicht aussprechen darf.

Kein anderer Politiker hat sich so oft wie Jörg Haider vom Nationalsozialismus distanziert. „Man muß akzeptieren, daß hier ein Landeshauptmann steht, der von NS-Gedankengut freier ist als viele seiner Vorgänger", erklärte er beispielsweise nach einem Jahr Regierungszeit in Kärnten. „Mich kotzt das genau so an, daß es über diese Frage bei uns immer wieder Diskussionen gibt, obwohl wir uns davon klar distanzieren", läßt er sich in der Tagespresse zitieren.[569]

Haider ist nicht der einzige, der so redet. Rechtsextremisten in ganz Europa haben die Distanzierung als gleichermaßen wirkungsvolle wie unverfängliche Form der politischen Zeichensprache entdeckt. In Deutschland ist es Schönhuber, der sich gar nicht oft und gar nicht entschieden genug vom Nationalsozialismus distanzieren kann. In

Frankreich ist es Le Pen, der jede Gelegenheit wahrnimmt, sich von autoritärem Gedankengut zu distanzieren.

Eine Studie von Franz Januschek, Privatdozent an der Carl-von-Ossietzky-Universität Oldenburg, gibt deutlicher als bisherige Arbeiten Hinweise darauf, welche Funktionen die Distanzierung in der politischen Auseinandersetzung erfüllt und welche Möglichkeiten sie bietet.[570] Gesinnungsfreunden, die angesprochen werden sollen, kann Distanzierung auch das Gegenteil signalisieren: Seht her, ich stehe in Verdacht!

Der Volksmund weiß, daß dort, wo Rauch ist, auch Feuer sein muß. Durch ständige Distanzierung werden Zweifel also eher geweckt als beseitigt.

Wie durch die oben erwähnten Anspielungen läßt sich auch durch Distanzierung unter den Angesprochenen eine exklusive Kleingemeinschaft bilden. Sie enthält eine Botschaft, die verschiedene Empfängergruppen in verschiedener Form erreicht.

Dem kritisch eingestellten Gegenüber dient sie als Alibi, auf das man sich auch in Zukunft immer wieder berufen kann. Einem Kreis von Eingeweihten aber, mit dem man sich durch die Nachkriegserfahrung verbunden weiß, Gesinnung nicht offen zur Schau stellen zu dürfen, gibt man sich als Schicksals- und Leidensgefährte zu erkennen: Ich muß mich gegen den Verdacht wehren (wie du), ich muß meine wahre Meinung verstecken (wie du), ich werde zur Verleugnung meines Standpunktes gezwungen (wie du). Einen ähnlichen Mechanismus lösen demonstrativ betonte Bekenntnisse zur Demokratie aus. Auch sie sind fester Bestandteil rechtsextremer Selbstdarstellung. Auch durch sie werden Zweifel eher geweckt als ausgeräumt. Auch sie enthalten neben dem eigentlichen Wortgehalt das Signal in umgekehrte Richtung: Seht her, ich stehe in Verdacht.

Wenn Haider die FPÖ im Parteipressedienst als „Wählerbewegung" beschreibt, die „keinen Schritt außerhalb der Demokratie tut", nützt er diese Mechanismen. Gleichzeitig schließt er an die Selbstdarstellung der Nationalsozialisten an, die sich selbst als „Volksbewegung" beschrieben.

Januschek sieht als Ergebnis seiner Arbeit in Haiders ständigen Distanzierungen eine doppelte Funktion: Auf der einen Seite enthalten sie ein Identifikationsangebot an ein vorhandenes, von rechtsextremem und nationalsozialistischem Gedankengut geprägtes Wählerpotential und nähren Zweifel. Auf der anderen Seite machen sie jene, die Zweifel äußern, mundtot. Als Beispiel dafür führt er den folgenden Fall an.

Der „totale Krieg"

Im Herbst 1988 bezeichnete Haider die Zusammenlegung der Landtagswahlen in Kärnten, Tirol und Salzburg als „totalen Krieg" gegenüber der freiheitlichen Opposition.[571] Er verwendete damit ein geflügeltes Wort aus der vielleicht berühmtesten Rede von Joseph Goebbels.[572]

Bei seinem Auftritt im Berliner Sportpalast vollzog der Propagandaminister Anfang 1943 die Wende in der Kriegspropaganda vom Triumph zur Verbissenheit. Sein rhetorisch brillanter Kampf gegen die Resignation, die sich nach dem Fall Stalingrads auszubreiten drohte, ist in die Geschichte eingegangen. Einem der Ekstase nahen Publikum stellte er die Frage: „Wollt ihr den totalen Krieg?" „Wir wollen ihn!" hatte es vieltausendfach zurückgeschallt.

Der Interviewer macht Haider darauf aufmerksam: „Sie verwenden den historisch belasteten Begriff vom ‚totalen Krieg'. Warum tun Sie das?"

Er spielt damit dem FPÖ-Chef in die Hände. Dieser erhält Gelegenheit, sich zu distanzieren, den Ausdruck zurückzunehmen. Er erklärt die Verwendung des Goebbels-Zitats damit, daß „ich so unbelastet bin, daß ich auch Ausdrücke verwenden kann, die einfach auf die Situation passen". Dann setzt er hinzu: „Wenn das jemand verletzend findet, na dann sagen wir halt Fehdehandschuh." Es wirkt wie eine freundliche Geste für jene, die Worte auf die Goldwaage legen.

Der FPÖ-Chef erzielt damit Wirkung nach beiden Seiten. Er setzt sich durch die Verwendung des Begriffes dem Verdacht geistiger Nähe zu nationalsozialistischem Gedankengut aus. Gleichzeitig aber nimmt er durch dessen Zurücknahme und die folgende Distanzierung seinen Gegnern die Möglichkeit, ihm das vorzuhalten.[573]

Wertung ohne Widerspruch

Eine wirksame Methode, negative Wertungen dem Widerspruch zu entziehen, ist die Verbindung der Bezeichnung für Personen, Parteien oder Einrichtungen mit der Kritik zu einem einzigen Begriff. Der Behauptung, die Politik eines Ministers führe zu Arbeitslosigkeit, kann man widersprechen. Wenn ein Politiker einfach als „Arbeitslosenminister" bezeichnet wird, ist das schwierig. Für die Zuhörer sind Arbeitslosigkeit und Minister untrennbar miteinander verbunden. „Nominalverbindung" nennt das der Sprachwissenschaftler. Die Nazis haben sich dieser perfiden Methode mit Vorliebe bedient. Haider hat sie perfektioniert: „Gaunerrepublik", „rot-schwarze Belastungsmaschinerie", „hemmungsloser Belastungsvandalismus", „Bankrottminister", „orientierungslose Pleitengemeinschaft".

Hitler in „Mein Kampf": „parlamentarisches Gaukelspiel". Haider im Freiheitlichen Pressedienst: „ideologisches Gruselkabinett". Hitler: „politisierender Dreikäsehoch". Haider: „politisierender Bankdirektor".[574]

Stigmatisierung des Namens

In einer Dissertation des Jahres 1935 wird die nationalsozialistische Sprache so charakterisiert: „Es geht um die Masse des Volkes, und um diese zu gewinnen, mußte man sich notwendig der modernen Propagandamittel bedienen . . . kurze, prägnante Formen, charakterisierende und typisierende Ausdrücke, unterstützt durch einen beißenden Spott, der schier unerschöpflich durch alle Reden und Schriften der Partei fließt."[575]

Die Verspottung und Herabwürdigung des politischen Gegners durch Stigmatisierung des Namens zählte zu den wirksamsten Kampfmitteln der Nationalsozialisten. Auf diese Weise wurde Ende der zwanziger, Anfang der dreißiger Jahre beispielsweise die Autorität des Berliner Polizeivizepräsidenten Bernhard Weiß untergraben.[576]

Goebbels hatte den vehementen Verfechter republikanischer Staatsautorität, der wie kaum ein anderer gegen den braunen Straßenterror der Nazis auftrat, durch bloße Vertauschung des Vornamens lächerlich gemacht. Er nannte ihn „Isidor", oder, in Anspielung auf die jüdische Herkunft, „Isidor mit der langen Nase". Ungesagt belegte er ihn dadurch mit allen Schmähattributen, mit denen die Nazis in ihren Reden und Schriften den, damals noch verbalen, Vernichtungsfeldzug gegen die Juden führten.

Schmähung und Verspottung durch Stigmatisierung des Namens zählt auch zu Haiders verbalen Kampfmitteln: „Ferdinand der Ahnungslose", „Ferdinand der Sparstrumpfplünderer", „Ferdinand mit der leeren Tasche": Der Name eines Finanzministers wird so zum Synonym für Unfähigkeit und Rücksichtslosigkeit.[577]

Vergleiche aus dem Tierreich

Typisch für die Hetz- und Kampfsprache der Nazis waren Vergleiche aus dem Tierreich. Auch Haider verwendet sie. Beim Parteitag der niederösterreichischen FPÖ im Juni 1988[578] formuliert er unter anderem, ein fairer Wahlkampf setze voraus, daß „Herr Ludwig bereit ist, seine politischen Kettenhunde an die Leine zu nehmen".

Der erkennbar angesprochene Landesparteisekretär Gustav Vetter revanchiert sich mit dem Satz: „Das sind Methoden, wie die alten Nazis sie in den zwanziger Jahren begonnen haben."

Haider klagt. Der als Sachverständiger zugezogene Professor Ernst Hanisch aber bestätigte in seinem Gutachten die Einschätzung Vetters.[579] Hitler habe die Tiermetapher als Kampfmittel gegen politische Gegner, vor allem gegen die Juden, eingesetzt: „Sie wurden als Schädlinge, Parasiten, Bazillen, Trichinen, Läuse, Blutegel bezeichnet."

Natürlich auch als Schweine oder Hunde. „Du riechst nach Hund", sudelten politische Hetzblätter über Mißliebige.[580]

Haider verwendet dasselbe Vokabular: Burgschauspieler bezeichnet er als „Parasiten, die keine Leistung erbringen",[581] die Parteichefs der Großparteien als „Schweinehirten". Bei einem Wahlkampfauftritt bekräftigt er: „Es geht uns um die Schweine, die wir aus den Ställen ausmisten wollen."[582]

Der Bundeskanzler ist für ihn ein „Schlangentänzer" in der Ausländerfrage.[583] An ihm gemessen sei „ein Siebenschläfer ... ein Bündel an Energie".[584] Den ehemaligen SP-Zentralsekretär Heinrich Keller beschreibt er, beinahe liebevoll, als „politische Giraffe, die sich einbildet, intelligenter zu sein, nur weil der Kopf höher oben ist".[585]

Besonders deutlich werden Anklänge an Gedankengut und Wortwahl der Nationalsozialisten in dem folgenden Satz des FPÖ-Parteiobmannes: „Nicht die Freiheitlichen sind die Schädlinge der Demokratie. Wir sind das Schädlingsbekämpfungsmittel. Bei uns regieren die Rothäute und die Schwarzen – und nicht wie üblich, daß sie in den Reservaten leben."[586]

Haider bezeichnet nicht nur politische Gegner als „Schädlinge", er gibt auch Einblick in sein Rassenverständnis: Für Rote und Schwarze empfindet er „Reservate" als „üblich". Daneben weckt er Gedankenverbindungen an die millionenfach vertilgten „Volksschädlinge" und droht unterschwellig mit Gewalt: „Vernichtungsmittel". Auch das war Kennzeichen der Nazisprache.

Die Herabsetzung des Feindes zum Tier hatte im Nationalsozialismus von allem Anfang an eine Funktion: Sie senkte die Hemmschwelle zur Gewalt, zum Töten. Im „Österreichischen Beobachter" wurde das in Mundart so formuliert: „Woaßt, dös is genau wie mit dö Waunzn. A Mensch, der an Wert auf a saubere Wohnung legt, der wird a jede Waunzn umbringa, dö er kräuln siacht. Do hoaßt's oanfach: Waunzn is Waunzn, ob's mi bißn hot oda nöt."[587]

Auch in der heutigen Politik werden mit der Herabwürdigung politischer Gegner zum Tier Hemmschwellen beseitigt. Die menschenverachtende Terminologie baut jene aus Toleranz und Verständigungsbereitschaft bestehenden Hindernisse ab, die der Radikalisierung im Weg stehen. Der Verlust an politischer Kultur kommt extremistischen Verführern zugute. Ernst Hanisch kommt in seinem oben zitierten Gutachten zu dem Ergebnis: „Wer die Sprache radikalisiert, muß wissen, daß er dadurch auch das Denken und Handeln radikalisiert."

Körper und Medizin

In der Sprache der Nationalsozialisten wurden gesellschaftliche Vorgänge vielfach als Körperaktivitäten dargestellt.[588] Klassenkampf „zerstört den lebendigen Organismus", der „Volkskörper" hat „Risse und Sprünge", zeigt „Zersetzungserscheinungen".[589]

Haider spricht die gleiche Sprache: Die ÖVP hat „Schwindsucht",[590] ist „wie ein Blinddarm, ständig gereizt und für nichts gut".[591] Der Bundeskanzler ist „taub und blind".[592]

Hitler in „Mein Kampf": „Mißgeburt", „politische Blindheit", „Staatskadaver", „Vergiftung".

Haider: „Mißgeburt", „politische Blindheit",[593] „Sterbehilfe",[594] „marxistisch verstrahlter Giftpilz".[595]

Hitler in „Mein Kampf": „Blutegel am Körper des unglücklichen Volkes".

Haider im „Freiheitlichen Pressedienst": „rot-schwarzer Blutegel am Hals" der Bauern.[596]

Die Sprache der Gewalt

Kriegerisch und dynamisch war die Sprache der nationalsozialistischen Aufsteiger.[597] Durch die Darstellung des Gegners als verbrecherisch und gewaltbereit rechtfertigten sie die eigene Gewaltbereitschaft.

Haider bedient sich der gleichen Mittel. Den streng nach demokratischen Spielregeln zustande gekommenen Mißtrauensantrag gegen ihn im Kärntner Landtag bezeichnet er als „Putsch", Kritik an seinem Lob für die „Beschäftigungspolitik im Dritten Reich" als „Hinrichtung", „Vernichtung" und „Meuchelmord". Josef Broukal, der ihn als Moderator in die Enge zu treiben versuchte, nennt er den „Führer des Exekutionskommandos".

FPÖ-Generalsekretär Walter Meischberger wird in der Anspielung auf die Nazizeit noch deutlicher: „Das ist ein Putsch der Systemparteien."[598]

Ermittlungen der Justiz beantwortet Haider mit der Drohung, österreichweit jene zu „mobilisieren, die es sich nicht gefallen lassen, daß Kleinkriminalität im öffentlichen Dienst toleriert wird, aber mißverständliche Äußerungen zu Vorhabensberichten an die Staatsanwaltschaft führen".[599]

Den politischen Gegnern unterstellt Haider „brutalen Terror der Parteibuchwirtschaft",[600] über Bundeskanzler und Vizekanzler befindet er, man sollte sie „verpacken und zum Müll werfen".

Haider ist ein Gewalttäter der Sprache. In seinen Reden lassen sich deutliche Parallelen zum Sprachschatz des Dritten Reiches nachweisen.

Er bedient sich der nach dem Weltkrieg tabuisierten Begriffe nicht zufällig oder unbedacht. Hinweise darauf, daß von ihm regelmäßig verwendete Begriffe wie „Altparteien" von Hitler in der Zeit seines Aufstiegs geprägt wurden, haben ihn nicht beeindruckt. Er verwendet sie weiter. Nicht nur seine Anhänger werten das als Bekenntnis.

16. KAPITEL

Prozesse am laufenden Band

„Schwein" und „Trottel" ist er nicht

In Jörg Haiders politischem Waffenarsenal nehmen angekündigte und tatsächliche Anzeigen, Klagsdrohungen und Klagen einen besonderen Platz ein. Der größte Austeiler des Landes reagiert kleinlich, wo er einstecken muß.

Politiker und Funktionäre, Wissenschaftler und Journalisten, Schauspieler und Schriftsteller werden von ihm vor Gericht zitiert. Wenn es um seine Ehre geht, versteht er keinen Spaß. Selbst Karikaturisten oder freche Liedermacher müssen sich vor Gericht dafür verteidigen, Jörgls blauen Schal braun bekleckert zu haben. Gegner und Kritiker werden durch die Prozeßlawine eingeschüchtert, obwohl Haiders Erfolge vor Gericht bescheidener sind, als in der Öffentlichkeit sichtbar wird. Dafür füllen seine Mißerfolge ganze Ordner.

Schuldsprüche erwirkt der FPÖ-Chef nur in jenen wenigen Ausnahmefällen, in denen sich seine Kritiker zu undifferenzierten Beschimpfungen hinreißen lassen: Für ein Wort wie „Schwein", das dem Schauspieler und Regisseur Paulus Manker anläßlich einer Pressekonferenz bei den Berliner Filmfestspielen entschlüpfte,[601] oder für den „Trottel", mit dem Forum-Herausgeber Gerhard Oberschlick Haiders Lob für die Waffen-SS quittierte,[602] ist ein Wahrheitsbeweis nicht zulässig.

Kein Wahrheitsbeweis für „Jungnazi"

Das Risiko, für seine Sache nicht einmal streiten zu dürfen, geht auch ein, wer Haider schlicht und undifferenziert einen „als Dressman getarnten Jungnazi" nennt.[603] André Heller konnte seine Dokumentensammlung, mit der er diese Bezeichnung rechtfertigen wollte, erst nach gesprochenem Urteil und auch dann nicht dem Gericht, sondern nur einer Zeitschrift zur Veröffentlichung vorlegen.

Der Richter widerstand der Versuchung, sich selbst zum Hauptdarsteller einer medialen Unterhaltungsserie zu machen. Die Heller-Haider-Show, das Gerichtsspektakel, dem so viele entgegengefiebert hatten, wurde noch vor der Premiere vom Spielplan abgesetzt. „Zu wenig konkret" sei Hellers Vorwurf gewesen. Und damit Beschimpfung. Wie „Schwein", siehe oben.[604]

„Basta" dokumentiert, wie Heller das Spektakel angelegt hätte. Leute vom Fach setzten sich in Mini-Beiträgen kritisch mit Hellers Regiekonzept auseinander.

Schauspieler Gert Voss ist „Jungnazi" zu „historisch" für die „bösartige Mir-san-mir-Haltung" aus „Intoleranz", „Humorlosigkeit" und „Kaltblütigkeit".

Kabarettist Werner Schneyder hält die Etikettierung für „nicht ganz geglückt", weil „auch Nazi eine Gesinnung voraussetzt".

Für Peter Turrini ist Haider „das Gegenteil eines Überzeugungstäters ... Er bedient den Kirtag, auf dem er gerade tanzt".

Alfred Hrdlicka findet es ungerecht, daß die von Haider als „Mißgeburt" verunglimpfte österreichische Nation nicht klagen kann. „Nenne ich ihn eine Mißgeburt oder meinetwegen einen Nazi ..., kann er klagen."

Die Lieblingsfeinde des FPÖ-Chefs verbünden sich zu einer Streitgemeinschaft. „Jörg Haider ist ein Jungnazi, weil ..." beginnt ein Aufruf, den neben einigen der oben Genannten auch der Maler Adolf Frohner, die Schriftstellerin Elfriede Jelinek, der Schauspieler Fritz Muliar, der Psychotherapeut Erwin Ringel, der Schriftsteller Johannes Mario Simmel und der Regisseur George Tabori unterschreiben.[605]

Nicht erst einmal hat Haider durch geschickte Öffentlichkeitsarbeit juristische Niederlagen zu politischen Erfolgen gemacht: Während Klagen oder Klagsdrohungen Schlagzeilen machten, ging deren Erfolglosigkeit in Fünfzeilenmeldungen unter.

Diesmal ist es umgekehrt. Haider hat vor Gericht gewonnen, in der Öffentlichkeit verloren.

Gegen Bruno Kreisky war der FPÖ-Chef erfolgreicher. Dieser hatte die Chance des Wahrheitsbeweises, die ihm bei etwa gleichem Tatbestand für die Beschimpfung als „Nazi" zugestanden worden war, nur alibihaft wahrgenommen: Ein paar Haider-Sprüche – nicht einmal die stärksten – waren dem Gericht zu wenig.[606]

Fall Wiesenthal: Waffe ohne Wirkung

Aus der Art, in der Haider für die Auslastung österreichischer Gerichte sorgt, läßt sich ableiten: Der juristische Erfolg ist ihm gar nicht so wichtig. Es geht ihm um Politik und Selbstdarstellung.

Vollmundig kündigt er Anzeigen an, die niemals erstattet werden. Bei Pressekonferenzen informiert er über Klagen, die nie eintreffen. Er setzt hohe Streitwerte an, die potentielle Prozeßgegner einschüchtern und der Öffentlichkeit klarmachen, wieviel seine Ehre wert ist. Lärmend um Aufmerksamkeit und Medienecho bemüht, fordert er sein Recht. Leise zieht er Klagen zurück, bevor es zu einem Urteil kommt.

Ein typischer Fall für diese Taktik ist die gerichtliche Auseinandersetzung mit Simon Wiesenthal, der Ende 1990 in einem Interview erklärt hatte: „Die Nationalsozialisten sterben biologisch aus, die Menschen, wie Haider das ist, sorgen aber dafür, daß die Alten die Jungen bekommen und daß die Idee des Nationalsozialismus – in dieser oder einer anderen Form – mit der alten Generation nicht aussterben wird."

Die – erwartete – Klage beantwortet Wiesenthal mit einem mehrseitigen Schriftsatz, der Haiders verräterische Zitate schlüssig zusammenfaßt. Gleichzeitig stellt der Leiter des Jüdischen Dokumentationszentrums den Antrag, einen Sachverständigen für Zeitgeschichte als Gutachter zuzuziehen.[607]

Der deutsche Politologe Walter Oswalt, Mitautor des Buches „Die Rückkehr der Führer", kommt vor Gericht nach Analyse von zwei Redetexten zu dem Ergebnis: „Herr Haider verfügt über ein geschlossenes, rechtsradikales Weltbild."[608]

Als Prozeßbeobachter keinen Zweifel mehr daran haben, daß das Verfahren für Haider verloren ist, zieht dieser die Klage zurück.

Wiesenthal bleibt bei seinen Vorwürfen. Das Angebot eines „klären-
den Gesprächs"[609] lehnt er ab. Er will der „medialen Selbstdarstellung des Herrn Haider nicht auch noch Hilfestellung leisten".

Zeuge in eigener Sache

Nicht alle Zeugen, die Österreichs klagefreudigster Politiker aufmar-
schieren läßt, halten, was sie versprechen. Die größte Pleite erlebt
Haider ausgerechnet mit Haider. Sein Auftritt als Zeuge in eigener
Sache wird zum Fiasko.

Im Prozeß gegen den Psychiater Erwin Ringel hatte sich der FPÖ-
Chef selbst zum Beweis dafür aufgeboten, eine ihm „unterstellte"
Aussage nie gemacht zu haben.

Schon die Vorgeschichte wirft ein bezeichnendes Licht auf das
Demokratieverständnis des damaligen Kärntner Landeshauptman-
nes. Via Radio hatte er gegen Ringel gehetzt: „Ein Psychiater aus
Wien will uns heute abend etwas über die Kärntner Seele erzählen.
Wir brauchen das nicht. Er soll zu Hause bleiben!"

Nach Ringels Auftritt vor Angehörigen der Universität Klagenfurt und
Slowenen wollten zwei Kärntner Fans der Einschätzung ihres Landeshauptmannes handgreiflich Nachdruck verleihen. Ringel schildert in
einem Gastkommentar den Angriff so: „Da kommt die Sau. Ich spuck
ihn an, aber nein, die Spucke ist mir zu schad' für den." Dann habe den
Begleiter, der den Rollstuhl schob, „ein Kinnhaken getroffen".[610]

Haider distanziert sich nicht von dem Vorfall. Ringel zitiert seine
Reaktion sinngemäß so: „Wenn jemand in Kärnten solch dummes Zeug
rede, müsse er darauf gefaßt sein, so behandelt zu werden. Im übrigen
habe dieser Mensch wohl seine sieben Sinne nicht beisammen."

Haider benennt sich selbst als Zeugen dafür, solches nie gesagt zu
haben. Sein Pech: es gibt ein Tonband.* Sein Glück: Er erfährt
rechtzeitig davon.

---

* Der Sender „Antenne Austria Süd" hatte am 11. Oktober 1991 um 15.30 auf 104,2
   Megahertz einen Beitrag gesendet, in den Haiders Originalzitate, die mit Ringels
   Darstellung inhaltlich übereinstimmen, eingeblendet wurden.

Der Auftritt vor Gericht fällt dementsprechend aus: „Das kann ich nicht sagen . . . Ich kann mich nicht erinnern . . . Damals war Wahlkampf . . . da kann man den Kopf nicht beim einzelnen haben . . ."[611] Haider hört auf Haider. Einem Verfahren wegen falscher Zeugenaussage entgeht er, weil er den guten Rat, der für Ringel gedacht war, selbst beherzigt: „Man muß wissen, was man sagen darf."

Fall Vorhofer: „Pakt mit Ewiggestrigen"

Die Klage gegen Ringel wird – wie im Fall Wiesenthal – rechtzeitig zurückgezogen. Zu einem Urteil will es der FPÖ-Chef nur kommen lassen, wenn er sich seines Sieges sicher glaubt.
Selbst dann setzt es böse Überraschungen: Kurt Vorhofer, Doyen der Wiener Parlamentsjournalisten, der Haider einen „Pakt mit Ewiggestrigen" vorgeworfen hat, wird in erster Instanz freigesprochen.[612]
In der Urteilsbegründung führt der Richter aus: „Daß die verschiedentlichen Bezugnahmen auf die NS-Ideologie nicht expressis verbis erfolgen, liegt in erster Linie daran, sich nicht der Gefahr strafgerichtlicher Verfolgung auszusetzen. Im Laufe der Zeit wurde daher eine Terminologie entwickelt, die als Verständigungsmittel unter Gleichgesinnten funktioniert, gleichgültig, ob diese die NS-Zeit selbst erlebt haben oder ob sie erst danach geboren wurden."[613]
Das Verfahren wird nicht zu Ende geführt. Als die zweite Instanz das Urteil aufhebt und an die erste zurückverweist, hat Haider das Interesse verloren. Die Anwälte einigen sich, obwohl Vorhofer nichts zurücknimmt.

Jörgl-Jodler: Freiheit der Kunst

Mit seiner Klage gegen Thomas Spitzer, den kritischen Texter der „Ersten Allgemeinen Verunsicherung" (EAV), blitzt Haider ab, weil das Oberlandesgericht Wien das Grundrecht auf Freiheit der Kunst nicht allzu engherzig anderen Rechtsnormen unterordnen will. In der Urteilsbegründung muß sich der FPÖ-Chef sagen lassen, daß ein

Politiker ein „größeres Maß an Toleranz" zeigen müsse, „insbesondere wenn er selbst öffentliche Erklärungen abgibt, die geeignet sind, Kritik auf sich zu ziehen".[614]

Der freche Liedermacher hatte zur Melodie des „Erzherzog-Johann-Jodlers" einen „Jörgl-Jodler" getextet: „Wo i geh' und steh' / tuat mir mei Herz so weh, / gibt's meiner Seel' an Stich, / weil i überall Kanaken siech! – – – Schau gern dem Volk aufs Maul / und is' im Staat was faul, / dann foahr' i drein wie er, / na, ihr wißt's scho' wer! – – – Und mein blauer Schal, / steht für Nazi-onal, / doch ganz im Vertrau'n, / hinten is' er a biss'l braun!

Er darf also weiter gesungen werden, der Jörgl-Jodler. Samt gesprochener Einleitung, in der es unter anderem heißt, der „stärkste Mann von Kärnten" sei Tierfreund und habe sein ganzes Leben geopfert, um die „Braunbären" vor dem Aussterben zu bewahren.

„Ausländerfeindlich, rassistisch, deutschnational"

Weniger humorvoll als die Allgemeinen Verunsicherer hat sich die KPÖ mit dem FPÖ-Chef auseinandergesetzt. Ihr Inserat zeigte als Illustration zu seinem Ausspruch von der „ordentlichen Beschäftigungspolitik im Dritten Reich" einen im Konzentrationslager Dachau erhängten Häftling. Am Ende des Begleittextes in plakativer Schrift: „FPÖ: Ausländerfeindlich / Rassistisch / Deutschnational."

Das Oberlandesgericht urteilt: Mit Recht hätten die Inserenten hervorgehoben, daß die von Haider „als ‚ordentlich' gepriesene Beschäftigungspolitik des Dritten Reiches mit dessen Rüstungsproduktion und Kriegsvorbereitung untrennbar verbunden ist".[615]

Die „Grenzen erlaubter Kritik" seien keineswegs überschritten. „Ein im Blickpunkt des öffentlichen Interesses stehender, hoher politischer Funktionär, welcher Teilaspekte der Politik des Dritten Reiches als positiv hervorhebt, ohne gleichzeitig seine Ablehnung und Verachtung der Greueltaten des Regimes ausdrücklich mitzuteilen, muß es sich gefallen lassen, daß Kritiker den im Inserat hergestellten Konnex herstellen."[616]

Als zulässig erscheint dem Oberlandesgericht Wien auch die Meinung der Verantwortlichen, „die Äußerung Haiders erwecke in ihnen den Verdacht einer Wiederbetätigung im Sinne des Verbotsgesetzes". Aufgrund seiner Darstellung der Arbeitsmarktpolitik im Dritten Reich müsse Haider es hinnehmen, daß „mögliche negative Deutungsvarianten geäußert werden".[617]

Auch mit seiner Klage gegen den ehemaligen ÖVP-Generalsekretär Helmut Kukacka bleibt der FPÖ-Chef erfolglos. „Haider identifiziert sich mit Le Pen", hatte dieser konstatiert. Statt Unterlassung und Widerruf durchzusetzen, mußte der notorische Dauerkläger auch noch Prozeßkosten bezahlen.[618]

Der Schaden hat den FPÖ-Chef nicht klüger gemacht. Die Liste seiner Prozesse wird immer länger. Nur besonders eifrige Journalisten führen darüber noch Buch.

Auch Haiders Anzeigen und Sachverhaltsdarstellungen an die Staatsanwaltschaft sind eine stumpfe Waffe: Verdeckte Parteienfinanzierung beim Drakenankauf, Untreue der CA-Aufsichtsräte bei der Androsch-Abfertigung, Amtsmißbrauch der Staatspolizei durch Kompetenzüberschreitung, pflichtwidriges Verhalten, Amtsmißbrauch und Schädigungsabsicht beim Verkauf des Verkehrsbüros . . . Immer wieder erweisen sich Haiders juristische Attacken als Seifenblasen.[619]

Die Liste der Prominenten, mit denen Haider juristische Sträuße ausfocht, reicht vom grünen Präsidentschaftskandidaten Robert Jungk, den er beleidigte, über Josef Broukal, der ihm einen ausländerfeindlichen Wahlkampf unterstellte, den Grünen Peter Pilz, der ihn „politischer Ziehvater des Rechtsterrorismus" nannte,[620] bis zur Sängerin Stefanie Werger, deren Lied der FPÖ-Chef ungefragt für seine Wahlwerbung mißbrauchte.[621]

Als diese „wir brauchen richtige Männer . . ." schrieb, hatte sie nicht an den schönen Jörgl gedacht. Um das unmißverständlich klarzumachen, widmete sie den Kärntnern ein Lied: „Zu viele haben aus dem Gestern nichts gelernt, ein paar woll'n wieder eines Führers Hand / und werden immer blinder, / ich habe Angst um ihre Kinder, / weil Frieden nur so stark ist wie das Volk in einem Land."

17. KAPITEL

Politische Einordnung

Ist Haider Rechtsextremist?

Ordentliche Gerichte haben Haiders „Pakt mit Ewiggestrigen" und die Wertung der FPÖ als „ausländerfeindlich, rassistisch und deutschnational" gelten lassen. Verschiedene Wissenschaftler haben in der Sprache des Parteichefs Parallelen zur Diktion der National-sozialisten und in Parteipublikationen der FPÖ „alle relevanten Konzepte und manipulative Techniken rechtsextremer Ideologie" festgestellt. Ein Gutachter bestätigte vor Gericht Haiders „geschlos-senes rechtsradikales Weltbild".

Die Bestandsaufnahme dieses Buches ermöglicht eine weitergehen-de Beurteilung. Entsprechend der Rechtsextremismus-Definition von Willibald Holzer wurde Kapitel für Kapitel untersucht und belegt, welche Merkmale auf Haider zutreffen.

Das Ergebnis ist eindeutig. Der ewige Gelehrtenstreit, wie viele Kriterien für eine Klassifizierung als „rechtsextrem" zutreffen müs-sen, erübrigt sich. Sämtliche wichtigen Merkmale, die in der wissen-schaftlichen Literatur genannt werden, lassen sich beim FPÖ-Chef nachweisen.

Wer Holzers Definition für Rechtsextremismus gelten läßt (die keine Außenseitermeinung ist, sondern gängige Lehrmeinungen schlüssig und übersichtlich zusammenfaßt), kann anhand des hier vorgelegten Materials zu keinem anderen Schluß kommen: Jörg Haider ist Rechtsextremist.

Das gleiche läßt sich über Andreas Mölzer sagen, den Haider zum Grundsatzreferenten und Leiter des Freiheitlichen Bildungswerkes gemacht hat.

Schwieriger ist die Einordnung der FPÖ. Sie darf nicht pauschal dem rechtsextremen Lager zugerechnet werden, obwohl ihr liberaler

Flügel entmachtet ist, ein Teil seiner hervorragenden Exponenten die Partei verlassen hat und keineswegs feststeht, ob sich die Verbliebenen aus ihrer Randexistenz als liberale Feigenblätter je werden befreien können.

Zum gegenwärtigen Zeitpunkt ist die FPÖ ganz auf Haider zugeschnitten. Ihr öffentliches Erscheinungsbild entspricht damit dem einer autoritären, deutschnationalen, ausländer- und minderheitenfeindlichen Führerpartei.

Ist Haider Neonazi?

Ist Haider das, was man umgangssprachlich als „Neonazi" bezeichnet? Daß der FPÖ-Chef sich gegen solche Etikettierungen zur Wehr setzt und jeden mit Klage bedroht, der sie verwendet, sagt wenig.

Wer offen für nationalsozialistisches Gedankengut wirbt, macht sich strafbar. Wer seine Sympathie zu deutlich zeigt, riskiert gesellschaftliche und politische Isolierung.

Auch wenn das Urteil in zweiter Instanz aufgehoben und das Verfahren nicht zu Ende geführt wurde, macht die Begründung des Vorhofer-Freispruchs in erster Instanz deutlich, daß Gerichte den Druck, der vom politischen und gesellschaftlichen Konsens ausgeht, zu berücksichtigen beginnen. Mit zunehmendem Problembewußtsein (für das Haider sorgt) könnte die Rechtsprechung hellhöriger werden und die verschlüsselte Sprache der Symbole und Anspielungen auch in Zukunft als Identifikationsangebot für Gleichgesinnte werten.

Für die Behauptung, Haider vertrete nationalsozialistisches Gedankengut, ließe sich vor Gericht jedenfalls mit durchaus seriösen Argumenten streiten. In seiner zeitgeschichtlichen Einschätzung knüpft der FPÖ-Chef deutlich an die Selbstdarstellung der Nationalsozialisten an, wenn er beispielsweise Wehrmacht und Waffen-SS als Kämpfer für die Freiheit Europas ausgibt.

Gleichzeitig propagiert Haider das nationalsozialistische Modell der „sozialen Volksgemeinschaft". In der Diktion der Nationalsozialisten agitiert er gegen das „morsche System" der „schwarz-roten

Altparteien". Die Feindbilder von damals gleichen den Feindbildern von heute. Den Kampf gegen sie führt er mit ähnlichen Argumenten und teilweise identischem Vokabular. Seine Reaktionen auf die selbstverschuldete politische Ausgrenzung erinnern frappant an die gestrigen Verschwörungstheorien.

Haider duldet antisemitische Äußerungen von Parteimitgliedern, offene Hitler-Verehrung in Parteipublikationen. In der Zeit seiner Chefredaktion veröffentlichten die „Kärntner Nachrichten" Huldigungen an Nazigrößen.

Der FPÖ-Chef beruft sich auf Vorbilder, die in ihren wissenschaftlichen Publikationen zur Legitimation des Dritten Reiches und seiner mörderischen Rassenpolitik beigetragen haben. Er legt die Bildungsarbeit in die Hände eines profilierten Deutschnationalen, der in rechtsextremen Blättern publiziert und als Referent einschlägiger Veranstaltungen gemeinsam mit Neonazis und Rassisten auftritt.

Haider macht die FPÖ zur Führerpartei. Das Parteiprogramm steht nur noch auf dem Papier. Inhalt der Politik ist, was der Führer gerade dazu macht. Wer nicht pariert, fliegt. Haiders Aufstieg ist mit politischen Leichen gepflastert. Begeisterten Applaus erhält der FPÖ-Chef von Rechtsradikalen, Neonazis und rechtsextremistischen Sudelblättern.

Trotz allem ist zweifelhaft, ob Haiders politische Einordnung als „Neonazi" vor Gericht Bestand hätte. Für große Teile der Öffentlichkeit beinhaltet dieser Begriff nicht nur eine ideologische Zuordnung, sondern ist gleichzeitig untrennbar mit Krieg und Völkermord verknüpft. Auch wenn Haider das Verharmlosungsvokabular der neonazistischen Geschichtsverfälscher verwendet, kein Wort des Bedauerns für die Opfer rassistischer Verfolgung findet und FPÖ-Blätter dazu beitragen, Zweifel am industriell organisierten Massenmord in Konzentrationslagern zu wecken, darf man ihm nicht unterstellen, sich mit diesen Kapiteln der braunen Schreckensherrschaft zu identifizieren.

Ist Haider Faschist?

Das oben Gesagte gilt sinngemäß auch für eine undifferenzierte Einstufung Haiders als „Faschist". Rechtsextremismus mit Faschismus gleichzusetzen, wie das vielfach geschieht, ist streng genommen unzulässig.

Faschismus kommt durch Gewalt ans Ziel: Umsturz durch Putsch und Terror mit Hilfe aufgewiegelter Massen, die Zerschlagung von Opposition und Arbeiterbewegung durch militante Organisationen, angeführt von einer Parteimiliz. Volkstümlich könnte man sagen: Rechtsextremismus ist Faschismus ohne Gewalt.

Wer Jörg Haider als Faschisten einstuft, könnte in Beweisnotstand geraten. Wer ihm faschistoide Tendenzen unterstellt, kommt der Wahrheit näher. Faschismusähnlich, das bedeutet: Wichtige, aber nicht alle Kriterien müssen erfüllt sein. Die Belege dieses Buches könnten ausreichen, den Wahrheitsbeweis für eine solche Behauptung zu erbringen.

Ist Haider Demokrat?

Wichtiger als der Streit um Etikettierungen, bei deren undifferenzierter Verwendung man sich dem Verdacht beleidigender Absicht aussetzt, ist die Klärung der Frage: Ist Haider Demokrat?

Zweifel sind angebracht. Demokratie und das von Haider vertretene System der „sozialen Volksgemeinschaft" schließen einander aus.

Die Volksgemeinschaftsideologie zählt zu den Wesenselementen der faschistischen Staatstheorie.

Jugendliche Quereinsteiger, wie sie für die FPÖ typisch sind, mögen das nicht erkennen. Ihnen muß man im Zweifel zugestehen, der Täuschung des positiven Klanges erlegen zu sein, den einst auch die nationalsozialistischen Propagandisten nützten. Volksgemeinschaft, das klingt nach Zusammenhalt, Wärme, Geborgenheit und Gleichberechtigung.

In Wirklichkeit enthält der Begriff nichts von alldem. Die schon von Hitler postulierte Absage an materialistischen Gruppenegoismus und

Klassenkampf ist eine offene Herausforderung der Demokratie: Einzel-, Klassen- und Gruppeninteressen haben sich einem von den Machthabern definierten „Gemeinwohl" unterzuordnen.

Die soziale Volksgemeinschaft setzt den autoritären Staat voraus. Naive und Nachplapperer mögen das nicht wissen (wollen). Bei Jörg Haider und seinem nationalen Einflüsterer Andreas Mölzer, den Gleichgesinnte zu den führenden Köpfen des europäischen Rechtsextremismus zählen, ist eine solche Deutung auszuschließen.

Haider kämpft für einen anderen Staat. Er sieht Österreich, wie er offen bekennt, auf dem „Weg in die Dritte Republik". Sein Grundsatzreferent hat Zweifel an der „inneren Legitimität" unseres „Systems von 1945" ausgesprochen.

Haider droht, gegen den Rechtsstaat zu mobilisieren. Der „Lorenzener Kreis" trifft Unterscheidungen „menschlicher Würde" und setzt dem weltanschaulichen Pluralismus Grenzen durch „völkische Tradition" und „objektive Wahrheiten".

Haiders diskriminierende Ausländerpolitik, sein Plädoyer für Eliten, sein gesellschaftliches Rollenverständnis, das dem Mann die führende, der Frau die dienende Funktion zuweist, all das scheint der Herrenmenschenideologie näher zu stehen als dem demokratischen Prinzip der Gleichberechtigung.

Auch bei der Einschätzung von Haiders demokratischer Gesinnung wird man den Druck in Rechnung stellen müssen, der vom Konsens in unserer Gesellschaft ausgeht. Kein Politiker kann es sich leisten, offen demokratische Prinzipien in Frage zu stellen.

So gesehen hat der FPÖ-Chef sich erstaunlich weit vorgewagt. Deutlicher als er kann man Distanz zur Demokratie nicht artikulieren, ohne Isolierung im politischen Abseits zu riskieren.

Auch die Absage an den Liberalismus kann eindeutiger kaum ausfallen. Liberalismus und autoritärer, rassistischer (Deutsch-)Nationalismus sind unversöhnliche Gegenpole.

Geschickt verwischt Haider diese Unverträglichkeit, indem er seinen Kampf gegen „Parteibuchwirtschaft", „Verbändefilz" und „Herrschaftsrechte der Systemparteien" als liberales Anliegen ausgibt.

Selbst engagierte Kritiker haben diese Verdrehung der Wirklichkeit bisher unwidersprochen gelassen. Im tagespolitischen Dauerstreit scheint unterzugehen, daß Abschaffen allein als Ausweis für Liberalität nicht ausreicht. Entscheidend ist vor allem, was an die Stelle des Abgeschafften treten soll.

Jörg Haider hat sich eindeutig zur sozialen Volksgemeinschaft „ohne Klassenkampf und berufsständische Auseinandersetzungen" bekannt. Dieses faschistische System des autoritären Interessenausgleichs von oben, das auch die Nationalsozialisten praktizierten, ist jedenfalls das Gegenteil von liberal.

18. KAPITEL

Schaden für Österreich

Negatives Auslandsecho

Das internationale Medienecho auf Haiders Aufstieg ist vernichtend. Die Schlagzeilen verdeutlichen, daß mit dem FPÖ-Chef ganz „Nazi-Österreich" am Pranger steht:

„Nostalgiker des Naziregimes" (Libération, Paris), „Schatten der Nazis über Österreich" (Corriere della Sera, Mailand), „Österreichs extreme Rechte im Vormarsch" (The Times, London), „Österreich – eine unendliche Affäre" (Die Zeit, Hamburg), „Mehr Macht für Hitlers Erben" (South China Morning Post, Hongkong).

Der Inhalt der Kommentare bleibt hinter den provozierenden Titeln nicht zurück. „Die braunen Schatten im Land werden länger", schreibt die angesehene „Basler Zeitung". „Der Schaden an Österreichs Image ... wird auch durch den Umstand nicht kleiner, daß dem Demagogen Haider viele Protestwähler auf den Leim gegangen sind."[622]

Die liberale „Süddeutsche Zeitung" kommentiert: „Daß man sich mit Haider auch in eine Reihe mit ausgebufften Rechtsradikalen, Fremdenhassern und Deutschnationalen stellt, dafür haben viele Wähler schlichtweg den Sinn verloren."[623]

Die Londoner „Times" schreibt von den „reaktionären Kräften, die Herr Haider repräsentiert",[624] die „Frankfurter Allgemeine" merkt an, daß man „mit Nazinostalgien bei gewissen Österreichern gut ankommt",[625] der konservative Mailänder „Corriere della Sera" stellt fest: „Das Gespenst des Nationalsozialismus ist in Österreichs politische Welt zurückgekehrt."[626]

Die Belgrader Nachrichtenagentur „Tanjug" nennt die Freiheitliche Partei schlicht „Neonazis". Ihr Wiener Korrespondent sieht in Haider ein „spezifisches Phänomen Österreichs ... Sein Aufstieg setzte in dem Moment ein, als er die Sozialpolitik Adolf Hitlers offen zu preisen begann . . . Dieser Vorfall weckte offensichtlich Sympathien für ihn unter den Österreichern, die mit Nostalgie an das Dritte Reich zurückdenken".[627]

Die Hamburger „Zeit" konstatiert, Jörg Haider verdunkle das „Ansehen der Alpenrepublik".[628] Das publizistische Aushängeschild des deutschen Liberalismus war schon 1986 zu dem Schluß gekommen, Haider beschädige das weltanschauliche Lager, das er fälschlich für seine politische Heimat ausgibt: „Wenn sogar einer wie Jörg Haider ein Liberaler ist, dann ist schlichtweg alles ,liberal', und das heißt im Umkehrschluß, daß ,liberal' nichts mehr ist . . . Wörter (können) beschmutzt und beschädigt werden, zuletzt ihren Sinn und ihr Leben verlieren . . ."[629]

Die „Frankfurter Rundschau" kommentiert: „Hätte es nicht den Richterspruch gegeben, der bei Strafe verbietet, den FPÖ-Chef . . . einen ,Jungnazi' zu nennen, so mancher Kommentator wäre wohl der Versuchung erlegen . . . Zu oft und gern tritt der 1986 unter Sieg-Heil-Rufen zum Führer des blauen freiheitlichen Fähnleins gekürte in braune Fettnäpfchen . . . Daß er dabei Österreich immer wieder in Verruf bringt, scheint den nach höherem strebenden Polit-Yuppie wenig zu stören."[630]

Internationale Aufmerksamkeit hat ein Interview des „Spiegel" mit dem weltberühmten Philosophen Sir Karl Popper erregt. Der vielleicht bedeutendste Denker der Gegenwart konstatierte: „Haiders Ideal ist der Hitler. Er würde gerne tun, was Hitler getan hat." Auf den Reportereinwand, das sage er nicht, bekräftigt Popper: „Er sagt es deutlich genug, daß man es heraushören kann. Für die, die hören wollen, sagt er's."[631]

Undiplomatische Diplomaten

Wenn es um Haider und seine FPÖ geht, lassen sich auch Politiker und Diplomaten zu Verstößen gegen die international geltenden Spielregeln unverbindlicher Höflichkeit hinreißen. In Brüssel bekommt man ungeschminkt zu hören, mit Haider in der Regierung wäre ein EG-Beitritt undenkbar.

Mehrmals schon hat das Europaparlament „pronazistische Äußerungen der FPÖ-Führung" verurteilt.[632] Die Wahlerfolge der FPÖ „unter dem als ‚Yuppie-Faschist' bezeichneten Jörg Haider" wurden als „dramatische Entwicklung" gewertet.[633]

Nicht einmal aus den eigenen Reihen erhält Haider Hilfe. Im Gegenteil: In der „Liberalen Internationale" ist die FPÖ, die auf ihr Stimmrecht verzichten mußte, um wenigstens eine „Bewährungszeit" vor einem endgültigen Ausschluß zugestanden zu erhalten, nur noch widerwillig geduldeter Außenseiter. In einem Bericht hatten Mitglieder einer „Fact-finding-Mission" nach einem Lokalaugenschein in Österreich die Politik der Freiheitlichen als „quasi-faschistisch" klassifiziert.[634]

Die liberale Fraktion im Europaparlament, bei der die FPÖ um Beobachterstatus ansuchte, läßt eine Delegation aus Wien glatt abblitzen.[635] Der Belgier Willy de Clercq, Vorsitzender der Vereinigung liberaler Parteien, spricht als erster aus, worüber in Brüssel längst Einvernehmen erzielt ist: Sollte Österreich Aufnahme in die EG finden, bliebe der FPÖ die Tür zur liberalen Fraktion verschlossen.[636]

Ausgerechnet Europas Liberale brachten im Europaparlament eine Resolution ein, in der Haiders „Sympathie für den Nationalsozialismus" verurteilt wird. Gleichzeitig wird „bedauert, daß Herr Haider . . . Unterstützung als Vorsitzender in seiner Partei erfährt".[637]

Seit Haiders Lob für die „ordentliche Beschäftigungspolitik im Dritten Reich" mehren sich in Brüssel kritische Stimmen über einen EG-Beitritt Österreichs. Frankreichs Außenminister Roland Dumas warnt offen vor einer „Gefährdung der Demokratie".[638]

Der Vorsitzende der Labour-Fraktion im Europaparlament, der Brite Glyn Ford, spricht vor laufenden Kameras aus, was Europas Parlamentarier sich zuvor nur intern, hinter vorgehaltener Hand, zugeflüstert hatten: „Die Tatsache, daß Jörg Haider und seinesgleichen höhere Ämter bekleiden, läßt die Politiker der Europäischen Gemeinschaft daran zweifeln, daß Österreich geeignet ist, Mitglied zu werden."[639]

Der Züricher „Tages-Anzeiger" kommentierte in die gleiche Richtung: „Eine Bürgerblockkoalition von ÖVP und FPÖ hätte für Österreichs Ansehen im Ausland . . . verheerende Auswirkungen."[640]

Boykott der „Haider-Gemeinden"

Welchen Schaden Haiders Aufstieg noch anrichten könnte, zeigen erste Boykottmaßnahmen. Ein in Holland gegründetes „Österreich-Komitee" hat dazu aufgerufen, den Urlaub nicht in Österreich zu verbringen.

„Hinter dem Deckmantel der Romantik und Folklore verbirgt sich ... nazistisches Gedankengut ... Wir wollen die Nazis und Neonazis dort bekämpfen, wo es am wirkungsvollsten ist, und das ist der Tourismus", kommentierte Tom van Bemmelen, ein liberaler Politiker, der sich den Komitee-Vorsitz mit Dick Houwaart, dem früheren Vorsitzenden der Anne-Frank-Stiftung, teilt.[641]

Vor allem warnt das Komitee vor einem Urlaub in Kärnten, denn „dort sitzt das Übel, dort laufen die meisten Nazis herum".[642] Eine Liste von zwölf „Haider-Gemeinden" soll durch Information in den Medien „total boykottiert" werden.[643]

Auswirkungen des Boykottaufrufs bekommen nicht nur die traditionellen FPÖ-Hochburgen zu spüren. „Stornieren Sie bitte meine Reservierung für die Zeit vom 24. bis 26. August", so beginnt ein Schreiben von Stuart H. Simon, Direktor der Nachrichtenagentur Reuter, die Hunderte der größten Zeitungen weltweit mit Informationen versorgt. Grund der Absage des prominenten Gastes: „die Naziaktivitäten in Österreich".[644]

Die Botschaft der Holländer hat in Amerika offene Ohren gefunden. Über Telefax und Fernschreiber einlaufende Stornos sind nicht die einzigen Gradmesser der Stimmung. Einladungen an österreichische Künstler werden zurückgezogen. „Die öffentliche Meinung macht Veranstaltungen mit Österreichern zur Zeit nicht opportun", stellen Diplomaten resignierend fest.[645]

Reuter-Direktor Simon hat ausgesprochen, was viele denken: „Ich beabsichtige nicht, Geld in einem Land auszugeben ... in dem eine derartig empörende geistige Strömung aufkommt."[646]

Sorge vor dem „Anschlußpolitiker"

Die wenigsten Österreicher erkennen die wahren Ursachen solcher Reaktionen. Die kritische Einstellung innerhalb der Europäischen Gemeinschaft beruht zum Teil auf der Sorge vor der Stärke des wiedervereinigten Deutschlands.

Es gibt in der EG viele, denen die deutsche Dominanz ein Dorn im Auge ist. In der FPÖ sehen sie eine „Anschlußpartei", in ihrem Chef einen „Anschlußpolitiker", der zu einer weiteren Stärkung des deutschen Einflusses beitragen würde.

Gleichzeitig ist Haider der einzige Spitzenvertreter einer demokratischen Partei, der aus dem seit Kriegsende in ganz Europa bestehenden antifaschistischen Grundkonsens ausgebrochen ist. Aussprüche wie der von der „ordentlichen Beschäftigungspolitik" gelten als Verstoß gegen einen ungeschriebenen politischen Ehrenkodex.

Haiders Lob für die fremdsprachigen SS-Verbände, die er als „Vorkämpfer für ein geeintes Europa" darstellt, wiegt womöglich noch schwerer. Die freiwilligen Kämpfer in Hitlers Eroberungskrieg gelten in ihren Ländern als Hoch- und Landesverräter. Viele von ihnen konnten nie in ihre Heimat zurückkehren, weil ihnen dort der Prozeß gemacht worden wäre.*

Daß Haider mit diesen Verfemten gemeinsame Sache macht, daß er sich als ihr Schutzherr aufspielt und sie als Vorbilder für die Jugend preist, isoliert ihn. Solange er nur ein unbedeutender Provinzpolitiker war, beschränkte sich die Aufmerksamkeit auf gelegentliche Zeitungsartikel. Mit dem Aufstieg aber erhält seine Geschichtsinterpretation ebenso wie seine Verstrickung in das rechtsextreme Umfeld einen anderen Stellenwert.

Wäre Österreich Mitglied der EG, Haiders braune Ausrutscher wären nicht mehr Staatsaffären, sondern Gemeinschaftsaffären. Das internationale Negativ-Echo würde sich vervielfachen.

Ein EG-Beitritt wäre mit einer noch festeren Einbindung in den antifaschistischen Nachkriegskonsens verbunden. Haiders Isolie-

---

* Hoch- und Landesverrat gilt als politisches Verbrechen, für das es keine Auslieferung gibt.

rung würde dadurch noch deutlicher. Negative Auswirkungen auf seine Karriere ließen sich zumindest nicht ausschließen.

Haider weiß das und wird danach handeln. Wenn er Chancen sieht, den EG-Beitritt zu verhindern, wird er sie zu nützen suchen.

Gibt es Rezepte gegen Haider?

Die Diskussion über Strategien gegen Haider wird vielfach auf die Frage verkürzt: Kann man ihn ausgrenzen?

Natürlich kann man. Es gehört zum Wesen von Demokratien, daß die Mehrheit regiert, während Minderheiten in Opposition verbleiben und damit „ausgegrenzt" werden.

Haiders Siegeszug wird jedoch nur stoppen können, wer sich mit dessen Ursachen auseinandersetzt. Sie liegen auf der Hand, sind von Politikwissenschaftlern und Demoskopen vielfach belegt, von Journalisten beschrieben.

Eine immer größer werdende Zahl der Wähler will nicht länger dulden, daß die Großparteien das Land unter sich aufteilen. Mit oder ohne Haider werden SPÖ und ÖVP ihre Besitz- und Herrschaftsrechte aufgeben müssen. Mit oder ohne Haider werden sich die Großparteien dem Wunsch der Wähler nach einer modernisierten, reformierten, von den Schlacken des Ständestaates befreiten Republik zu fügen haben.

Je schneller das geht, desto schneller wird Populisten die Chance genommen, sich mit dem Zeitgeist gegen das „System" zu verbünden. Gelingt es, den als Freiheitsbedrohung empfundenen rotschwarzen Filz zu beseitigen, wird die Freiheitsbedrohung, die von nationalen Volksgemeinschaftsideologen ausgeht, von selbst verschwinden.

Die Wähler warten nicht auf Rezepte gegen die FPÖ. Sie warten auf Rezepte für das Land. Wer Österreich nach vorne bringt, läßt Haider hinter sich.

Quellenverzeichnis

[1] *Martina Kirfel, Walter Oswalt* 1991: Die Rückkehr der Führer; Modernisierter Rechtsradikalismus in Westeuropa

[2] *Margret Feit* 1987: Die „Neue Rechte" in der Bundesrepublik; Organisation – Ideologie – Strategie

[3] *Hans-Jürgen Schulz* (Hg.) 1990: Sie sind wieder da! Faschismus und Reaktion in Europa

[4] *Pierre Krebs* 1982: Die europäische Wiedergeburt. Aufruf zur Selbstbesinnung

[5] *Peter Binding:* Wiedergewinnung der Identität. Europa zwischen Abdankung und Selbstfindung; in: *Pierre Krebs* (Hg.) 1981: Das unvergängliche Erbe

[6] siehe 2

[7] *Hellmut Diwald* 1985: Mut zur Geschichte

[8] *Arthur Jensen:* Zum Stand des Streits um die Intelligenz; in: Neue Anthropologie, 2/1978; vergleiche auch *Michael Haller:* Europa erwache! Frankreichs Neue Rechte und die Internationale des soziobiologischen Rassismus; in: *Paul Lersch* 1981 (Hg.): Die verkannte Gefahr

[9] siehe 2

[10] *Otto Scrinzi:* Biologie. Herausforderung und Auftrag; in: Neue Anthropologie, Heft 12/1985

[11] *Werner Georg Haverbeck:* Ökologie und Ökumene. Lebensschutz ist Menschenschutz und Völkerschutz; in: Mut, Heft 3/1983

[12] *Rolf Kosiek:* Volk und Sprachen; in: Die Zukunft des deutschen Volkes aus biologischer und politischer Sicht. Referate und Arbeitsergebnisse des Kongresses der Gesellschaft für freie Publizistik, Juli 1980 in Kassel

[13] *Christian Fleck* 1987: Eine Art symbolische Versorgung der Gegenwart (im Dokumentationsarchiv des österreichischen Widerstandes)

[14] siehe 2

[15] *Alain de Benoist* 1982: Die entscheidenden Jahre zur Erkennung des Hauptfeindes

[16] *Martin Dietzsch* 1988: Zwischen Konkurrenz und Kooperation. Organisation und Presse der Rechten in der Bundesrepublik, in: *Siegfried Jäger* (Hg.): Rechtsdruck; Die Presse der Neuen Rechten

[17] Vgl. *Oliver Rathkolb* 1985: Gesellschaft und Politik am Ende der Ersten Republik. Und: NS-Problem und politische Restauration: Vorgeschichte und Etablierung des VdU

[18] Vgl. *Hans Safrian:* Amnesie durch Amnestie. Zur österreichischen Entsorgung der Vergangenheit

[19] zitiert nach *Albert Sternfeld* 1990: Betrifft Österreich

[20] *Reinhard Kühnl* 1990: Gefahr von rechts? Vergangenheit und Gegenwart der extremen Rechten

[21] siehe 1

[22] siehe 3

[23] siehe 1

[24] siehe 1

[25] *Franz Januschek*: Politischer Diskurs und die Aneignung von Wirklichkeit – am Beispiel des Rechtspopulismus in Österreich, Vortrag an der Universität Duisburg, 28. 6. 1990

[26] siehe 25

[27] siehe 1

[28] siehe 25

[29] siehe 25

[30] *Ernst Hanisch:* Gutachten zur Rechtssache der klagenden Partei Dr. Jörg Haider wider die beklagte Partei Gustav Vetter, Salzburg, 29. 9. 1991

[31] Die Zeit, 10. 4. 1992

[32] nach der Drei-Lager-Theorie von *Adam Wandruszka:* Österreichs politische Strukturen, in: *Heinrich Benedikt* (Hg.) 1954: Geschichte der Republik Österreich

33 *Wolfgang Neugebauer* 1981: Die FPÖ vom Rechtsextremismus zum Liberalismus? In: Rechtsextremismus in Österreich nach 1945, herausgegeben vom Dokumentationsarchiv des österreichischen Widerstandes

34 Pressekonferenz der FPÖ in Klagenfurt, 17. 2. 1985

35 profil, 29. 8. 1988

36 *K. Berchtold* 1967: Österreichs Parteiprogramme 1918–1936

37 Wiener Zeitung, 13. 4. 1956

38 *Kurt Richard Luther* 1991: Die Freiheitliche Partei Österreichs, in: Handbuch des politischen Systems Österreichs

39 Wochenpresse, 16. 9. 1986

40 Der Standard, 4. 5. 1990

41 *Gero Fischer, Peter Gstettner* (Hg.), *Helmut Konrad, Dietmar Larcher, Anton Pelinka* 1990: Am Kärntner Wesen könnte diese Republik genesen

42 Aula, 10/1989

43 siehe 42

44 *Walter Oswalt:* Dollfuß, Waldheim und ihr Nachwuchs. in: „taz", Berlin 11. 1. 1989

45 siehe 31

46 Basta, August 1987

47 Kommentare zum Zeitgeschehen, Nr. 176, 11/1986

48 siehe 46

49 siehe 46

50 Klartext, 9/1986

51 *Thomas Busch, Rosina Fasching, Christian Pillwein* 1992: Im rechten Licht

52 Klartext, 10/1986

53 Sieg, 12/1986, zitiert nach 51

54 Kurier, 9. 5. 1989

55 Kurier, 12. 2. 1989

56 Kärntner Nachrichten, 9. 2. 1989

57 Volkswille, 26. 4. 1988, zitiert nach 51

58 Salzburger Nachrichten, 27. 6. 1980

59 *Willibald Holzer* 1981, in: siehe 33

60 *M. Sully* 1981: Political Parties and Elections in Austria. The Search for Stability, London

61 *John Bunzl* 1986: Österreichische Identität und Antisemitismus

62 *Ruth Wodak, Peter Nowak, Johanna Pelikan, Helmut Gruber, Rudolf de Cillia, Richard Mitten* 1990: Wir sind alle unschuldige Täter. In dieser umfassenden Studie wird die Judenfeindlichkeit im Alltagsleben und im öffentlichen Diskurs aufgezeigt.

63 profil, 24. 3. 1986

64 *Staberl* in der „Kronen-Zeitung" vom 7. 2. 1988, im Gesamtzusammenhang kommentiert in: siehe 62

65 *Ilse Leitenberger* in der „Presse" vom 25. 3. 1986, kommentiert in: *Wodak,* siehe 62

66 siehe 62

67 *Ernst Gehmacher:* Die Waldheim-Wahl, in: Journal für Sozialforschung, 3/1986

68 siehe 62

69 siehe 62

70 siehe 61

71 profil, 4. 11. 1991

72 Der Sozialwissenschaftler *Bernd Marin,* der von Gallup als Konsulent beigezogen worden war, im profil, 28. 10. 1991

73 Der Standard, 19. 1. 1989

74 profil, 23. 7. 1990

75 siehe 42

76 siehe 42

77 siehe 41

78 Inlandsreport, 9. 11. 1989

79 profil, 25. 2. 1991

80 profil, 25. 2. 1991

81 profil, 25. 2. 1991

82 Kärntner Nachrichten, 8. 4. 1967; 1967; 30. 11. 1977; 14. 9. 1989

83 Kärntner Nachrichten, 13. 3. 1986

84 Kurier, 5. und 8. 3. 1992

85 Kärntner Nachrichten, 26. 10. 1974; 30. 11. 1977; 15. 2. 1979, 14. 9. 1989

86 profil, 18. 2. 1985

87 siehe 86

88 siehe 51

89 Neujahrstreffen der FPÖ am 10. 1. 1988 in Graz, zitiert nach: Urteil des Landesgerichts für Strafsachen Graz, Abt. 3b, 13. 7. 1988

90 FPÖ-Pressedienst, 17. 6. 1987

91 APA, 18. 6. 1991

92 *Joseph Walk* (Hg.) 1981: Das Sonderrecht für die Juden im NS-Staat

93 APA, 18. 6. 1991

94 *Brigitte Busch* 1990: Mauerbau und Rassismus rund um die „Festung Europa": Österreichs Fremdenpolitik im ausländerfeindlichen Harmonisierungstrend

95 *Andreas Mölzer* in den Kärntner Nachrichten, 20. 3. 1990

96 Kärntner Nachrichten, 31. 5. 1990

97 siehe 95

98 siehe 95

99 *Andreas Mölzer* in den Kärntner Nachrichten, 14. 6. 1990

100 siehe 95

101 Kärntner Nachrichten, 10. 5. 1990

102 Kärntner Nachrichten, 25. 5. 1990

103 Inlandsreport, 9. 11. 1989

104 siehe 96

105 Kärntner Nachrichten, 5. 4. 1990

106 Resolution der FPÖ Burgenland zur Ausländerfrage, in: Aula, 10/1989

107 Lorenzener Erklärung, in: Aula, 10/1989

108 siehe 105

109 siehe 94

110 siehe Entschließung des Europäischen Parlaments vom 14. Juni 1990 zum Schengener Abkommen und zum Asylrecht

111 siehe 94

112 Allgemeine Wochenzeitung der Juden, Düsseldorf, 1. 11. 1991

113 Resolution zur Ausländerfrage der FPÖ Burgenland, profil, 13. 11. 1989

114 unter anderem APA, 7. 6. 1990

115 unter anderem APA, 14. 10. 1991

116 Der Standard, 2. 4. 1990

117 profil, 11. 11. 1991

118 APA, 15. 6. 1990

119 Untersuchungsrichter *Norbert Gerstenberger* im profil, 18. 5. 1990

120 Richter *Werner Peischl* im profil, 1. 1. 1991

121 profil, 18. 5. 1990

122 Nationalrat *Walter Guggenberger* in seinem Bericht an den Innenminister, Kurier, 15. 5. 1991

123 Kurier, 15. 4. 1991

124 Wochenpresse, 18. 9. 1987

125 Junge Freiheit, 9/1991

126 unter anderem: APA, 1. 9. 1991

127 vergleiche *Anton Pelinka:* Die Resolution der FPÖ Burgenland zur „Ausländerfrage", siehe 41

128 unter anderem: Wochenpresse, 18. 9. 1987

129 APA, 1. 9. 1991

130 *Georg Zinel,* sozialpolitische Abteilung der Arbeiterkammer

131 siehe 127

132 siehe 127

133 profil, 13. 5. 1991

134 Neujahrstreffen der FPÖ in Linz, Januar 1991

135 profil, 13. 11. 1989

136 Wochenpresse, 9. 5. 1991

137 Basta-Interview, zitiert nach profil, 17. 6. 1991

138 APA, 14. 5. 1991

139 Kurier, 3. 3. 1992

140 Espresso, 9/1991

141 FPÖ-Pressedienst, 18. 10. 1986

142 Aula, 6/1987

143 APA, 27. 6. 1991

144 Salto, 20. 12. 1991

145 Kärntner Nachrichten, 21. 5. 1987

146 Das Argument, 16. 3. 1992

147 Basta, 6/1991

148 FPÖ-Pressedienst, 27. 2. 1987

149 FPÖ-Pressedienst, 8. 10. 1986

150 Kärntner Tageszeitung, 19. 4. 1992

151 siehe 150

152 Salto, 28. 6. 1991

153 FPÖ-Pressedienst, 4. 10. 1990

154 profil, 27. 6. 1988

155 siehe 154

156 Aula, 10/1989

157 Salto, 20. 12. 1991

158 profil, 16. 12. 1991

159 siehe 157, 158

160 *Adolf Hitler* 1935 auf dem NSDAP-Parteitag, in: *Erhard Klöss* 1967: Reden des Führers

161 Der Linzer Stadtrat *Horst Six:* „Der gesunde Menschenverstand muß auch in der Kultur gelten"; Der Standard, 11. 3. 1992

162 Kärntner Tageszeitung, 9. 4. 1991

163 Der Standard, 12. 10. 1988

164 Der Standard, 12. 3. 1992

165 Dokumentiert in *Brigitte Galanda* 1987: Ein teutsches Land
166 Deutsche National- und Soldatenzeitung, 29. 7. 1966
167 profil, 29. 8. 1988
168 FPÖ-Programm, beschlossen am Programmparteitag 1. und 2. Juni 1985 in Salzburg, 3. Kapitel: Volk und Heimat; siehe auch Kapitel Volksgemeinschaft
169 siehe 167
170 Presse, 1. 9. 1988
171 siehe 167
172 zitiert nach 167
173 *Andreas Mölzer* 1988: Österreich – ein deutscher Sonderfall
174 Aula, 9/1990
175 siehe 174
176 profil, 29. 8. 1988
177 *Adolf Hitler:* Mein Kampf; 322. Auflage, 1938, Zentralverlag der NSDAP, S. 425/426
178 Der Standard, 15. 6. 1990
179 Neue Front, 20. 9. 1958
180 Kärntner Nachrichten, 11. 11. 1967
181 zitiert nach 51
182 im Oberösterreichischen Wahlkampf
183 nach den niederösterreichischen Gemeinderatswahlen 1990; profil, 2. 4. 1990
184 Salzburg 1989; profil, 23. 1. 1989
185 Kärntner Nachrichten, 12. 9. 1991
186 Rechtsanwalt *Gernot Kusatz,* FPÖ-Kandidat in Wels, anläßlich seines 50. Geburtstages, in Anwesenheit von Norbert Gugerbauer; profil, 16. 9. 1991
187 Kleine Zeitung, 29. 1. 1989
188 Kurier, 5. und 8. 3. 1992
189 Dokumentation siehe 1
190 siehe 1
191 siehe 1
192 siehe 1
193 Kärntner Nachrichten, 29. 6. 1989
194 Neujahrstreffen in Graz, 1988
195 Gerichtsurteil, siehe 89
196 Kärntner Nachrichten, 9. 12. 1967
197 Kärntner Nachrichten, 30. 11. 1977
198 Kärntner Nachrichten, 10. 10. 1985
199 siehe 198
200 Kärntner Nachrichten, 24. 1. 1976
201 zitiert nach 51
202 zitiert nach 51
203 *Klaus Amann,* Professor am Germanistik-Institut der Universität Klagenfurt, in Slovenski Vestnik, 9. 1. 1991
204 siehe 203
205 siehe 203
206 siehe 203
207 Kleine Zeitung, 29. 6. 1990
208 siehe 51
209 siehe 41
210 Politik am Freitag, 13. 2. 1981, zitiert nach *Brigitte Galanda* 1987: Ein teutsches Land – Die rechte Orientierung des Jörg Haider
211 Der Prozeß gegen die Hauptkriegsverbrecher in Nürnberg, Sitzungsprotokolle, Band XXII
212 *Bernd Wegner* 1991: Zwei Wege nach Moskau; Vom Hitler-Stalin-Pakt zum „Unternehmen Barbarossa"
213 siehe 211
214 Allgemeine Jüdische Wochenzeitung, 22. 7. 1977
215 Internationales Militär-Tribunal, IMT, Band XXXV
216 siehe 215
217 Rede *Heinrich Himmlers* bei der SS-Gruppenführertagung in Posen am 4. Oktober 1943, in: IMT, Band XXIX
218 Partei-Kanzlei, Verfügungen, Anordnungen, Bekanntgaben; Band III
219 siehe 215
220 Für die Waffen-SS, 21. 12. 1939
221 *Helmut Heiber* (Hg.) 1991: Goebbels-Reden 1932–1945
222 Ulrichsberg 1990; Mitteilungen des Dokumentationsarchivs des österreichischen Widerstandes, Folge 991, 12/1990
223 Ansprache von *Heinrich Himmler* 1940 an das Offizierskorps der Leibstandarte Heinrich Himmler
224 Das ist der Weg der SS, Thema 23, Broschüre Nr. 15
225 siehe 41
226 unter anderem der Linzer Universitätsprofessor *Dr. Rudolf Kropf* und der wissenschaftliche Leiter des Dokumentationsarchiv des österreichi-

schen Widerstandes, *Dr. Wolfgang Neugebauer*

227 Die Kameradschaft, 9/1986

228 Die Kameradschaft, 4/1987

229 siehe 227

230 Die Kameradschaft, 1/1992

231 *Lea Rosh, Günther Schwarberg:* Der letzte Tag von Oradour

232 Antifaschistische Arbeitshefte, Sonderheft: Waffen-SS in der Bundesrepublik

233 National-Zeitung, 29. 2. 1980

234 siehe 2

235 Pressedienst demokratische Initiativen PDI, 1980

236 Kärntner Nachrichten, 13. 2. 1986

237 Kärntner Nachrichten, 5. 6. 1986

238 *Walter Oswalt* 1991: Die FPÖ – ein Modell für Europa; in: siehe 1

239 NHB-Report, Zeitschrift des nationaldemokratischen Hochschulbundes (NPD), Nr. 18, 1/1985

240 Abendjournal des ORF, 11. 2. 1985

241 *Christian S. Ortner* (Hg.) 1987: Am Beispiel Walter Reder

242 Kärntner Nachrichten, 23. 9. 1982

243 siehe 242

244 Kärntner Nachrichten, 7. 1. 1967

245 Dokumentation des Bundesministeriums für Justiz, Wien 1977

246 siehe 245

247 siehe 18

248 Kärntner Nachrichten, 16. 4. 1966

249 Kärntner Nachrichten, 9. 12. 1967

250 Gerichtsurteil, siehe 89

251 profil, 16. 3. 1987

252 *Jörg Haider*, 26. 3. 1981 in einem Brief (ohne Anrede) an den „Bund der Opfer des politischen Freiheitskampfes in Tirol"

253 Kärntner Nachrichten, 7. 12. 1978

254 Kärntner Nachrichten, 14. 4. 1988

255 zitiert nach: Informations- und Pressedienst der österreichischen Widerstandsbewegung, Sondernummer „Dokumentation über die Freiheitliche Partei Österreichs", 1/1970

256 Die Kameradschaft, 3/4 1977

257 AZ, 10. 10. 1989

258 Kurier, 12. 10. 1989

259 AZ, 7. 2. 1990

260 siehe 259

261 Kurier, 5. 5. 1990

262 Die Welt, 27. 12. 1988

263 *David Irving*, Vortrag im Hörsaal der Technischen Universität Graz, 25. 11. 1986

264 profil, 9. 12. 1986

265 Der Spiegel, 26/1990

266 siehe 264

267 Kärntner Grenzland-Jahrbuch 1989

268 *Klaus Amann* (Germanist, Universität Klagenfurt), *Gerhard Botz* (Historiker, Universität Salzburg), *Wolfgang Dressler* (Sprachwissenschaftler, Universität Wien), *Gero Fischer* (Slawist, Universität Wien), *Kurt Fischer* und *Herta Nagl* (Philosophen, Universität Wien) *Anton Pelinka* (Politologe, Universität Innsbruck), *Karl Stuhlpfarrer* (Historiker, Universität Wien) und *Ruth Wodak* (Sprachwissenschaftlerin, Universität Wien)

269 profil, 5. 6. 1989

270 Unveröffentlichtes Manuskript zur Schreibweise der Kärntner Nachrichten, *Wolfgang Neugebauer, Brigitte Galanda* 1981. Bibliothek des Dokumentationsarchivs des österreichischen Widerstandes

271 Kärntner Nachrichten, 4. 10. 1969

272 Kärntner Nachrichten, 3. 3. 1988

273 Kärntner Nachrichten, 11. 2. 1988

274 Kärntner Nachrichten 14. 4. 1988

275 Der Standard, 27. 9. 91

276 Kärntner Nachrichten, zitiert nach profil, 23. 2. 1987

277 Oberösterreichische Nachrichten, 14. 1. 1992

278 Kurier, 27. 9. 1991

279 Kurier, 18. 1. 1992

280 Die Presse, 23. 1. 1992

281 Oberösterreichische Nachrichten, 22. 1. 1992

282 *Gottfried Bombach, Hans-Jürgen Ramser, Manfred Timmermann, Walter Wittmann* (Hg.) 1976: „Der Keynesianismus, die beschäftigungspolitische Diskussion vor Keynes in Deutschland, Dokumente und Kommentare

283 Kurier, 20. 6. 1991

284 Wochenpresse, 18. 7. 1991
285 Nationalratsdebatte am 25. 6. 1991 anläßlich einer von beiden Klubobmännern der Koalitionsparteien unterschriebenen Dringlichen Anfrage an Außenminister Mock, ob die Haider-Äußerungen dem internationalen Ansehen Österreichs schadeten
286 Salzburger Nachrichten, 14. 10. 1991
287 Kleine Zeitung, 19. 6. 1991
288 siehe 287
289 profil, 27. 7. 1991
290 Salzburger Nachrichten, 20. 7. 1991
291 siehe 290
292 siehe 289
293 Wiener Zeitung, 21. 6. 1991
294 siehe 289
295 Grundsatzrede beim Kärntner Landesparteitag in Obervellach, APA, 13. 10. 1991
296 Salzburger Nachrichten, 14. 10. 1991
297 siehe 295
298 Junge Freiheit, 9/1991
299 Kurier, 5. 9. 1991, Tiroler Tageszeitung, 11. 10. 1991
300 Kurier, 5. 9. 1991
301 siehe 1
302 siehe 1
303 Tiroler Tageszeitung, 11. 10. 1991
304 Die Novellierung des Wiederbetätigungsgesetzes schränkt den Nachweis des Vorsatzes ein
305 profil, 15. 7. 1991
306 siehe 305
307 Kurier, 10. 3. 1988
308 Salzburger Nachrichten, 25. 9. 1991
309 Kurier, 21. 8. 1991; profil, 26. 8. 1991
310 AZ, 22. 11. 1989
311 profil, 15. 7. 1991
312 In einer Denkschrift zur Zigeunerfrage, angeblich erstellt im Auftrag des Führers, siehe 311
313 siehe 311
314 Die Presse, 17. 6. 1991
315 Kurier, 17. 6. 1991
316 Salzburger Nachrichten, 21. 6. 1991
317 siehe 315
318 Der Standard, 17. 6. 1991
319 Salzburger Nachrichten, 28. 6. 1991
320 *Joachim C. Fest* 1991 (2. Auflage): Hitler. Eine Biographie
321 siehe 3
322 siehe 20
323 Club 2, 11. 3. 1992
324 Aula, 10/1985
325 Regierungserklärung von *Adolf Hitler,* „Das Volk will mit der Welt in Frieden leben", 23. 3. 1933; in: siehe 160
326 100 Jahre freiheitliche Tradition in Kärnten, Freiheitliches Bildungswerk. Politische Akademie der FPÖ, Schriftenreihe Band 17
327 *Andreas Mölzer* 1990: Jörg! Der Eisbrecher
328 Rede von *Adolf Hitler,* 12, 4. 1922, „Was soll das Ende sein?" in: siehe 160
329 siehe 328
330 siehe 325
331 Kärntner Nachrichten, 5. 5. 1983
332 vgl. *Brigitte Galanda* 1987: Ein teutsches Land
333 APA, 19. 10. 1990
334 APA, 28. 9. 1990
335 Programm der Freiheitlichen Partei Österreichs, beschlossen am Programmparteitag 1. und 2. 6. 1985 in Salzburg
336 Kurier, 10. 9. 1990
337 *Eva Kößlbacher:* Männliche Dominanz; in Medien & Zeit, 3/1991
338 *Herbert Schnetzinger* 1978: Dimensionen rechtsradikaler Ideologie in Österreich nach dem 2. Weltkrieg
339 Siehe 338
340 Die ganze Woche, 16. 3. 1989
341 Kurier, 28. 11. 1991
342 Freiheitliche Frauenschaft Kärntens (Hg.): Die Frau in Familie, Beruf und Gesellschaft
343 Kurier, 7. 10. 1984
344 Studie des Bielefelder Jugendforschers *Wilhelm Heitmeyer,* zitiert nach Frankfurter Rundschau, 29. 12. 1990
345 siehe 337
346 siehe 336
347 Frankfurter Rundschau, 29. 12. 1990
348 siehe 347
349 Der damalige FPÖ-Klubobmann *Norbert Gugerbauer* bei einer Pressekonferenz am 20. Mai 1990

350 *Jörg Haider* auf dem Kärntner Landesparteitag am 13. 10. 1991

351 Rede von *Adolf Hitler*, 27. 1. 1932 vor dem Industrieklub in Düsseldorf; in: siehe 160

352 Rede von *Adolf Hitler*, 1. 9. 1933 auf der Kulturtagung des Parteitages; in: *Erhard Klöss* (Hg.) 1967: Reden des Führers

353 Der Standard, 15/16. 6. 1991

354 Salzburger Volkszeitung, 27. 6. 1990; Der Standard, 28. 6. 1990

355 APA, 12. 2. 1992

356 siehe 160

357 siehe 320

358 FPÖ-Pressedienst, 19. 6. 1991

359 Der Standard, 21. 6. 1991

360 siehe unter anderem profil, 24. 6. 1991

361 Die Presse, 20. 6. 1991

362 profil, 24. 6. 1991

363 siehe 320

364 Kärntner Tageszeitung, 20. 6. 1991

365 Aussendung der Kärntner SPÖ, 14. 2. 1991

366 siehe 365

367 profil, 22. 10. 1990

368 Neue Zeit, 29. 9. 1990

369 Slovenski Vestnik, 24. 4. 1991

370 profil, 6. 5. 1991

371 Wiener Zeitung, 17. 11. 1989

372 Die Presse, 23. 1. 1992

373 Kurier, 29. 10. 1987

374 Kurier, 30. 11. 1991

375 Der Standard, 5. 3. 1991

376 Kurier, 10. 1. 1991

377 profil, 9. 10. 1990

378 der britische Historiker *Robert Knight* in einem Vortrag im Republikanischen Club Neues Österreich in Wien, 19. 12. 1989

379 siehe 377

380 siehe 377

381 *Janko Messner:* Gibt es in Kärnten noch „Windische"? in: siehe 41

382 Die Aula, 9/1985

383 siehe 165

384 siehe 377

385 Kärntner Nachrichten, 11. 10. 1957, zitiert nach *Peter Gstettner:* Zur politischen Selbstinszenierung des „Kärntner Wesens" am 10. Oktober; in siehe 41

386 Der britische Historiker *Robert Knight* in einem Vortrag vor dem Republikanischen Klub

387 *Andreas P. Pittler* 1987: Sonderfall Kärnten

388 *Peter Gstettner* 1987: „Es gibt nichts zu verbergen . . ." Die Kärntner Minderheitenpolitik schminkt sich ab

389 Wochenpresse, 2. 3. 1990

390 siehe 381

391 siehe 165

392 siehe 387

393 profil, 9. 10. 1990

394 siehe 387

395 siehe 387

396 *Peter Gstettner:* Im Angesicht der Endlösung; in: Die Demokratie, 1/1987

397 Referat von *Prof. Hanns Haas:* Neofaschismus in Österreich, bei einem Seminar des Dr.-Karl-Renner-Instituts, 16. bis 19. 4. 1973, siehe auch 33

398 *Wolfgang Neugebauer* im Vorwort zu *Martin Fritzl* 1990: Der Kärntner Heimatdienst

399 Der Standard, 28. 10. 1990

400 profil, 8. 1. 1990

401 Unterlagen dazu im Dokumentationsarchiv des österreichischen Widerstandes

402 siehe 401

403 *Hanns Haas, Karl Stuhlpfarrer:* Deutschnationalismus in Kärnten; in: siehe 33

404 Der Standard, 28. 10. 1990

405 siehe 387

406 Urteil des Verfassungsgerichtshofes vom 15. 12. 1989

407 siehe 393

408 Nationalratssitzung vom 16. 4. 1980

409 Nationalratssitzung vom 3. 12. 1981

410 Kärntner Nachrichten, 18. 1. 1979

411 siehe 165; siehe auch *Ernst Waldstein,* Vizepräsident des katholischen Laienrates Österreichs und Vorsitzender des deutsch-slowenischen Koordinationsauschusses der Erzdiözese Gurk in der Wochenpresse, 21. 8. 1987

412 Die Aula, 10/1983
413 Die Aula, 9/1985
414 Wochenpresse, 21. 8. 1987
415 *Peter Gstettner:* Zur politischen Selbstinszenierung des „Kärntner Wesens" am 10. Oktober; in: siehe 41
416 *Andreas Mölzer* 1989: Bausteine Mitteleuropas
417 profil, 9. 10. 1990
418 Kärntner Tageszeitung, 23. 4. 1991
419 *Andreas Mölzer,* Vortrag vor dem Freiheitlichen Akademikerbund, Februar 1992
420 Impressum NHB-Report, 1/1985
421 siehe 2
422 siehe 2
423 *Martin Dietzsch:* Zwischen Konkurrenz und Kooperation; Organisationen und Presse der Rechten in der Bundesrepublik; in: siehe 16
424 siehe 2
425 siehe 2
426 siehe 2 und 423
427 pd aktuell, 2/1992
428 siehe 2
429 siehe 2
430 Dokumentationsarchiv des österreichischen Widerstandes, siehe auch: Der Standard, 24. 1. 1992
431 siehe 165
432 siehe 2
433 siehe 2
434 siehe 2
435 siehe 423
436 siehe 2
437 siehe 2
438 *Monika Krieg:* Umschlagplatz für rechtes Denken: Nation Europa. in: siehe 16
439 siehe 438
440 siehe 2
441 siehe 423
442 siehe 423
443 siehe 423
444 Dokumentationsarchiv des österreichischen Widerstandes, DÖW, 81/1987
445 siehe 2
446 Eckartbote, 6/1990
447 Kurier, 24. 2. 1992
448 Blick nach rechts, 23. 9. 1991
449 Rede von *Adolf Hitler* vor dem Industrieklub in Düsseldorf, 27. 1. 1932; in: siehe 160
450 Der Standard, 4. 4. 1992
451 Die Aula, 7/8 1989
452 Kärntner Nachrichten, 12/1990
453 Kärntner Nachrichten, 22/1990
454 Kärntner Nachrichten, 18/1990
455 Der Standard, 17. 2. 1992
456 siehe profil, 24. 2. 1992
457 Kurier, 24. und 25. 2. 1992
458 Der Standard, 23. 6. 1990
459 Kärntner Nachrichten, 10/1986
460 Kärntner Nachrichten, 11/1987
461 Wiener Zeitung, 29. 4. 1988
462 Kurier, 29. 11. 1991
463 *Harald Ofner,* siehe unter anderem Wochenpresse, 17. 5. 1983
464 *Klaus Turek,* siehe unter anderem profil, 25. 2. 1985
465 *Fritz Rotter-le-Beau,* siehe 463
466 profil, 6. 11. 1989
467 *Hans Klement,* siehe 466
468 *Walter Frank,* Pressedienst der Widerstandsbewegung, 1/1970
469 vgl. *Wolfgang Neugebauer* 1981: Die FPÖ: Vom Rechtsextremismus zum Liberalismus? in: Rechtsextremismus in Österreich nach 1945
470 AZ, 17. 9. 1991
471 profil, 19. 10. 1987
472 Basta, 11. 11. 1987
473 Interview für „Inlandsreport", aufgenommen am 21. 10. 1987
474 siehe auch 472
475 siehe auch 472
476 siehe 471
477 siehe 472
478 siehe 472
479 Sieg-Sonderblatt, 12/2 1991
480 Sieg-Pressedienst, Sonderblatt 1/2 1992
481 AZ, 24. 10. 1987
482 Tiroler Tageszeitung, 23. 10. 1987
483 siehe 473
484 Die Presse, 24. 10. 1987
485 Kurier, 23. 10. 1987
486 profil, 12. 7. 1990
487 profil, 24. 9. 1990
488 Kärntner Nachrichten, 18. 1. 1990

489 Oberösterreichische Nachrichten, 15. 2. 1992

490 siehe profil, 24. 9. 1990 und 20. 1. 1992; Anlauf, 1/1992; Der Standard, 18. 11. 1991

491 profil, 23. 9. 1991

492 Rechtsextremismus in Österreich nach 1945, 5. Auflage

493 *Kurt Castka* 1986: Der ÖTB-Prozeß/KPÖ; siehe auch: Sport und Politik

494 siehe 493

495 siehe 491

496 profil, 29. 4. 1991

497 profil, 27. 1. 1992

498 Informationsdienst Dokumentationsarchiv des österreichischen Widerstandes, 81/1987

499 Kurier, 25. 1. 1992

500 profil, 14. 3. 1988

501 Basta, 4/1988

502 profil, 16. 3. 1987

503 profil, 14. 3. 1988

504 siehe 503

505 siehe 501

506 siehe 503

507 siehe 501

508 siehe 501

509 Wiener Erklärung, 7. 4. 1992

510 Kurier, 17. 3. 1992

511 Der Standard, 13. 4. 1992

512 Wochenpresse, 10. 6. 1988

513 *Andreas Mölzer* 1990: Jörg! Der Eisbrecher

514 profil, 13. 5. 1991

515 siehe 514

516 siehe 514

517 Der Standard, 17. 2. 1992

518 siehe 514

519 siehe 514, 517

520 profil, 23. 7. 1990

521 profil, 9. 3. 1992

522 siehe 520

523 siehe 514

524 Wochenpresse, 16. 9. 1986

525 profil, 4. 7. 1988

526 Die Presse, 20. 2. 1989

527 Kurier, 1. 2. 1990

528 Der Standard, 15. 12. 1991

529 Falter, 4/1991

530 profil, 16. 5. 1988

531 Die Presse, 4. 3. 1992

532 profil, 9. 3. 1992

533 SP-Zentralsekretär *Josef Cap*, Wochenpresse, 11. 3. 1992

534 von Haider-Fans geprägter Kosename für Gauster

535 profil, 9. 3. 1992

536 *Hans-Gerd Jaschke* 1990: Die Republikaner. Profile einer Rechtsaußen-Partei

537 Neue Freie Zeitung, 13. 10. 1988

538 profil, 9. 9. 1991

539 Basta, 6/1991

540 Der Standard, 8. 10. 1991

541 profil, 9. 3. 1992

542 siehe 541

543 Kurier, 7. 3. 1992

544 FPÖ-Pressedienst, 10. 1. 1988

545 FPÖ-Pressedienst, 22. 4. 1988

546 FPÖ-Pressedienst, 30. 10. 1986

547 *Ernst Hanisch* als Gutachter über den Sprachgebrauch im Dritten Reich in einem von Jörg Haider angestrengten Prozeß, 29. 9. 1991

548 APA, 17. 5. 1990

549 Siehe 547

550 *Franz Januschek:* Der rechtspopulistische Diskurs in Österreich, Vortrag am 11. 11. 1990 in Bonn

551 profil, 21. 10. 1991

552 Volksstimme, 6. 10. 1990

553 profil, 1. 10. 1990

554 profil, 13. 5. 1991

555 siehe 554

556 profil, 7. 5. 1990

557 *Adolf Hitler:* Mein Kampf, 322. Auflage, 1938, Zentralverlag der NSDAP, Seite 425/426

558 Kleine Zeitung, 11. 1. 1988

559 FPÖ-Pressedienst, 22. 9. 1989

560 FPÖ-Pressedienst, 1. 5. 1989

561 Blick nach rechts, 23. 9. 1991

562 *Franz Januschek* 1990: Politischer Diskurs und die Aneignung von Wirklichkeit – am Beispiel des Rechtspopulismus in Österreich, Vortrag an der Universität Duisburg, 28. 6. 1990

563 siehe 562

564 siehe auch *Helmut Gruber:* Ein Gespenst geht um in Österreich. Text-

linguistische Untersuchung zum populistischen Diskurs Jörg Haiders; in:
Ruth Wodak, Florian Menz (Hg.)
1990: Sprache in der Politik, Politik
in der Sprache

565 Feierlichkeiten zum Kärntner Abwehrkampf am 10. 10. 1989

566 ORF-Wortprotokoll

567 Zitiert nach 562

568 vergleiche *Franz Januschek*, siehe
562

569 Die Presse, 22. 11. 1989

570 *Franz Januschek* 1990: Rechtspopulismus und NS-Anspielungen am
Beispiel des österreichischen Politikers Jörg Haider. Die auf Initiative
des Wiener Vereins „Demokraten gegen Neonazis" zustande gekommene
Studie wurde im September 1990 in
Wien vorgestellt

571 FPÖ-Pressekonferenz am 24. 11.
1988

572 Rede von *Joseph Goebbels* am 18. 2.
1943 im Berliner Sportpalast

573 siehe auch *Utz Maas* 1984: Als der
Geist der Gemeinschaft eine Sprache
fand. Sprache im Nationalsozialismus

574 siehe 570

575 Dissertation *Manfred Pechau* 1935:
Nationalsozialismus und deutsche
Sprache, zitiert nach *Friedrich
Randl:* Alte oder neue Sprache? in:
Medien & Zeit, 3/91

576 Der Spiegel, 48/1991

577 Der ÖVP-Klub hat ein „Haider-
Schimpfwörterbuch" zusammengestellt. Die fast 300seitige Dokumentation ist ein teils amüsanter, teils
makabrer Spiegel Haiderschen Populismus.

578 Parteitag der niederösterreichischen
FPÖ in Perchtoldsdorf, 19. 6. 1988

579 Gutachten zur Rechtslage der klagenden Partei Dr. Jörg Haider wider die
beklagte Partei Gustav Vetter, Ernst
Hanisch, Salzburg, 29. 9. 1991

580 siehe 576

581 profil, 17. 6. 1991

582 Die Presse, 27. 9. 1990

583 APA, 29. 5. 1990

584 Neue Freie Zeitung, 13. 10. 1988

585 Landesparteitag der FPÖ Oberösterreich, 7. 4. 1988

586 Die Presse, 10. 9. 1990; siehe auch
Neue Freie Zeitung, 30. 8. 1990

587 siehe 579

588 *Erich Meuchel* 1988: Doppelt unterschätzt und falsch verallgemeinert

589 *Adolf Hitler:* Mein Kampf

590 Freiheitlicher Pressedienst, 17. 10.
1987

591 Die Presse, 17. 9. 1987

592 FPÖ-Pressedienst, 13. 7. 1988

593 Zeit im Bild, 30. 4. 1987

594 FPÖ-Pressedienst, 21. 4. 1988

595 FPÖ-Pressedienst, 11. 1. 1987

596 FPÖ-Pressedienst, 30. 10. 1986

597 *Friedrich Randl:* Alte oder neue
Sprache, in: Medien & Zeit, 3/1991

598 AZ, 22. 6. 1991

599 Oberösterreichische Nachrichten, 18.
6. 1991

600 AZ, 10. 9. 1990

601 Kurier, 20. 4. 1990

602 profil, 3. 6. 1991

603 Kurier, 8. 3. 1989

604 Kurier, 8. 3. 1989

605 Basta, 7/1991

606 Kurier, 7. 7. 1989

607 Schreiben Rechtsanwalt *Dr. Hans
Perner* an das Landesgericht für
Strafsachen, „Ausführungen des
Wahrheitsbeweises", 5. 4. 1991

608 profil, 2. 9. 1991

609 Brief von *Dr. Jörg Haider* an Dipl.-
Ing. Simon Wiesenthal, 3. 12. 1991

610 Kurier, 23. 1. 1992

611 profil, 24. 6. 1991

612 Der Standard, 15. 4. 1992

613 Volksstimme, 26. 1. 1990

614 Beschluß des Oberlandesgerichts
Wien, 29. 1. 1992

615 Beschluß Oberlandesgericht Wien,
12. 12. 1991

616 siehe 615

617 Salto, 17. 1. 1992

618 AZ, 2. 7. 1990

619 Wochenpresse, 31. 1. 1991

620 Kurier, 22. 2. 1992

621 Kärntner Tageszeitung, 20. 6. 1991

622 Basler Zeitung, 14. 11. 1991

623 Süddeutsche Zeitung, 11. 11. 1991
624 The Times, 11. 11. 1991
625 Frankfurter Allgemeine, 18. 6. 1991
626 Corriere della Sera, 20. 6. 1991
627 Tanjug, 12. 11. 1991
628 Die Zeit, 21. 6. 1991
629 Die Zeit, 12. 12. 1986
630 Frankfurter Rundschau, 15. 6. 1991
631 Der Spiegel, 13/1992
632 AZ, 15. 10. 1991
633 Wochenpresse, 11. 10. 1990
634 Wochenpresse, 16. 1. 1987
635 Der Standard, 20. 6. 1991
636 Kurier, 23. 11. 1991
637 AZ, 16. 7. 1997; Wochenpresse, 11. 10. 1990
638 Die Presse, 14. 11. 1991
639 APA, 19. 6. 1991
640 Züricher Tages-Anzeiger, 14. 11. 1991
641 Süddeutsche Zeitung, 26. 8. 1989; Die Presse, 10. 8. 1989
642 siehe 641
643 Der Standard, 25. 8. 1989
644 Kurier, 20. 6. 1991
645 siehe 644
646 siehe 644

Personenregister

Weiterführende Literatur

Amann, Klaus: Struktur, Sprache und Ideologie im „Kärntner Grenzland-Jahrbuch 1989". Wien 1989

Assheuer, Thomas/Sarkowicz, Hans: Rechtsradikale in Deutschland – Die alte und die neue Rechte. München 1992

Bailer-Galanda, Brigitte: Ein teutsches Land. Die „rechte" Orientierung des Jörg Haider. Eine Dokumentation. Wien 1987

Beckermann, Ruth: Unzugehörig. Österreicher und Juden nach 1945. Wien 1989

Behrend, Manfred/ Prenzel, Monika: Die Republikaner. Neue Rechte oder 1000 Jahre und kein Ende. Leipzig-Jena-Berlin 1990

Benz, Wolfgang: Rechtsextremismus in der Bundesrepublik. Voraussetzungen, Zusammenhänge, Wirkungen. Frankfurt 1989

Benz, Wolfgang (Hg.): Legenden, Lügen, Vorurteile. Ein Wörterbuch zur Zeitgeschichte. München 1992

Bergmann, Werner/Erb, Rainer (Hg.): Antisemitismus in der politischen Kultur nach 1945. Opladen 1990

Beyme, Klaus v. (Hg.): Right-Wing Extremism in Western Europe. London 1988

Bosch, Michael (Hg.): Antisemitismus, Nationalsozialismus und Neonazismus. Düsseldorf 1979

Botz, Gerhard: Wien vom „Anschluß" zum Krieg. Nationalsozialistische Machtübernahme und politisch-soziale Umgestaltung am Beispiel der Stadt Wien 1938/39. Wien 1978

Braunthal, Julius: The Tragedy of Austria. London 1948

Bunzl, John/Marin, Bernd: Antisemitismus in Österreich. Sozialhistorische und soziologische Studien. Innsbruck 1983

Busch, Thomas/Fasching, Rosina/Pillwein, Christian: Im rechten Licht. Ermittlungen in Sachen Haider-FPÖ. Linz 1992

Deutsches Bundesministerium des Inneren: Gewalt von rechts. Beiträge aus Wissenschaft und Publizistik. Bonn 1982

Deutsches Bundesministerium des Inneren: Verfassungsschutz und Rechtsstaat. Bonn 1981

Deutsche Bundeszentrale für politische Bildung (Hg.): Extremistische Medien in der Bundesrepublik. Bonn 1984

Dokumentationsarchiv des österreichischen Widerstandes (Hg.): Amoklauf gegen die Wirklichkeit. NS-Verbrechen und „revisionistische" Geschichtsschreibung. Wien 1991

Dokumentation des deutsch-slowenischen Koordinationsausschusses der Diözese Gurk: Das gemeinsame Kärnten. Volksgruppenproblematik 1948–1990. Klagenfurt 1991

Dokumentationsarchiv des österreichischen Widerstandes (Hg.): Rechtsextremismus in Österreich nach 1945. 5. Auflage. Wien 1981

Domarus, Max: Hitler, Reden 1932 bis 1945, kommentiert von einem deutschen Zeitgenossen. Wiesbaden 1973

Europäisches Parlament: Untersuchungsausschuß „Wiederaufleben des Faschismus und Rassismus in Europa": Bericht über die Ergebnisse der Arbeiten. 1985

Europäisches Parlament: Bericht des Untersuchungsausschusses Rassismus und Ausländerfeindlichkeit. Berichterstatter Glyn Ford. 1990

Feit, Margret: Die „Neue Rechte" in der Bundesrepublik. Organisation – Ideologie – Stragetie. Frankfurt/M. 1987

Fest, Joachim C.: Hitler. Eine Biographie. 2. Auflage. Frankfurt/M./Berlin 1991

Fischer, Gero: Das Slowenische in Kärnten. Eine Studie zur Sprachenpolitik. Klagenfurt 1990

Fischer, Gero/Gstettner, Peter (Hg.): „Am Kärntner Wesen könnte diese Republik genesen". Jörg Haiders „Erneuerungspolitik". Klagenfurt 1990

Fried, Erich: Nicht verdrängen, nicht gewöhnen. Texte zum Thema Österreich. Wien 1987

Ginzel, Günther B. (Hg.): Hitlers (Ur)enkel. Neonazis: Ihre Ideologien und Aktionen. Düsseldorf 1981

Goldmann, Harald/Krall, Hannes/Meyer, Klaus Otto: Jörg Haider und sein Publikum. Eine sozialpsychologische Untersuchung. Klagenfurt 1992

Greß, Franz/Jaschke, Hans-Gerd/Schönekäs, Klaus: Neue Rechte und Rechtsextremismus in Europa. Opladen 1990

Gruber, Helmut (Hg.): Der kleine Mann und die großen Parteien. Studien zum Sprachverhalten von J. Haider. Wien 1987

Gstettner, Peter: Zwang-Haft Deutsch? Über falschen Abwehrkampf und verkehrten Heimatdienst. Klagenfurt 1988

Haas, Hanns/Stuhlpfarrer, Karl: Österreich und seine Slowenen. Wien 1977

Habermas, Jürgen: Staatsbürgerschaft und nationale Identität. Überlegungen zur europäischen Zukunft. St. Gallen 1991

Hanisch, Ernst: Braune Flecken im goldenen Westen. Die Entnazifizierung in Salzburg. In: Verdrängte Schuld. Wien 1986

Hanisch, Ernst/Neugebauer Wolfgang (Hg.): NS-Herrschaft in Österreich. Wien 1988

Heiber, Helmut: Goebbels Reden 1932–1945. Bindlach 1991

Hilberg, Raul: Die Vernichtung der europäischen Juden. Die Gesamtgeschichte des Holocaust. Berlin 1982

Jäger, Siegfried (Hg.): Rechtsdruck. Die Presse der Neuen Rechten. Berlin/Bonn 1988

Januschek, Franz: Rechtspopulismus und NS-Anspielungen am Beispiel des österreichischen Politikers Jörg Haider. Osnabrück 1990

Jaschke, Hans Gerd: Die „Republikaner". Profile einer Rechtsaußen-Partei. Bonn 1990

Kirfel, Martina/Oswalt, Walter (Hg.): Die Rückkehr der Führer, Modernisierter Rechtsradikalismus in Westeuropa. Wien 1991

Klöss, Erhard (Hg.): Reden des Führers. Politik und Propaganda Adolf Hitlers 1922–1945

Knight, Robert: „Ich bin dafür, die Sache in die Länge zu ziehen". Die Wortprotokolle der österreichischen Bundesregierung von 1945–1952 über die Entschädigung der Juden. Frankfurt 1988

Kühnl, Reinhard: Gefahr von rechts? Vergangenheit und Gegenwart der extremen Rechten. Heilbronn 1990

Leggewie, Claus: Die Republikaner. Ein Phantom nimmt Gestalt an. Berlin 1990

Lersch, Paul (Hg.): Die verkannte Gefahr. Rechtsradikalismus in der Bundesrepublik, Reinbek 1981

Maas, Utz: Als der Geist der Gemeinschaft eine Sprache fand. Sprache im Nationalsozialismus. Opladen 1985

Meissl, Sebastian/Mulley, Klaus-Dieter/Rathkolb, Oliver (Hg.): Verdrängte Schuld, verfehlte Sühne. Entnazifizierung in Österreich 1945–1955. Wien 1986

Neugebauer, Wolfgang (Hg.): Augenzeuge. Wien 1988

Österreichische Rektorenkonferenz (Hg.): Bericht der Arbeitsgruppe „Lage und Perspektiven der österreichischen Volksgruppen". Wien 1988

Ortner, Christian/Galanda, Brigitte: Am Beispiel Walter Reder. Wien 1982

Pelinka, Anton: Windstille. Klagen über Österreich. Wien/München 1985

Safrian, Hans/Witek, Hans: Und keiner war dabei. Dokumente des alltäglichen Antisemitismus in Wien 1938. Wien 1988

Schulz, Hans-Jürgen (Hg.): Sie sind wieder da! Faschismus und Reaktion in Europa. Frankfurt/M. 1990

Stein, Georg H.: Geschichte der Waffen-SS. Düsseldorf 1978

Stiefel, Dieter: Entnazifizierung in Österreich. Wien 1981

Stirnemann, Alfred: Beobachtungen im Bedenkjahr 1988. In: Österreichisches Jahrbuch für Politik. Wien 1989

Weinzierl, Erika: Zu wenig Gerechte. Österreich und Judenverfolgung 1938–1945. Graz 1985

Wiesenthal, Simon: Recht, nicht Rache. Berlin 1988

Wippermann, Wolfgang: Europäischer Faschismus im Vergleich 1922–1982. Frankfurt/M. 1983

Wippermann, Wolfgang: Der konsequente Wahn. Ideologie und Politik Adolf Hitlers. Gütersloh/München 1989

Wodak, Ruth: „Wir sind alle unschuldige Täter". Antisemitismus im öffentlichen und privaten Diskurs in Österreich seit 1986. Wien 1989

Wodak, Ruth: Sprache und Macht – Sprache und Politik. Wien 1989

Wodak, Ruth/Menz, Florian (Hg.): Sprache in der Politik – Politik in der Sprache. Klagenfurt 1990

Wodak, Ruth/Menz, Florian (Hg.): Die Sprache der Vergangenheit. Das Jahr 1988 in den Medien. Wien 1992

Stichwort

Die neue Informationsreihe im Heyne Taschenbuch vermittelt Wissen in kompakter Form. Anschaulich und übersichtlich, kompetent, verständlich und vollständig bietet sie den schnellen Zugriff zu den aktuellen Themen des Zeitgeschehens. Jeder Band präsentiert sich zweifarbig auf rund 96 Seiten, enthält zahlreiche Grafiken und Übersichten, ein ausführliches Register und eine Liste mit weiterführender Literatur.

Wilhelm Heyne Verlag
München